JEAN-PIERRE BRISSET

LES ORIGINES HUMAINES

DEUXIÈME ÉDITION
DE
LA SCIENCE DE DIEU
entièrement nouvelle.

> « Puis je vis un livre scellé de sept sceaux. Et il n'y avait personne qui fût digne d'ouvrir ce livre, ni même de le voir ». (*Ap.* ch. 5.)

CHEZ L'AUTEUR
19, RUE SAINT-LAZARE, 19
ANGERS

1913

LES

ORIGINES HUMAINES

En attendant que le grand Dieu tout-puissant nous envoie un fils de Dieu, un homme hardi, pour publier nos œuvres, nous sommes notre propre éditeur.

Angers, Imp. Burdin fils

JEAN-PIERRE BRISSET

LES
ORIGINES HUMAINES

DEUXIÈME ÉDITION

DE

LA SCIENCE DE DIEU

entièrement nouvelle.

> « Puis je vis un livre scellé de sept sceaux. Et il n'y avait personne qui fût digne d'ouvrir ce livre, ni même de le voir ». (*Ap.* ch. 5.)

CHEZ L'AUTEUR
19, RUE SAINT-LAZARE, 19
ANGERS

1913

Le présent ouvrage et « Les prophéties accomplies » ont été adressés à Messieurs les Ministres de la République et à Messieurs les Professeurs du Collège de France, à l'effet d'obtenir la création d'une chaire des origines humaines, et cela afin que le peuple français et la langue française en soient glorifiés, si cette science de Dieu est véritable.

Elle se présente comme Dieu commande qu'elle soit présentée, sans que nous ayons à nous occuper de plaire aux hommes, aux prétendus savants qui souillent la terre de leur prétendue science, et n'ont nul sentiment de la force qui les meut.

Au reste, il nous est dit de donner nos œuvres gratuitement à l'humanité, comme nous avons donné gratuitement notre jeunesse et notre sang à la patrie, et n'en avons reçu que des injures; comme aussi les hommes nous paient en insultes de ce que nous les ressuscitons et leur donnons la vie éternelle.

Nos œuvres prouvent avec une parfaite et indéniable évidence que le gouvernement de la terre, en général, et de la France en particulier, s'exerce au nom de la voix du peuple qui est la voix de Dieu. Cette voix de Dieu est la parole qui était au commencement et se confond avec Jésus et avec l'Homme, ceux qui ont l'autorité lui obéissent inconsciemment.

Il est venu comme un voleur pendant la nuit. Le jour paraît et voici : toute la terre est soumise au Fils de l'homme. Il ne reste qu'à publier avec éclat son avènement, et au peuple qui le premier le fera connaître, est promise une grande suprématie dans la nouvelle Jérusalem.

Les témoignages irréfutables de notre origine et de notre destinée se trouvent dans la bouche du lecteur dès la fondation du monde. Ce sont des documents vivants et non de puants cadavres, non des inscriptions ou des empreintes relativement récentes et d'ailleurs conformes à notre vérité.

INVITATION

Le présent ouvrage ne peut être absolument traduit en une autre langue, mais chaque langue peut être entièrement analysée suivant « La grande Loi » et les moyens donnés en ce volume. Le résultat sera le même : la création de l'homme, aussi bien de l'homme animal que de l'homme esprit; donc, les origines humaines.

L'auteur appelle à l'étude de ces magnificences de Dieu tous les hommes de bonne volonté; il ne se réserve aucun droit sur les traductions et adaptations en langues étrangères. Les journaux et publications diverses, en toute langue, sont autorisés à faire des emprunts partiels à notre œuvre, à l'effet d'en affirmer les vérités ou d'en combattre les erreurs; ou encore d'en démontrer, si possible, le manque de logique scientifique.

Nous ne nous réservons d'en appeler à la protection des lois que contre les contrefacteurs de nos livres. Nous donnons gratuitement ce que nous avons reçu gratuitement, et certainement bien au delà.

Ce nouvel ouvrage est la continuation de l'ouverture du livre scellé de sept sceaux dans la bouche de tout homme, sur toute la terre, avant que l'homme fût créé. C'est le livre du chapitre cinq, le petit livre ouvert du chapitre dix et le livre de vie du chapitre vingt de l'Apocalypse. C'est aussi l'arbre de vie du chapitre trois de la Genèse.

C'est le livre de la vie éternelle; c'est la science que Dieu, le Père de notre Seigneur Jésus-Christ, s'était réservée et qu'il révèle, au jour prédit, à son fils unique : l'Homme.

INTRODUCTION

Lorsqu'un homme s'annonce comme le septième ange de l'Apocalypse et l'archange de la résurrection, montrant et achevant l'accomplissement de toutes les prophéties bibliques, il est certain qu'il n'a point de prédécesseur, car nul ne s'est dit l'ange ou l'archange annoncé par Paul et par Jean.

Si un tel homme est un imposteur, on doit le confondre publiquement; mais s'il est vraiment l'envoyé de Dieu, se présentant au jour annoncé pour expliquer tous les mystères, et ressusciter les morts, en faisant revivre tous les hommes dès la fondation du monde, il est grandement coupable, si le silence qui plane sur ses œuvres lui est imputable.

Nous allons d'abord montrer que nous avons crié de toutes nos forces et d'une voix de tonnerre.

La Grammaire logique faisant connaître la formation des langues et celle du genre humain, publiée en 1883 (Ernest Leroux), s'est répandue raisonnablement dans le monde savant. Nous l'avons présentée à l'Académie pour un concours, mais notre ouvrage fut rejeté par M. Renan.

En 1891, n'ayant pu trouver d'éditeur, nous

publiâmes nous-même *le Mystère de Dieu* par l'affichage et deux conférences publiques, à Paris. Ce livre souleva parmi les étudiants un moment d'émotion, à Angers. Nous avions pris nos dispositions pour y faire une conférence, mais l'autorité municipale fit échouer notre projet.

En 1900 nous avons publié *La Science de Dieu* et une feuille tirée à 10.000 exemplaires, *La Grande nouvelle*, résumant tous nos travaux. Nos crieurs étaient comme paralysés et ne vendaient point cette *Grande nouvelle*. Nous la fîmes distribuer gratuitement dans Paris et l'envoyâmes, ainsi que le livre, un peu par toute la terre. L'édition se vendit à la suite de la distribution de la feuille, ce dont nous ne fûmes informé qu'après la faillite de notre dépositaire.

Ces deux publications firent assez de bruit pour amener Le *Petit Parisien* à nous consacrer, d'une manière indirecte, tout un premier article (29 juillet 1904) intitulé : *Chez les fous*. Voici ce qui nous touche directement : On cite même un aliéné « qui sur un système d'allitération et de coq-à-l'âne, « avait prétendu fonder tout un traité de méta- « physique intitulé *la Science de Dieu*. Pour lui en « effet le Mot est tout. Et les analyses des mots « expriment les rapports des choses. La place me « manque pour citer des passages de cette affolante « philosophie. On garde d'ailleurs de leur lecture « un trouble réel dans l'esprit. Et mes lecteurs me « sauront gré de vouloir le leur épargner ».

L'aliéné qui était officier de police judiciaire, et dont le mode d'écrire n'a rien de commun avec l'obscur verbiage ci-dessus, fut cependant heureux de cette critique, et même remercia. N'est-ce pas d'ailleurs un sujet de satisfaction d'être mis par des hommes trompeurs et sans intelligence au rang de Jésus, de Paul, de Jeanne d'Arc et de tous ceux dont le grand Dieu tout-puissant s'est servi ?

La Science de Dieu fut, à sa publication, la septième trompette de l'Apocalypse, et, en 1906, nous avons publié *Les Prophéties accomplies*. Un assez long prospectus à 2.000 exemplaires fut adressé de divers côtés, et comme nous devions encore faire entendre notre voix, une conférence eut lieu à l'Hôtel des sociétés savantes, le 3 juin 1906. Nous trouvâmes beaucoup de mauvaise volonté et des affiches préparées pour tout Paris ne furent apposées que dans les alentours de l'Hôtel. Nous eûmes une cinquantaine d'auditeurs et affirmâmes dans notre indignation que nul n'entendrait désormais la voix du septième ange.

Toutefois le but que nous poursuivions fut dépassé bien au delà de nos espérances. Un programme de la conférence avait été envoyé en particulier aux journaux. Le journal des *Débats* le publia presque en entier le 2 juin dans ses « Échos » : L'archange de la résurrection et le septième ange de l'Apocalypse, lesquels ne font qu'un, feront entendre leur voix et sonneront de la trompette de Dieu par la bouche du conférencier. C'est à ce moment que le septième ange versera sa coupe dans l'air ».

L'annonce était faite sans un seul mot désobligeant; comme pour un fait certain et vrai, et ce l'était aussi.

Notre programme fut reproduit en entier par « *la Raison, l'Action, l'Aurore, la Dépêche de Lyon* et *les Nouvelles d'Alger*, avec accompagnement de remarques dépréciantes, ce qui était bien le droit des journaux, que nous remercions. De plus, le petit *Temps, la Revue, la Liberté*, la *Lanterne* avaient annoncé *les Prophéties*. Le *Polybiblion* a aussi accordé quelques lignes méprisantes à notre ouvrage. D'autres tentatives ont été entravées et ont échoué

Ainsi nous avons rempli notre mission, à laquelle nous avons consacré déjà près de trente ans, y dépensant nos économies, et au milieu d'ennuis, sans un seul disciple connu, ni protecteur autre que le grand Dieu tout-puissant qui nous emploie ; et cela nous a suffi et nous suffira pour achever son œuvre qui n'est pas terminée par *les Prophéties accomplies* ainsi que nous le pensions.

En effet, après cette dernière publication, et jusqu'au commencement de l'année 1907 il nous semblait que pour donner à l'analyse de la parole toute sa clarté, une réunion d'hommes de toutes les langues était nécessaire; lorsque tout à coup au milieu de nos pensées, une dernière révélation, nous plongeant dans un ravissement extrême, nous montra que nous pouvions analyser toute la parole jusqu'en ses fondements les plus intimes et les plus évidents, non seulement pour le français, mais pour toutes les langues ; car la méthode que nous allons suivre s'applique à la parole humaine sur toute la terre.

Lorsque la septième coupe est versée dans l'air (Ap. 16, 17), une voix du ciel dit : C'en est fait. Selon nos explications, c'est alors que les sept tonnerres font entendre leurs voix (Ap. 10, 3). Cependant l'éclat de l'avènememt du Fils de l'homme n'a point encore eu lieu. C'est que le septième ange de l'Apocalypse n'a pas achevé de verser sa fiole, *Fialen*, dans l'air. Non plus l'ange descendu du ciel n'a pas achevé de crier (Ap. 10, 3). Ce n'est qu'après la publication de ce nouvel ouvrage qu'aura lieu le retentissement des sept tonnerres, annonçant à tous les peuples que le grand Dieu tout-puissant gouverne la terre par la voix de son fils unique qui s'appelle la Parole de Dieu et est l'homme.

Il faut, en effet, pour que cela ait lieu, que tous les hommes puissent entrer dans le temple de Dieu, et ce temple, ouvert à l'humanité en 1891 et en 1900, était resté rempli de fumée (Ap. 15, 8) à cause de la majesté de Dieu et de sa puissance ; et personne ne pouvait entrer dans le temple jusqu'à ce que les sept plaies des sept anges fussent accomplies.

Ainsi, bien que le temple fût ouvert, et que toutes les règles permettant de lire la formation de la parole ou de l'homme, dès la fondation du monde, fussent connues, personne n'a pu entrer plus avant que nous ne l'avions fait, et nous-même étions arrêté dans notre étude par la majesté de Dieu, suivant la prophétie.

Ce nouvel ouvrage, avec une évidence scientifique et probante, résume et complète tout ce que nous avons écrit sur la création de l'homme. Celui qui le dicte, c'est l'Esprit créateur lui même ; c'est lui qui se révèle par notre bouche, et nous ne sommes que son instrument. C'est lui qui nous a formé, les hommes ne nous ont rien enseigné; et, comme nous ne sommes qu'un homme simple et sans considération, le monde des prêtres et des savants, des Scribes et des Pharisiens, déteste en nous celui que Pilate leur livra : l'Homme.

LES ORIGINES HUMAINES

CE QUE DIEU EST D'APRÈS LA BIBLE.

C'est surtout dans les écrits de Jean, le disciple aimé de Jésus, que le mystère de Dieu est présenté sans autre voile que l'aveuglement des hommes.

Son Evangile commence ainsi : « Au commencement « était la parole, et la parole était auprès de Dieu, et « Dieu était la parole. Elle était au commencement au- « près de Dieu. Toutes choses ont été faites par elle, et « rien de ce qui a été fait n'a été fait sans elle. »

Nul esprit humain n'a pu admettre que la parole qui sort des lèvres de l'homme, soit Dieu ; que cette parole, dont il se croit le maître, est l'œuvre du Tout-Puissant ; et que l'esprit, qui est le Tout-Puissant, soit si intimement uni à la parole, que les deux ne font qu'un.

Dieu est esprit, et l'esprit est ce qui anime tout ce qui a vie, même les plantes et les animaux. Toutefois l'esprit sublime de la nature n'a créé qu'un être à lui semblable, son fils unique. Ce fils unique, c'est la parole qui se confond avec l'homme; et Dieu étant la parole, ne fait qu'un avec l'homme, comme Jésus ne faisait qu'un avec son père. La parole est en l'esprit et l'esprit en la parole. Je suis en mon père et mon père est en moi. Moi et mon père nous sommes un.

Quant au jugement qui doit venir sur la terre, il est bien dit que le Seigneur descendra lui-même; mais il est déjà descendu en nous qui sommes l'Archange et avons donné le signal par la trompette de Dieu, par la bouche de l'homme. L'éclat de l'avènement du Fils de l'homme semble retardé, mais c'est pour l'accomplissement des prophéties : « s'ils n'écoutent pas Moïse et les prophètes, ils ne seraient pas non plus persuadés quand même quelqu'un des morts ressusciterait. » (Luc 10, 31). Quand le Fils de l'homme viendra, pensez-vous qu'il trouve de la foi sur la terre? (Luc 18,. 18) « Le règne de Dieu ne viendra pas avec éclat. » (Luc 17, 20.) Mais après la publication de ce livre, le Seigneur Jésus paraitra avec les anges de sa puissance (1 Thes. 1, 7).

Il n'est point question de foi, nous n'en demandons pas. Il est de toute évidence que la parole a pris le gouvernement de la terre et la gouverne sous l'autorité de l'Esprit tout-puissant ; cela n'a pas besoin d'être démontré, il suffit de le dire. Où est le puissant de la terre qui oserait soulever contre lui la réprobation du genre humain, comme ont pu le faire les rois jusqu'à l'an 1870, alors que se termine la grande puissance du diable sur la terre ; et surtout depuis 1900, où commence le règne de Dieu pour être fermement établi en 1945, selon les prophéties ?

Dieu est donc l'esprit qui est en toi, lecteur ; si tu connais cet esprit et si tu es plus fort que lui, apprends-lui comment tu l'as créé. Mais voilà, tu ne connais nullement ton esprit, et ne peux le connaître que si Dieu fait tomber les écailles qui couvrent tes yeux, et s'il ouvre tes oreilles, afin que tu puisses comprendre ce que tu es ; afin que tu saches que tu es un dieu, et qu'il n'y a rien au-dessus de toi, sur la terre ni dans les cieux, sinon l'esprit qui est en toi et l'anime. Ton esprit n'est-il pas tout-puissant ? Tu peux saisir le soleil, la lune et les étoiles et jongler avec. Rien n'est impossible à l'esprit ; mais la matière n'est pas esprit et n'obéit point ; comme toi, homme animal et matériel, tu n'obéis point au Tout-

Puissant, qui parle en ton esprit, au fond de ta conscience où il habite.

Jean dit dans sa première épitre : « Il y en a trois qui rendent témoignage de Dieu dans le ciel : le père, la parole et le Saint-Esprit; et trois sur la terre : l'esprit, l'eau et le sang. « Dans les deux cas, ces trois-là sont un. » C'est là le plus grand mystère donné à l'homme, et nul homme n'a compris que c'est lui qui est cet un et ce trois. Jean ajoute en parlant de Jésus-Christ : C'est lui qui est le vrai Dieu et la vie éternelle. Or, Jésus était l'homme et l'humanité tout entière; il était aussi la parole; la parole, le seul chemin par lequel on puisse arriver à connaître le père, qui est l'esprit.

Le Fils, ta propre parole, va te faire connaître le Père, si tu as le Saint-Esprit ou l'Esprit-Saint, qui ne fait qu'un avec l'esprit sain. Si tu n'as pas l'esprit sain, si tu te crois quelque chose de plus qu'un homme ordinaire; si les hommes ont fait de toi un docteur, un prêtre, un homme supérieur, un saint personnage, ils t'ont ravi l'esprit sain et l'Esprit-Saint; il est inutile que tu lises ce livre, tu ne le comprendrais pas, car il n'y doit entrer rien de souillé, ni personne qui s'adonne à l'abomination et au mensonge. Nous connaissons les trois qui sont dans le ciel ou dans le pur esprit de l'homme. Les trois sur la terre sont encore l'esprit qui est en toi, l'eau et le sang, c'est-à-dire ton propre corps qui n'est que sang et eau.

Voyons encore, le prêtre dit : *Le Verbe est Dieu, il y a trois personnes en Dieu.* Le maître d'école confirme, en disant : *Il y a trois personnes dans le Verbe.* Or, aussitôt que je parle, les trois personnes sont en moi; si je dis : *j'ai faim*, je parle de moi à moi; les trois personnes sont ainsi en moi et inséparables. Si je dis : *vous avez raison,* c'est encore à moi et de moi que je parle, car vous êtes en moi et je suis en vous (Jean 17). Tous les hommes, toute l'humanité, ne forme qu'un corps, animé par un même esprit qui se confond avec la parole.

Nous n'en disons pas plus long sur ce mystère. Quant à celui de la Rédemption, un seul mot. Les premiers animaux ancêtres qui marchèrent droit, furent les rois ou mieux les hommes. Ils firent la guerre à leurs pères animaux et les obligèrent à disparaître de la terre, ce qui n'était pas absolument contre la volonté de l'Eternel-Dieu. L'homme ayant fait mourir le dieu, son père, Dieu, le père, pour satisfaire à la justice éternelle, devait faire mourir le fils. Il devait faire mourir toute l'humanité et toute l'humanité est morte avec Jésus, et ressuscitée avec lui pour ne plus mourir. L'esprit de l'ancêtre dieu a obtenu sa vengeance ; mais alors le pouvoir a été donné à l'homme en la personne de Jésus, dans les cieux d'abord, et désormais sur toute la terre, au milieu de ses ennemis. Aujourd'hui l'homme gouverne déjà et nul puissant n'ose rien faire en ne s'appuyant que sur sa propre volonté et dire : car tel est notre bon plaisir.

La parole va donc faire connaître à l'homme ce qu'est l'esprit, et l'homme connaîtra Dieu, comme il est connu de lui ; car l'esprit de l'homme, éclairé de Dieu, sonde ce qu'il y a de plus profond en Dieu, ainsi que le dit Paul ; et selon la volonté de Dieu, le Seigneur Jésus juge les vivants et les morts, par notre bouche d'abord et par celle de tous les hommes, selon l'Évangile annoncé par Paul et par toute la Bible.

Or, celui qui écrit ces lignes, n'est pas seulement un homme, c'est l'esprit qui a créé le monde. Cet esprit est invisible et ne demande pas qu'on honore l'instrument dont il se sert ; cet instrument ne demande pas non plus d'honneurs aux hommes. Il n'est pas nécessaire qu'il soit connu sur terre, il sait qu'il le sera dans le ciel.

SOMMAIRE DE LA CRÉATION

D'après la Fable païenne, le plus ancien des dieux est Uranus. *Ure anus* signifie qui urine par l'anus, ce qui est le propre de la grenouille. La femelle d'Uranus est Vesta, ce qui veut dire *bestia*. *Veste* et *beste* disent également *bête*. Ces deux animaux primitifs couvrirent tous les lieux habitables de la terre, dès que la température le permit ; donc, selon l'Apocalypse, dès la fondation du monde.

Quand le temps fut venu, Uranus se transforma, et peu à peu acquit le sexe. Le sexe étant arrivé à son parfait développement, Uranus se trouva transformé en Titan, le guerrier, l'esprit de violence. Devenu vieux, Titan se changea en Saturne, et ce dernier, par son intelligence, prit autorité sur la création.

Saturne est l'époux de Vesta, l'époux de la femelle de son père, il est donc bien aussi son propre père. C'est là la création primitive, celle des enfants de la terre qui n'avaient pas de nombril, n'étant pas sortis du sein d'une mère.

Saturne est le même que le diable ; or, si le diable a des enfants, on n'a jamais parlé de son père ni de sa mère. Le diable ou Saturne est le père du dieu animal, dont nous sommes les enfants ; il est donc notre grand-père, notre premier père.

Dans la Bible, l'homme est créé par les dieux et non par un Dieu, comme cela est généralement traduit. Dieu ou dieux, la Bible ne mentionne aucun animal qui aurait servi à créer l'homme. C'est que la Bible considère l'homme plutôt comme un esprit que comme un animal. La Bible dit des hommes : Vous êtes des dieux (Jean 10, 34). L'évangile parle des anges et des démons. Satan, le serpent, le diable et le dragon de l'Apocalypse, c'est une même bête. Le diable est appelé le prince ou le premier de ce monde. L'évangile partage les hommes en enfants de Dieu et en enfants du diable. Le diable est donc un père de l'homme. Il est notre père en Dieu, ainsi que monseigneur l'évêque.

Mais le diable et tous les êtres que nous venons de nommer, sont des esprits, et Paul dit : Ce qui est spirituel, n'est pas le premier, c'est ce qui est animal, et ce qui est spirituel vient après (1 Cor. 15, 46). De cela, il ressort que le diable et ses anges, ainsi que tous les dieux ont vécu sur la terre à l'état animal; et comme leur but était de créer l'homme, ils étaient moins parfaits qu'il ne l'est. Cependant l'homme a été fait inférieur aux anges pour un temps qui est achevé, car Dieu n'a point soumis aux anges le monde nouveau qui commence (Héb. ch. 1 et 2).

Les animaux de la première création dévoraient leurs enfants, et le premier des dieux, Jupiter, n'échappa qu'avec peine. Le diable détestait ses enfants, aussi les dieux, nés d'une mère, entrèrent en guerre avec leurs pères. C'est pourquoi la Fable nous montre Saturne s'enfuyant de Grèce en Italie. Les dieux, nés d'une mère, continuèrent à ramper sur la terre; cependant ils déambulaient, ce qui veut dire marcher comme un dieu. Mais les enfants des dieux arrivèrent peu à peu à garder la station debout. Les premiers qui marchèrent droit, furent les premiers rois; toute la création animale leur fut soumise, sous le nom de vassaux, *va à sauts*. Ce fut l'époque des classes, si profondément gravée dans l'esprit arriéré de l'humanité. Il y avait les royaux, les nobles de naissance ou les dieux, les anoblis ou les diables, et enfin ceux qui n'étant pas sexués, n'étaient pas nés; c'étaient les laïques, animaux non classés, esclaves des clercs, qui n'arrivèrent jamais à l'état de dieux. Ils étaient neutres.

Les rois ou mieux les hommes devenant nombreux, ils firent la guerre à leurs pères, les dieux, qui s'enfuirent et disparurent. Les grenouilles perdirent la faculté de se transformer, mais elles sont restées jusqu'à ce jour, pour témoigner par leur forme gracieuse, et leur chant si semblable à la voix humaine, ainsi que par leur intelligence, que le Tout-Puissant s'est servi de leur création pour celle de l'homme. Elles manifestent d'ailleurs une tendance à disparaître, et sont bien moins nombreuses que dans notre jeunesse.

L'Esprit créateur de ces merveilles voulant se manifester à sa création laissa s'écouler un temps et fit venir par toute la terre un déluge qui submergea les plus hautes montagnes, c'est-à-dire les plus hautes intelligences. Les hommes perdirent complètement le souvenir de leur origine; même il était impossible à l'esprit humain de se figurer une existence quelconque de son individu, avant celle de l'homme qu'il est. Le passé lui était interdit par des portes d'airain, par l'épée de feu gardant le chemin de l'arbre de vie.

Après divers essais en différents lieux de la terre, l'Esprit créateur entrevit l'avenir et le moyen de se faire connaître aux hommes par un mystère rendu impénétrable, et simple au delà de toute limite.

C'est alors qu'il suscita la nation juive, et Moïse le premier des prophètes. La Bible annonce le Messie, le Christ, et Jésus paraît; mais, non reconnu comme tel, il est mis à mort, comme cela était prédit et devait être. Un second avènement est prévu par les prophètes et par l'Evangile. Il doit ressusciter les morts, et cette résurrection des morts est un fait accompli depuis 1891 et surtout depuis 1900; mais aujourd'hui, avec la publication de ce nouvel ouvrage, les morts ressusciteront par toute la terre; car tous parleront à leurs descendants le langage qu'ils parlaient étant sur terre, et le lecteur, l'élu de Dieu, ayant l'esprit sain, se souviendra en effet d'avoir vécu dès la fondation du monde. Il sera ressuscité et la destruction de son corps animal, qui ne peut posséder la vie éternelle, n'aura aucun pouvoir sur son esprit. Il connaîtra l'esprit et aura la vie éternelle.

Car c'est là la vie éternelle. Qu'ils te connaissent toi qui est le seul vrai Dieu et Jésus-Christ que tu as envoyé (Jean 17, 3).

Le but de cette œuvre est de démontrer à l'homme la vérité de ce que nous venons d'avancer. C'est un travail scientifique, ayant une force de démonstration supérieure à celle des mathématiques et de la géométrie; car ces connaissances sont bien évidentes à l'esprit humain, mais elles sont sans autorité sur son âme; elles ne peuvent le convaincre de la nécessité d'être honnête et d'aimer la justice. Elles ne lui montrent point qu'il est un dieu et qu'il vit éternellement.

LA GRANDE LOI OU LA CLEF DU LIVRE DE VIE.

Nous savons par *La Grammaire logique* que les langues mortes, aussi bien que le parler scientifique, sont des argots se rapprochant plus ou moins du langage naturel dont nous nous servons, celui du peuple, qui est la voix et la vraie parole de Dieu, éclairant tout homme venant au monde.

L'épée de feu qui gardait le chemin de l'arbre de vie, s'appelle calembour, jeu de mots. L'idée qu'il pût y avoir quelque chose de caché sous le calembour, ne pouvait venir à aucun homme, car c'était interdit à l'esprit humain. Il lui était seulement imposé d'éclater de rire stupidement, mais cela reste désormais le partage des sots et des esprits bornés. Dieu a choisi les choses folles du monde, et les plus méprisées, pour anéantir celles qui sont.

C'est par révélation et au jour fixé pour cela, que nous avons été amené à formuler la loi suivante :

L'étude du rapport existant entre les idées différentes, exprimées par un son ou une suite de sons identiques, amène naturellement l'esprit à trouver la formation de la parole, laquelle se confond avec la création de l'homme, qui est lui-même la Parole.

Soit :

Les dents, la bouche.

Je trouve :

Les dents la bouchent,
L'aidant la bouche.
L'aide en la bouche.
Laides en la bouche,
Laid dans la bouche,
Lait dans la bouche,
L'est dam le à bouche,
Les dents-là bouche, et autres.

Toutes ces idées, plus ou moins différentes, ont un rapport entre elles. Les dents ferment la bouche, dont elles sont une aide. Elles sont laides et aussi blanches comme du lait dans la bouche. Le *dam* a une *dent* pour origine et le mal de dents est en rapport avec *le mal de dam, mets à le dedans*, qui est le mal d'amour. *Les dents-là bouche*, vaut : ferme la bouche.

Si on ne trouve pas de rapports entre deux idées, elles ont un point commun avec une troisième, mais cette Loi est formelle et certaine, et elle s'étend à toutes les langues. C'est par cette Loi que peu à peu nous sommes arrivé à la décomposition de la parole humaine, au langage qui était le même par toute la terre.

L'extrême simplicité de ce langage vient de ce que les premiers êtres ne parlaient que poussés par l'ardeur des sens. C'est aussi la seule raison du chant des grenouilles, qui cependant trouvent leur joie dans la parole et répètent sans cesse les mêmes cris, ainsi que le faisaient les *prés-êtres*, les prêtres.

L'esprit créateur appelle sans cesse à soi; il n'a en vue que l'union. Cet esprit laisse le méchant appeler à soi aussi bien que le bon. Le livre de vie est plein de force et de vigueur, il porte la confusion et la honte dans les esprits. Il ne glorifie point l'homme, il l'écrase comme animal; mais il le ressuscite comme esprit vivant avec Dieu de la vie éternelle.

Ce livre contient donc les nudités les plus viles et les plus honteuses, car il n'est rien de caché qui ne doive venir à la lumière; et heureux celui qui ne se scandalisera pas de mes paroles.

Nous présentons un livre d'études, d'une clarté éblouissante, mais afin que les indignes et les esprits superficiels ne le puissent comprendre, nous laissons un léger voile le recouvrir, et entre autres choses, nous ne nous astreignons que peu à l'ortografe; aussi nous montrons la formation de tous les sons, de sorte que les étrangers qui étudieront ce livre en feront tout naturellement l'application à leur propre langue, et liront en eux-mêmes la création de Dieu, telle qu'elle se fait connaître en français.

Le lecteur ne doit point trop chercher, avant d'avoir suivi tout le livre, à se rendre compte comment le mot ou la frase est devenu ce qu'il est aujourd'hui. Généralement cela saute à l'esprit instantanément, mais quelquefois le chemin parcouru ne se voit pas si vite.

Nos explications sont rares; les mots parlent eux-mêmes, et les hommes seront instruits de Dieu. C'est leur propre esprit qui leur éclaircira les obscurités.

LES SONS.

Nous partageons la langue française en douze sons vocaux, qui sont brefs ou longs; ils sont indécomposables.

Sont brefs :
ò, où, e-eu, é, è, ì, ù, à, on, en, in, un.

Sont longs :
aux, oue, eux, ée, aie, ie, ue, as, ons, ens, ins, uns.

On sentira la différence des deux sons dans les mots suivants : totaux, où joues-tu ? Je veux, cédée, on fait la fête, vigie, tu sues, à bas, on fond, enfants, le fin feint, l'un, les uns.

oi, ui, oin, oui, sont des composés, chaque langue a les siens. Les sons de consonnes sont au nombre de dix-huit ; ce sont : *be, ce, che, de, fe, gne, gue, he, je, le, me, ne, pe, que, re, te, ve, ze. Xe* est une composée.

Il fut un temps où plusieurs sons de voyelles et de consonnes ne se différenciaient que peu ou point; c'est pourquoi, dans les différentes langues, il y a une certaine différence de prononciation des divers sons, mais cela n'a aucune importance. Dans le principe, il n'y a aucune différence entre deux sons quelconques. Ainsi en français : *y ai* valut *j'ai,* donc *i* valait *j.* Beaucoup de personnes sont incapables de prononcer le *he* aspiré. Cela est sans importance aucune. Toutefois la prononciation est très importante et nous ne connaissons que celle du peuple, sans aucune exception de classes.

C'est l'esprit de Dieu qui parle par la bouche de l'homme; c'est pourquoi, aussi bien dans les analises que dans le langage courant, nous n'avons qu'à nous laisser guider par l'esprit. L'esprit qui analise le mot ou la frase, s'efface et disparait, aussitôt que l'homme reprend son langage habituel, comme disparaissent les détails des choses vues au microscope, aussitôt l'instrument retiré.

On détruit l'intelligence humaine en enseignant le mensonge des langues mortes pendant de longues années. Or, une lecture attentive pendant quelques jours suffit pour connaître la véritable origine de toutes les choses ; il est même impossible de suivre en entier le présent livre sans être saisi par l'esprit qui prendra l'un et laissera l'autre, selon les Ecritures (Math. 24, 40, 41).

LES ORIGINES

Si l'on recherchait l'origine de chaque homme sur toute la terre, il n'en est pas un seul dont le commencement ne serait des préliminaires amoureux précédant l'acte générateur.

Les mots naturels des diverses langues vivantes, qui toutes remontent à la fondation du monde, sont des esprits formés en même temps et de la même manière que nos ancêtres animaux : anges, démons, diables et dieux. Ces premiers êtres portaient en eux un feu d'amour inextinguible, déjà visible chez la grenouille. Ce charmant petit être, en se transformant une seconde fois, prit le sexe. Ce lui fut une source inépuisable de sensations et de besoins impérieux qu'il ne pouvait satisfaire, car son col était raide, son bras court et ses mains inexpertes. Pour être soulagé dans ses tourments, il appelait sur sa nudité et exigeait qu'on le satisfît.

Le sexe de ces êtres nouveaux, presque continuellement dans l'eau, était très pur et n'avait absolument rien de répugnant. On ne savait ce que c'était. Chacun portait la bouche plus ou moins volontiers sur cette nouveauté et la caressait avec la même inconscience, de part et d'autre, que le petit enfant caresse le sein de sa pure et sainte mère, où il aspire les premières joies de la vie.

Nous allons donc, selon l'ordre de Dieu, entrer dans le temple du Seigneur qu'il remplissait des pans de sa robe; nous allons mettre tout à nu. L'esprit qui nous anime est l'esprit de vérité. Nous crions avec les chérubins d'Isaïe (5, 1 à 3), comme avec les quatre animaux de l'Apocalipse (4, 8) et avec tous les saints : Saint, saint, saint est le Seigneur Dieu tout-puissant, qui était, qui est, et qui sera.

Nous ouvrons entièrement le livre scellé de sept sceaux; nul ne peut le comprendre, s'il ne purifie son esprit, et ne devient comme un petit enfant (Math. 18, 3).

L'ESPRIT DE VÉRITÉ.

La parole est la création de l'Éternel en lequel existent le bien et le mal. La parole de Dieu ou le langage de nos dieux, celui du peuple, ne connaît le bien ni le mal. C'est le Saint-Esprit, l'esprit sain de l'homme sain d'esprit, qui distingue les mots et les frases en langage convenable ou malséant.

La parole est la vérité, mais la vérité n'est pas ce qui est moral; ce qui est immoral est aussi la vérité, même les choses mauvaises sont les plus évidentes : le mal est plus apparent que le bien. Aussi, dans ce livre de vie, on ne peut demander à l'auteur de n'exprimer que ce qui est convenable, selon l'esprit sain, car alors on n'aurait pas la vérité. La vérité doit tout dévoiler, elle est la nudité des anges, des démons, des dieux et des hommes; car bien que nous ne parlions que de choses disparues depuis des millions d'années, elles se trouvent cependant vivantes au fond de nos cœurs, comme aux premiers jours, et ce sont les actes les plus vils qui vivent le plus puissamment et contribuent avec le plus de force à nous rappeler notre origine et à nous donner la vie éternelle, en nous faisant connaître l'esprit de l'Éternel.

Le Saint-Esprit, c'est l'esprit du bien qui vivait avec celui du mal en l'esprit de l'Éternel et s'en est dégagé, comme en l'homme brutal et sanguinaire se dégage peu à peu l'esprit de douceur et de bonté, qui caractérise l'homme arrivé à sa perfection. Le Saint-Esprit est autrement l'esprit de Dieu; et le malin esprit, l'esprit du diable; l'un est l'esprit de vérité, et l'autre l'esprit d'erreur.

Le Saint-Esprit n'est que la pureté de l'esprit de vérité, il anime tout le Nouveau Testament; mais dans ce livre on ne trouve pas toute la vérité. Dieu y reste un mistère; ce livre ne fait pas connaître les choses qui ont été cachées dès la fondation du monde (Math. 13, 35).

L'esprit de vérité devait conduire dans toute la vérité: il ne parle point par soi-même, mais il dit tout ce qu'il a entendu (Jean 16, 13). Or, comme il ne s'est rien dit que l'esprit de vérité ne l'ait entendu et inscrit dans le livre de vie, ce livre, aujourd'hui entièrement ouvert, fait connaître les actes les plus cachés de la création humaine, lesquels sont aussi les plus honteux et les plus humiliants, afin que nul homme ne puisse se glorifier devant son créateur, selon qu'il est écrit : Dieu a choisi les choses folles du monde, pour confondre les sages, et les choses faibles pour confondre les fortes ; Dieu a choisi les choses viles du monde et les plus méprisées, même celles qui ne sont point, pour anéantir celles qui sont (1 Cor. 1, 27, 28).

Les sages nous ont déjà taxé de folie, car nous faisons

connaître des choses qui paraissent folie et dont ils sont confondus et confus. Sais vérité, sévérité, ces vérités les écrasent et ils ne peuvent les combattre. Ce sont bien les choses les plus méprisées et aussi quelquefois les plus méprisables ; même nous disons beaucoup de choses qui ne sont point, ainsi que c'est annoncé. Nos analises montrent ce qui a été dit et fait, et aussi ce qui n'a été ni dit ni fait, mais aurait pu l'être.

Cette étude peut-elle être une souillure pour l'âme ? bien au contraire, car Jésus dit : Vous êtes déjà nets à cause de la parole que je vous ai annoncée (Jean 15, 3). Sanctifie-les par ta vérité, ta parole est la vérité (Jean 17, 17). L'étude de la vérité est donc sanctifiante devant Dieu. Mais cette étude ne peut avoir lieu que dans l'isolement avec l'esprit de Dieu, ou dans une intimité d'esprits pleins de l'Esprit-Saint, de l'esprit de science, de sagesse et de pureté d'intention.

Celui que cette étude troublerait doit l'interrompre ; mais en résumé les sens seront plutôt calmés qu'excités par la profusion souvent répugnante et révoltante des animalités honteuses qui vivent au fond de nos âmes, et que nous amenons au grand jour pour leur honte et notre confusion.

La parole est la vérité, elle ne discerne pas le bien du mal. Elle exprime indifféremment ce qui est vil et grossier et ce qui saint et convenable ; mais tout ce que notre parole exprime naturellement est une vérité.

Un savant, après de longs raisonnements, voit dans les animaux de simples machines. L'esprit nous dit : Il ne leur manque que la parole, et c'est là la vérité. La parole nous dit : La vie n'est qu'un songe ; le sommeil est l'image de la mort. Ce sont là des vérités certaines, car l'esprit les exprime naturellement. A la mort, nos esprits rentrent dans leur monde et se souviennent de leur vie achevée, comme nous nous souvenons d'un songe. Le

peuple entend la voix de Dieu dans le tonnerre; c'est
conforme à la Bible où l'Éternel se confond avec le tonnerre et tient le peuple éloigné de peur qu'il ne se jette
sur eux (Exode 19). Tout le psaume 29 nomme le tonnerre : la voix de l'Éternel et la magnifie. Cela est en
accord avec le livre de vie où les cris puissants sont poussés dans les unions intimes ; or, le tonnerre, c'est la
réunion de l'électricité mâle et femelle qui se produit et
amène une décharge qui paraît quelquefois comme une
boule conduite par une intelligence. Les esprits vivent
dans l'électricité, c'est leur élément naturel ; notre corps
est une machine électrique modératrice du tonnerre,
car l'homme est fils du tonnerre (Marc 3, 17), et il est
lui-même un tonnerre de Dieu.

Dans tout ce que ce livre contient, c'est la parole qui
instruit ; mais il faut que l'esprit du lecteur lui rende
témoignage que c'est vrai. La parole n'est pas seule,
mon père témoigne avec moi (Jean 8, 18). C'est dans ce
sens que la voix du peuple est la voix de Dieu, et elle est
aussi le langage des dieux. Cela ne signifie point que les
sentiments, les passions populaires, sont selon l'esprit
de Dieu. Non plus le texte biblique n'est pas la parole de
Dieu, c'est la parole de l'homme qui est la parole de
Dieu. L'homme a besoin de parler et besoin qu'on lui
parle, comme il a besoin de pain. L'homme ne vit pas
seulement de pain, mais de toute parole qui sort de la
bouche du Dieu qui est en l'homme. Cette parole commande le bien naturellement, elle se refuse à conseiller
le mal. Le méchant ne dit pas : nous violerons, nous vio-
lenterons et nous assassinerons ; il se sert d'un argot,
latin ou autre.

TABLEAU DES ÉLÉMENTS DE LA PAROLE HUMAINE ET EN PARTICULIER DE LA LANGUE FRANÇAISE

Valeur des sons :

Ici	j'ai	suce	ceci	Ici	j'ai	suce	ceci
ô	b'ai	eaux	beu	i	l'ai	ous	le
eau	ç'ai	oue	ce	ù, eu	m'ai	ens	me
haut	ch'ai	eux	che	à	n'ai	ins	nœud, neu
au	d'ai	ée	de, deu	â	p'ai	uns	peu
où	f'ai	aie	feu	hàt	qu'ai		que
e, eu	gn'ai	ie	gneu	ou	r'ai	ait	re
é	gu'ai	ue	gueu	en	t'ai	os	te
è	h'ai	as	heu	in	v'ai	haut	vœu, veu
y	j'ai		jeu	un	z'ai	hât	zeu

La consonne ayant une apostrofe dans *b'ai*, *ç'ai*, etc..., c'est le mot *beu*, *ce*, *che*, etc..., montrant le sexe. La personne qui fournit les éléments du mot, dit partout : *ici j'ai prends-le*, ce que nous résumons dans le mot : *suce*. *Suce* est un impératif, mais c'est aussi un nom du sexe et de la bouche. Le corps animal est formé par un sucement, et il en est de même pour le corps spirituel. Tout ce que l'on sait, vient de ce qu'on l'a sucé.

Sucer possède aussi la valeur de sasser, ensacher, faire pénétrer, c'est l'union des *susses*, et chaque mot premier a la même double valeur.

L'idée primitive de tous les mots est celle contenue dans : *j'ai*; la forme la plus générale et la plus naturelle de cette idée s'exprime par : *y ai = j'ai*. Le *j'ai* de Jésus se prononce : *y ai, ié*, dans la plupart des langues.

Pour bien sentir que *b'ai*, *ç'ai*, etc... ont la valeur de *j'ai*, il suffit de les faire suivre du mot *faim* : *Y ai faim, b'ai faim, ç'ai faim*, etc..., jusqu'à *z'ai faim*, se comprennent partout presque aussitôt comme signifiant : j'ai faim. Toutes les langues, semble-t-il, ont les sons *bé, cé, ché*, etc..., ayant pour origine *b'ai, ç'ai*, etc... Tous les sons vocaux sont suivis ou précédés d'une de ces formes : *à b'ai, y l'ai*; habiter; *b'ai à, t'ai en*; battant. Il en est de même pour les sons de consonnes : *b'ai gneu*, baigne ; *ç'ai che*, sèche. Aussi : *b'ai are, béare*, bare ; *ç'ai ore, séore*, sors, sort. Tous les mots où, dans les analises, est intercalé un *é* primitif, désignent nettement le sexe : en *séore* ce l'ai, en sort ce l'ai, ensorceler, ensorcelé.

Chaque analise montre une des idées qui a contribué à la formation du mot, lequel a été condensé en un tout inséparable lentement ou bien instantanément : *certes est, ne mens?* certainement. *In ce temps t'en ai*, instantané.

Quelle que soit l'analise d'un mot, on doit le lire comme il se prononce habituellement : *à raide ai, en mets en*; ardemment.

Le début de tout son comporte l'idée impérative, indépendante de la forme verbale : *Aït ai, ai aït*; eh hé ! J'ai, *jé*, contient l'idée de *sucer* et celui qui créait le mot présentait son *jet* ou *jeu d'eau*.

On suce le susse avec la suce, et on bonde la bonde du tonneau avec la bonde.

La parole est comme un immense tissu, sans couture, dont les diverses parties sont réunies par un fil ténu, plus ou moins apparent et plus ou moins caché. Le fil de cette trame est celui que présente à la vue la forme *j'ai* du verbe *avoir*. C'est en ajoutant sans cesse à cette première idée que la parole s'est formée.

La langue française est sans doute la seule qui possède d'une manière si visible ce premier début. Le Tout-Puissant, créateur de la parole, peut n'avoir laissé qu'en un seul lieu poindre le fil conducteur.

Tous les mots étant des esprits invisibles et habitant la bouche, ils ont d'abord dû y être mis sous une forme animale (1 Cor. 15). L'ange créateur appelait sur sa nudité, *nue déité*, et les anges purs obéissaient. Ensuite les mêmes sons appelèrent aux unions animales, mais les mots appelant à ces actes étaient déjà formés ou en formation.

Le feu d'amour a tout créé ; c'est du sexe que le soleil, la lune et les étoiles se sont élancés dans l'immensité. Rien n'est venu du dehors en l'esprit de l'homme ; c'est l'esprit de l'homme qui a pris possession de tout ce qui existe.

Ces connaissances sont les éléments, *l'aise et l'aimant*, que le lecteur doit toujours avoir sous les yeux. S'il les tient ferme en sa main, les éléments lui seront soumis et lui obéiront, *au bé iront*, il comprendra la création.

Lorsqu'on est bien pénétré de cette vérité que tout mot est né du sexe offert au visage, l'esprit franchit en un instant les millions d'années que nous avons vécues avant d'atteindre notre perfection animale. Il n'y a plus de temps, il n'y a plus de mort ; mais une vie immense, sans fin, éternelle.

Que le lecteur comprenne bien que le grand Dieu tout-puissant a fait oublier à l'homme son commencement, et s'est réservé de le ressusciter en lui rappelant son origine. Nous n'avons pas à juger le moyen employé, mais seulement à constater qu'il remplit bien son but et porte dans l'esprit la conviction intime, le souvenir certain d'avoir vécu avant la création de l'homme, et ainsi d'être un dieu, un ange, et de posséder la vie éternelle.

Exercices sur le tableau : ô b'ai eaux, au b'ai haut, *aux beaux, aux baux*. Les premiers *beaux* firent les premiers *baux* avec les *beautés*. Le mariage est un bail à vie.

Ç'ai haut, *sauts, sots* ; d'ai haut, *dos* ; m'ai haut, *mots, maux*. Les créateurs de *mots* faisaient souffrir des *maux*. V'ai eaux, *vaux, veaux*. Les *veaux* marins, mare-rains, se terraient dans les *vaux* ou dans les eaux du val.

Ces analises sont formées sur *j'ai eue*, la chose que *j'ai eue*, je l'offre et *eue* ou *ue* = *suce*. Au ch'ai haut = au j'ai suce, *au chaud*. Chaud = *suce*; *chaud* les marrons.

B'ai oue, boue, sous, soue, choue, doue, foue, goût, goue, houx, joue, loue, moue, noue, nous, poux, poue, coue, coups, roue, roux, toue, toux, tous, voue, vous, zoue = suce.

Beux, bœufs, ceux, cheux, deux, feue, feux, gueux, heux, jeux, neux, nœuds, peux, queue, reux, veux = suce. Meus = mets, *meus où voire*, mouvoir; *meus ou mets en qu'ai*, manqué.

Peux, de pouvoir; *veux*, de vouloir, prennent l'esprit de *pousser* : *Peux où ç'ai, poue ç'ai*, pousser. *Veux où ai, voue ai*, vouer. *A vœu, a veut*; *à veux en ç'ai*, avancer.

Bée, cée, sée, chez, chée, dée, fée, etc... Bie, cie, sie, sis, scie, chie, die, fie, etc... Bue, sue, chue, due, fue, etc... Bas, sas, chas, etc... Bons, sons, chons, dons, etc... Bins, sins, chins, etc... On doit lire tous ces mots avec l'esprit de *suce*, et cet esprit fait comprendre, en chaque langue, la valeur définitive donnée aux mots formés. *Foue ai à, jouah! loue en j'ai*, louanger; *moue t'ai on*, mouton; *m'ai fie*, méfie; *sue ai*, suer.

Fée à me, femme; *déc à me*, dame. La femme est une vraie fée, et la dame une vraie déesse, *la dée est ce*. La femme est plus ancienne que la dame. Les fées furent les premières faites. L'esprit témoigne que la femme a précédé la dame. Certains fous ont inventé des fées qui n'ont existé que dans leur cerveau. *Fée es te, fée êtes, fait êtes*, c'est une fête. *Fie ai fée* = suce j'ai fait; *fieffée* coquine.

Ces exercices ont pour but d'arrêter l'esprit sur chaque tableau, afin de le faire bien comprendre et aussi pour en atténuer la sécheresse. Le lecteur attentif aura bientôt, s'il cherche de lui-même, des révélations qui le convaincront bien mieux que ce que nous écrivons. Il sera instruit de Dieu.

DEUXIÈME TABLEAU

Au, à, en.	j'ai.	ici, eu.	au sexe.	au bec.	suce j'ai ici	mots formés
ò	b'ai	haut	au béo	au beu	obe ait haut	au beau
au	ç'ai	haut	au séo	au ce	osse ai eau	au seau
eau	ch'ai	où	au chéou	au che	oche ai où	au chou
haut	d'ai	eau	au déo	au de	ode ai eau	au deau
in	f'ai	eu	in feu	in feu	infe ai eu	in feu
au	gn'ai	on	au gnéon	au gneu	ogne ai on	ognon
é	gu'ai	é	é gué	é gueu	ègue ai é	é gai
é	h'ai	é	é hé	é heu	éhe ai é	eh hé!
i	j'ai	i	i géi	i jeu	ige ai i	igi
ù	l'ai	en	ù léant	ù le	ule ai en	uhlan
en	m'ai	in	en mein	en me	emme ai in	en main
à	n'ai	on	à néon	à neu	âne ai ou	ânon
à	p'ai	on	à péon	à peu	ape ai on	à pont
en	qu'ai	ù	en cu	en que	anque ai cu	en cul
ès	r'ai	in	ès rein	ès re	aire ai in	airain
où	t'ai	i	où téi	où te	oute ai i	outil
on	v'ai	à	on véa	on veu	ouve ai à	on va
au	z'ai	en	au zéant	au zeu	ose ai en	osant

On formera sur ce tableau : *chéo, féo, gnéo, guéo, héo, géo, léo, méo, néo, péo, quéo, réo, téo, véo, zéo — béou, séou, déou, jéou*. etc... — *beu, ce, che*, etc... — *bé, ce, ché, dé, fé*, etc... — *béi, séi, chéi, déi, féi*, etc... — *bu, su, chu, du, fu, gnu, gu, hu*, etc... — *béa, séa, chéa, déa, féa, guéâ, héâ*, etc... — *béon, séon, chéon, déon*, etc... — *béant, séant, chéant, déant, féant*, etc... — *bein, sein, chein, dein, fein, gnein, guein, hein*, etc... C'est toujours le sexe qui est en vue. *A j'ai ù* devient *à j'ai eu* par l'idée de possession. *A j'ai eu, ce t'ai; à juste ai*. Le juste ajustait le point juste et les ancêtres formaient le verbe *ajuster* sans y apporter attention. L'esprit n'en a point oublié l'origine et il laisse les inconscients y faire allusion.

Béo, séo, chéo, etc...., se changent en *beau, seau, cheau*, etc., et ainsi ortografiés, ils se réfèrent à la bouche et aussi au sexe. *En béo t'ai, en beau t'ai*, en beauté. *On séo t'ai, on seau t'ai*, on sautait. *En péo t'ai, en peau t'ai*, empoté.

O marque le sexe simplement et devient *eau*, car l'eau en sort et y a pris son nom. *Haut* vient de ce qu'on élève le point *ò*, et *au* marque la direction vers ce même lieu. Le son *ò* a donc quatre significations, il en est de même pour le son *où* et pour tous les sons vocaux premiers. *L'eau* et *l'où*, ce fut d'abord le sexe. *Où es-tu?* *d'où viens-tu. D'ai où, ce mets en;* doucement. En suite *où* se dit des eaux : *où vas-tu? Es-tu lò ou l'eau?* Un *temps d'où* ou d'eau est un *temps doux*.

Beu, ce, che sont formés de *b'ai e, œu* ou *eu*; dans *b'ai = beu ai*; *ç'ai = ce ai*; *ch'ai = che ai*, ils se réfèrent d'abord au sexe mâle, le premier nommé : *nœud homme ai*. L'ange créateur ne pouvait dire *ce*, sans montrer *ce* qu'il avait : *ce queue y l'ai à vé*.

Le son *ai* est, le plus souvent, disparu, soit attraction : *A te r'ai, à trait*; *à qu'ai ce, axe*; *y ai on, ion : attrait-action*. *L'attraction* et *la traction* viennent de *l'attrait-action* et de *l'âtre action*. *Atre* et *âtre* appellent en arrière où était le trait, l'attrait et l'axe, où se faisait l'action. Dans *attraction* on ne voit point le son *ai* que nous y trouvons trois fois.

Bé, sé ou *cé, ché*, etc..., sont des impératifs dans : *bé qu'ai*, Léquer; *cé d'ai*, céder; *gué t'ai*, guetter; *pé ch'ai*, pécher; comme noms ils désignent aussi la bouche : *à bé ce tiens toi*, abstiens-toi; *y fait haut, le l'ai à vé*; il faut le laver, *au dé beau t'ai*, au débotté : *à bé use ai*, abuser.

A j'ai i, à géi, agis; *à géi t'ai, à jeu y l'ai*, agité. *Je t'ai au séi*, moi aussi. Le *séi* devient *ci* et *sis* : *A ci ai jeu, à sis ège? à siège, il met à siège*, il m'assiège.

Tu = toi et *ton*; *tu tu = ton tu*. *Tu relues tu tu*. — Turlututu, répondait l'interpellé vexé.

Ce à béa, ça bat, sabbat; *a bat*, ah bah! *A b'ai bât, à béâ*, à bas! repousse l'offre désagréable.

Béon t'ai, bon t'ai, bonté; *d'ai on déon*, dondon. — *Léant d'ai haut*, mets le bandeau; *on chéant l'ai*, on chantait; *en* chéant t'ai, enchanté. Sein d'ai, scinder. Mets à lein, malin.

La colonne : au beu, au ce, etc..., se change en obe, osse, etc... De cela on doit conclure que toute sillabe analogue vaut, dans son principe, suce. Ape ai téi, à pé t'ai i, appétit. A pé l'ai, isse ai en ; appétissant.

TROISIÈME TABLEAU

Ici j'ai, jeu l'ai	suce ici j'ai	mots formés	suce j'ai en l'air	
à b'ai, y l'ai	abe y t'ai	habiter	abe ai ite	habite
en ç'ai, en ç'ai	ance en ç'ai	encenser	ance ai en ce	encence
en ch'ai, en l'ai	anche en t'ai	enchanter	anche ai ente	enchante
à d'ai, eu l'ai	ade eu l'ai	aduler	ade ai eu le	adule
en f'ai, on ç'ai	enfe on ç'ai	enfoncer	enfe ai on ce	enfonce
i gn'ai, au r'ai	igne au r'ai	ignorer	igne ai au ore	ignore
à gu'ai, à ç'ai	ague à ç'ai	agacer	ague ai à ce	agace
à h'ai, à n'ai	ahe à n'ai	ahaner	ahe ai à nœud	ahane
en j'ai, haut l'ai	ange au l'ai	enjôler	ange ai haut le	enjôle
è l'ai, en ç'ai	éle en ç'ai	élancer	éle ai ence	élance
é mai, in ç'ai	éme in ç'ai	émincer	éme ai in ce	émince
à n'ai, on ç'ai	ane on ç'ai	annoncer	ane ai on ce	annonce
au p'ai, é r'ai	ope é rai	opérer	ope ai aire	opère
è qu'ai, où t'ai	éque où t'ai	écouter	éque ai oute	écoute
à r'ai, en j'ai	are en j'ai	arranger	are ai en jeu	arrange
à t'ai, où ch'ai	ate où ch'ai	attoucher	ate ai ouche	attouche
à v'ai, è r'ai	ave é r'ai	avérer	ave ai aire	avère
à z'ai, ù r'ai	ase eu r'ai	azurer	ase ai ure	azure

La col. à b'ai, etc..., et la col. y l'ai, etc..., s'unissent. Les deux sont confondues, *queue ont fondue* ensemble et de nouveaux mots sont créés. En plus des verbes habiter, encenser, etc..., ce seront pour ce tableau : béi, bite, séant, chéant, champ, du, dule, fond, fonce, gneau, ga. gace, héa, ha ! hane, géo, geole, lent, lance, main, mince, nom, nonce, pé, père, cou, coule, ran, rang, tout, touche, vé, vère, zu, zure et autres.

A béi t'ai, habité ; en fond ç'ai, enfoncé ; à léi t'ai, alité. L'union a lieu en béi, fond ou féon et léi, et les mots habité, enfoncé et alité sont très clairs ; à condition de ne pas porter la vue en dehors des éléments, *d'ai aise et l'aimant*, que nous avons fait connaître. On était enfoncé et alité dans l'union. Le sexe fut le premier habité et cohabité : *queue haut à béi t'ai.*

La dernière colonne montre une formation des impératifs : *habite, encence,* etc...

QUATRIÈME TABLEAU

suce	j'ai	j'ai	suce	suce	en l'air j'ai		j'ai en l'air	
aie	b'ai	b'ai	aie	baie	our	b'ai	b'ai	our
aire	ç'ai	ç'ai	aie	saie	or	ç'ai	ç'ai	or
aire	ch'ai	ch'ai	aire	chaire	air	ch'ai	ch'ai	air
oure	d'ai	d'ai	are	dard	our	d'ai	d'ai	our
ore	f'ai	f'ai	ore	fore	or	f'ai	f'ai	or
are	gn'ai	gn'ai	are	gnare	art	gn'ai	gn'ai	art
are	gu'ai	gu'ai	are	gare	or	gu'ai	gu'ai	or
ure	j'ai	j'ai	oure	jour	air	j'ai	j'ai	air
oure	l'ai	l'ai	heure	leurre	air	l'ai	l'ai	heure
aie	m'ai	m'ai	ire	mire	air	m'ai	m'ai	air
ore	n'ai	n'ai	aire	naire	ur	n'ai	n'ai	ur
are	p'ai	p'ai	are	pare	ir	p'ai	p'ai	art
are	qu'ai	qu'ai	ore	core	our	qu'ai	qu'ai	our
aire	r'ai	r'ai	ire	rire	ir	r'ai	r'ai	ir
heure	t'ai	t'ai	ure	ture	heure	t'ai	t'ai	ur
oure	v'ai	v'ai	aie	vaie	ar	v'ai	v'ai	air
aie	z'ai	z'ai	ore	zore	air	z'ai	z'ai	air

suce j'ai en l'air

Queue l'ai, air j'ai ; clergé
égue z'ai, air ç'ai ; exercer
re ch'ai, air ch'ai ; rechercher
dé z'ai, air t'ai ; déserter

suce j'ai en l'air

Sube m'ai, air j'ai ; submerger
re qu'ai, our b'ai ; recourber
re t'ai, art d'ai ; retarder
éque z'ai, hor t'ai ; exhorter

Le re = l'heure = en l'air. Le re, l'heure en feu ai, air m'ai, aire m'ai, aie re m'ai, le renfermer. *Le re en fer m'ai, le re enfer m'ai, l'heure en ferme ai, l'heure en faire m'ai ;* le mâle *en fer* fut mis en *enfer* et *en ferme* ; il devait *en* faire, et il fut renfermé. Toute la parole crie : *en. En nœud, à v'ai en ;* en avant.

Le *nerf* fut le premier *naire*, le *naire* fut un manger : *air d'ai bon naire,* air débonnaire. *D'ai bon, naire t'ai* ; débonnaireté.

Art d'ai, ards d'ai, arde ai; arder, ards, arde = regarde. *Re gu'ai, arde ai, à raide ai*, regarder. *Arde ai heure, la raide heure* créa l'ardeur. L'idée de voir, regarder est fréquente; on n'obéissait guère sans regarder : *séant re gu'ai, are d'ai.*

On remarquera l'ortografe : *air, ar*, etc... = en l'air; *aire, are,* = suce.

Le lecteur formera lui-même des mots avec les analises qui n'en ont pas.

CINQUIÈME TABLEAU

ici j'ai ici	suce	j'ai suce	suce	j'ai suce	suce
où ai hait	oi	b'ai oi	bois	b'ai ouille	bouille
eu ai i	hui	ç'ai hui	sui	ç'ai aille	saille
où ai i	oui	ch'ai oie	choix	ch'ai aille	chaille
où ai in	oin	d'ai yeu	dieu	d'ai euille	deuille
où ai aie	oie	f'ai oui	foui	f'ai ille	fille
où ai ic	ouie	gu'ai oin	goin	h'ai ouille	houille
eu ai ic	uie	h'ai uie	huie		
y ai haut	yo			*ici j'ai suce*	
y ai eu	yeu	j'ai ouie	jouie	en gu'ai ille	anguille
y ai en	ien	l'ai yeu	lieu	à ç'ai aille	assaille
y ai à	ia				
y ai où	you	m'ai oï	moi	en d'ai ouille	andouille
		n'ai hui	nuit	au r'ai eille	oreille
(au suce)		p'ai oins	poins	au z'ai eille	oseille
où yeu	ouille	qu'ai oin	coin	à qu'ai euille	accueille
eu yeu	euille	r'ai ien	rien	re qu'ai euille	recueille
é yeu	eille	t'ai iens	tiens	on t'ai aille	on taille
i yeu	ille	v'ai oie	voie	à b'ai ille	habille
à yeu	aille	z'ai yeu	zeille		

On formera sur ce tableau : *boi, soi, choi, doi, foi, goi, hoi, joi, loi, moi, noi, poi, coi, roi, toi, voi* et *zoi. Bui, sui, chui, dui,* etc...; *boin, soin,* etc...; *boie, soie,* etc...; *bieu, sieu, dieu,* etc...; *bien, sien, chien,* etc...

Tous ces mots se réfèrent au sexe. Rentrer en soi-même : c'est le sexe qui le premier rentra en soi, car le sexe et l'homme ne font qu'un. Quand le sexe est hors de soi, l'homme est aussi hors de soi, et si le sexe est hors de l'huis, l'homme est hors de lui.

Tous les mots ont été mis dans la bouche sous une forme matérielle, avant d'y être de purs esprits, c'était la loi ; quand la loi était dure, il fallait la subir, *sub aire. Là loi y ai, haut l'ai* ; *légue z'ai, i j'ai*; la loyauté l'exigeait.

Roi présente le sexe *de roi* ou *droit*. C'est le premier roi, c'est le *roide ès rois* et le roi des rois. Plus que les autres hommes les rois se sont montrés esclaves de ce tiran.

Yeu est le singulier de *yeux* ; *yeu*, c'est le sexe qui *pieut* ou pleut, c'est aussi un *pieu, p'ai yeu*. *L'yeu* ou *l'œil* est dénommé de l'eau qui s'en échappe.

Ouille, euille, eille, ille, aille et *áille,* contiennent le mot *yeu* qui est comme le *moyeu, mets au yeu,* ou le *milieu, mis l'ai yeu,* de notre langue. Ces mots ont désigné l'eau et ont reçu l'esprit de voir, regarder.

Çà m'ai où yeu, ça mets où yeu, ça mouille. *On c'est, ce ouille ai* ; on s'est souillé. *Cha t'ai où yeu,* chatouille. *Fais ouille, fais où yeu,* fouille. *R'ai où yeu, r'ai ouille,* rouille. *Dé r'ai où yeu, dé r'ai, ouille,* dérouille.

Tu meus, r'ai à yeu; tu me railles. *Bé t'ai à yeu,* bétail. *Mé d'ai à yeu,* médaille, *fais à yeu, fais aille,* faille. *Veau l'ai à yeu,* volaille. *Peux à yeu,* paille ; *en paille ai,* empailler. *Paille* = suce, pousse. Le sexe fut la première paille. *Paille à ç'ai on,* mets ou ôte le paillasson. La paille actuelle reçut son nom en servant à couvrir le sexe qui perdit son nom de paille ; mais cet esprit premier est resté dans : *paille, à raide ai ise* ; paillardise. *T'ai ri paille,* tripaille ; cacher ta tripaille. *Re en paille ai,* rempailler. Le sexe remis dans la paillasse fut le premier rempaillé. *Paille à ce,* paillasse. La première paillasse donna son nom à l'objet sur lequel elle se livrait à la paillardise. Ce raisonnement s'appliquera au mot *paille* en toutes les langues et les mots les plus usités et les plus populaires en seront éclairés.

Vie z'ai à jeu, v'ai air, m'ai eille, mets yeu; visage vermeil. *M'ai air, v'ai eille, vé yeu,* merveille. Le sexe fut la première merveille. *C'est m'ai air, veille ai heux* ; c'est merveilleux. *La mère veille* sur son enfant, c'est une merveille. *La mer veille* ou regarde, c'est une autre merveille. Le bourg dort, mais ses *maires veillent, eux* ; c'était aussi merveilleux.

A l'ai eù yeu, à l'euille, à l'œil. Queue l'ai in, d'ai euille ; clin d'œil. Coup d'ai eù yeu, coup d'œil. Euille ai à deu, œillade. Fais eù yeu, feue yeu, fais euille, feuille = suce. Feuille t'ai on, feuilleton ; feuille t'ai à jeu, feuilletage ; feuille ai haite, feuillette, à la feuille aie z'ai on ; à la feuillaison. Ç'ai air feuille, cerfeuil. Fais i yeu, fie yeu, fille. La fille ai haite, la fillette.

On ce feu y ai, on ce fie ai, on se fiait. Feu y ai en ce, fie ai en ce, fiance. Queue on fie ai en ce, confiance : Fie = vie = suce.

SIXIÈME TABLEAU

suce (j'ai) le	en suce	suce	suce j'ai	en suce	sucer
ombe (ai) re	on breu	ombre	ombe r'ai	on bré	ombrer
ambe (ai) le	en bleu	amble	ambe l'ai	en blé	embler
ade (ai) re	à dreu	adre	ade r'ai	à dré	adrer
âfe (ai) re	à freu	âfre	âfe r'ai	à fré	âfrer
ife (ai) le	i fleu	ifle	i'e l'ai	i flé	ifler
ègue (ai) re	é greu	aigre	ègue r'ai	é gré	égrer
angue (ai) re	en greu	angre	angue r'ai	en gré	angrer
angue (ai) le	en gleu	angle	angue l'ai	en glé	angler
impe (ai) re	in preu	impre	impe r'ai	in pré	imprer
ampe (ai) le	en pleu	ample	ampe l'ai	en plé	empler
anque (ai) re	en creu	encre	anque r'ai	en cré	ancrer
âque (ai) le	à cleu	âcle	âque l'ai	à clé	âcler
èle (ai) re	ès treu	être	être r'ai	ès tré	êtrer
inte (ai) re	in treu	intre	inte r'ai	in trait	intrer
euve (ai) re	eu vreu	œuvre	euve r'ai	eu vré	œuvrer
ouve (ai) re	où vreu	ouvre	ouve r'ai	où vrai	ouvrer

A ce j'ai ici	à ce trou	suce j'ai ici	suce	suce trou
à ce t'ai re	à ce treu	asse t'ai re	astre	asse treu
é ce t'ai re	é ce treu	esse t'ai re	estre	esse treu
i ce t'ai re	i ce treu	isse t'ai re	istre	isse treu
u ce t'ai re	u ce treu	usse t'ai re	ustre	usse treu
ou ce t'ai re	on ce treu	once t'ai re	oustre	once treu

Le bleu, bé l'ai eu, belle œu, offrait sa belle eau en l'air; ou mieux recevait l'eau de son clerc. Ipe ai le, il pleut; ç'ai à pleu, sape-le, ça pleut. Peux l'ai eu veu, il faut que ça pleuve. Sape l'œuvre ai, ça pleuvrait. La première œuvre fut le sexe lançant son eau. Y l'ai, en nœud est, t'ai où bleu; il en est tout bleu. En ç'ai, en bleu; ensemble. A ç'ai en bleu, assemble. Le te r'ai en bleu, mets en; le tremblement. Jeu te r'ai en bleu, je tremble. A l'ai en bleu, à l'amble. Queue t'ai en, ç'ai en bleu? que t'en semble? Au beau sis est le bleu, ô beau ciel bleu! Ègue z'ai en pleu, exemple. Pas ç'ai au bleu, passé au bleu. Igne ai au bleu, ignoble. Tu mets trait en gleu, tu m'étrangles. T'ai à bé l'eau, tabe l'ai haut; un beau t'ai, abe l'eau; un beau tableau : c'était le laïque tendant le bec à l'eau de son clerc.

Ombre, adre, être, œuvre, etc..., ont l'esprit de : ouvre, entr'ouvre. En treu ouve-re. Entre où v'ai aire, antre-ouvert; entre, ouvert t'ai ure; antre-ouverture, en trou vers ture, entr'ouverture. On ce antre tiens, on centre tiens, on s'entretient. In tré pide y t'ai, intrépidité. A pré aie t'ai, apprêté. Mets à le trait t'ai, maltraiter. Où vrai y ai, ouvrier. Y l'est en cré, en creux y ai; il est ancré dans l'encrier. Le séant donna le sang qui fut la première encre.

Dé l'ai, âbe r'ai; dé l'ai à bré, délâbré. Âbre est le vrai nom de l'arbre. Le premier arbre fut un âbre. Âbre, abri, c'est naturel; on s'abritait sous les âbres. Y ce qu'ai âbe-re, il se câbre, isse qu'ai à breu. Ç'ai âbe re, ç'ai à breu, ç'ai âbre, sabre. L'ancêtre cheval se cabrant présentait son sabre, qui était un âbre. Candelabre = âbre de chandelles. A l'abri sous l'âbre, le cabri se câbre.

Dé z'ai, à ce treu; dé z'ai astre, désastre, c'est manqué. A ce trait indre, ce astre ai in dreu, il faut s'astreindre. A ce train j'ai en, astre in géant, astreins gens, astringent. Quand le sexe fut voilé et montré sous le voile, appelé alors nue et nuage, on donna le nom d'astres aux corps célestes qui se voilent et se montrent. Comme ce fut surtout la fée qui se voilait, une belle femme est toujours un astre. Estre au pie ai, esse trop pie ai, estropier. En re j'ai istre, enregistre. Y l'ai eu ce treu, y l'ai ustre, illustre. Mets on ce treu, mets onstre ; monstre.

On bé âfe r'ai, on bâffrait. A de r'ai ce, adre ai ce, adresse. Re n'ai, ife l'ai ; re nie feu, l'ai, renifler. Veux ine é greu, veux iner greu, vinaigre. On vine aigue r'ai, on vinaigrait. En gré ave ai, engraver. In preu ime ai, imprimer. Re n'ai, âque l'ai, renâcler. Peux t'ai ès treu, tu le veux peut-être. Ç'ai in treu, sein treu, sein trait, cintré. M'ai en œuvre, manœuvre. Coule ai eu vreu, couleuvre. La coule euvre = ouvre la gueule. Il semble que la couleuvre reçut son nom de ce qu'on lui retirait de la goule les raines qu'elle avait saisies. En pleu mets en, amplement. En pleu heure, quelle ample heure, quelle ampleur, qu'elle en pleure !

LE HAUT

Toute sillabe commençant par h, aspirée ou non, doit être comprise comme ayant tout spécialement la valeur de : haut, haute, en l'air.

Ainsi : haube, hausse, hauche, haude, hoque, hogue, hogne, haule, haume, hane, hope, hore, hot, hote, hauve, hause, hou, housse, houpe, houre, houte, house, heu, heux, heuse, heule, heure, heude, hé, hail, haite, hèle, hèpe, hère, hique, hisse, hite, hise, hu, huche, hume, hupe, hure, hà, hache, hale, hâle, hope, hare, hase, hâbe, hât, hâte, hâve, hon, honte, han, hante, hanche, hampe, hui, huile, etc..., etc..., montrent le sexe élevé et disent : suce, avance, prends, etc...

Haute, hôte, aute, ôte. Haute présente la chose à *l'hôte* ou à *l'aute*, qui refuse en disant : *ôte*. Le peuple dit *les autes* plutôt que *les autres*. Tous les *autes* sont nos *hôtes*. *La queue haute d'ai à déant*, la côte d'Adam. C'est là l'origine de tous les hommes. *L'affaire housse*, la frousse. *Hore d'ai, isse ai ?*; hors d'ici. *D'ai fait haite*, je suis défaite. *T'ai hâte, tâte ; t'ai bât, t'as*; t'as un *tas*. *Queue t'ai hâte, on nœud t'ai eu ;* que tâtonnes-tu ?

R'ai haut le, r'ai naule, réole, rôle. En ré, haut l'ai, en réole ai, je suis enrôlé. C'est *de r'ai haut le ;* c'est de *réole*, c'est drôle. *Y me fait r'ai haut le*, il me frôle. *R'ai hale, réale ; r'ai haut, réaux. J'ai né réale*, générale. *J'ai né, r'ai haut ;* généraux. *J'ai né ré, hale y t'ai ; j'ai né, réale y t'ai ;* c'est une généralité. *En réale y t'ai,* en réalité. C'est là, *mets au réale ;* c'est la morale. *Mets au réale y t'ai,* moralité. *Sur le lit, t'ai au réale ;* sur le littoral. Au point *séant, t'ai réale ;* au point central. *T'ai on deau, queue t'ai au réale,* ton doctoral. *Ré queue t'ai au réale,* rectorale. *A mire ai hale,* amiral. *A mire ai haut, à mire ai eaux,* amiraux. *Eau r'ai hore, beau réale ;* aurore boréale. *Cape au réale,* caporal. *Feu l'ai au réale,* floréale. *Le queue hore peux au réale,* le corporal. *R'ai bèle, r'ai aie-le,* réel = en l'air. *Le queue hore peux au réel,* le corporel. *Les queues réelles* causaient les querelles. On va *ce queue réel ai,* on va se quereller. *Ma queue r'ai bèle,* maquerelle. *On centre queue réelle ai,* on s'entre-querellait. *Fais réel,* tu es frêle. *Séant fore ce ;* tu es sans force. *Gueue réelle ai,* ça fait grêler. Les grêles montrant leurs *gueues réelles,* étaient exposés à recevoir des grêles de sable, de pierres, etc... Ce furent les premières grêles. *M'ai nè, ce t'ai réel ;* ménestrel. *R'ai bèle, mets en ; ré est le m'ai en ;* réellement. *Fais le nœud à tu, réel mets en ;* fais-le naturellement. *Mets à tour, t'ai réel ;* ma tourterelle. *R'ai bile ; réil* = réel = en l'air. *Pue ai, réile y t'ai ;* puérilité. *Vie réile y t'ai,* virilité.

Je t'ai refait haite, je t'ai refaite. *Hait, haite,* d'un verbe *haiter*, qui reste dans souhaiter, soulever. *Haiter*, un premier verbe *haïr*, dont il reste : *je hais, tu hais, il hait*. Mais ce langage est tombé et la voix du peuple dit régulièrement : *je haïs, tu haïs, il haït ; ne le haïs point*. Ce qui est lumineux.

Leurre leur l'heure. Le sexe élevé est la première heure. *L'heure à véant ce*, l'heure avance. *Heure* = suce, en l'air, avance. *Y meut l'heure*, il me leurre. Leurrer est ainsi très clair. *Heure t'ai*, heurter. *Heurte, mets en* ; heurtement. *A heure t'ai*, aheurter. *A heure ou à heurt te mets en* ; aheurtement. *Heure ai heux*, heureux. *Heure ai heuse*, heureuse. *Séant qu'ai heure*, sans cœur. *Le queue heure* fut le premier cœur, il perça et déchira l'autre cœur, *l'ai au treu, queue heure*. *Mets au qu'ai heure*, moqueur. *Mets au qu'ai heuse*, moqueuse. *On ce, mets au qu'ai*, on se moquait. *Mets à l'heure, m'ai à l'heure*, malheur. *Téou t'ai, à l'ai heure* ; tout à l'heure. *Fais au t'ai heure*, fauteur. *Au t'ai heure*, auteur. *Tu en nœud es, l'ai au t'heure* ; tu en es l'auteur.

A que t'ai heure, acteur. *A que t'ai heure, hisse*, actrice. *Mets à t'ai heure, hisse*, matrice. *La queue ente, à t'ai heure, hisse* ; *l'acante à trait hisse*, la cantatrice. *Eau d'heure*, odeur. *Pus d'heure*, pudeur. *Séant t'ai heure*, senteur. *Queue l'ai à beau, d'ai heure*, clabaudeur. *Grand d'heure, grande heure*, grandeur. *Pue en, t'ai heure ; puante heure*, puanteur. *Roi d'heure, roide heure*, roideur. *Fais roide heure, froid d'heure*, froideur. *Feu l'ai heure*, fleur, fleurre. La fleur et les fleurs ont leur nom de ce qu'on les fleure et les suce.

SEPTIÈME TABLEAU

A j'ai ici	suce ceci	sexe	où que j'ai	suce j'ai
Au qu'ai ce	oque ce	oxe	au que ç'ai	oxe ai
où qu'ai ce	ouque ce	ouxe	où que ç'ai	ouxe ai
eu qu'ai ce	euque ce	euxe	eu que ç'ai	euxe ai
ó qu'ai ce	éque ce	exe	é que ç'ai	exe ai
i qu'ai ce	ique ce	ixe	i que ç'ai	ixe ai
ù qu'ai ce	uque ce	uxe	ù que ç'ai	uxe ai
à qu'ai ce	aque ce	axe	à que ç'ai	axe ai
on qu'ai ce	onque ai ce	onxe	on que ç'ai	ouxe ai
en qu'ai ce	anque ai ce	auxe	en que ç'ai	anxe ai
in qu'ai ce	inque ce	inxe	in que ç'ai	inxe ai

où jai	suce j'ai	j'ai suce	suce	sexe	j'ai suce	suce
Au ç'ai	osse ai	ç'ai osse	soce	sosse	b'ai oxe	boxe
où ç'ai	ousse ai	ç'ai ousse	souce	sousse	l'ai ouxe	louxe
eu ç'ai	eusse ai	ç'ai eusse	seuce	seusse	r'ai euxe	reuxe
é ç'ai	esse ai	ç'ai esse	sèce	sesse	ç'ai exe	sexe
i ç'ai	isse ai	ç'ai isse	sice	sisse	l'ai ixe	lixe
eu ç'ai	usse ai	ç'ai usse	suce	susse	l'ai uxe	luxe
à ç'ai	asse ai	ç'ai asse	sace	sasse	d'ai axe	daxe

Tous les mots de ce tableau sont clairement apparentés avec le mot *sexe* et en ont la valeur évidente.

On bé oxe ai, on boxait; *au bé oque ç'ai on*, au boxon.

Sue que ç'ai, aie; *suque ç'ai, aie*; *sue que c'est, suxe est, suc c'est*, succès. Le premier *suc* et *sucre* se trouva au *suxe*. Je t'ai *ce uxe*, *suxe cédé*; je t'ai succédé. Les mâles se succédaient en la possession de la femelle. *Suc* ou *suxe-cession*; *suque, sesse y ai on*, succession. *Suque, sesse ai heure*, successeur. La femelle faisait l'objet de la succession, et ne pouvait elle-même succéder ; successeur n'a pas de féminin.

Onxe y ai on, onction. *Fais onxe, y ai on nœud*, fonctionne. *En anxe y ai été*, je suis en anxiété. *Ce fais in qu'ai ce, ce fais inxe*, sfinx. *C'est un fait, n'ai ique ce*; c'est un *fait nxe*, fénix. *A sosse y ai*, on est associé. *In sice, t'ai en ce*; *in sisse tends ce*, insistance. *A sisse tends ce*, assistance. *Séant ré ç'ai, isse l'ai en ce*, sans résistance. *J'ai i, souce qu'ai ri*, j'y souscris. *E lixe ai ire, é lique ç'ai ire*; c'est le sexe qui fournit le véritable élixir de longue vie.

LE GENRE

Re = ré = droit, en l'air; c'est la bouche ou le sexe. Comme impératif *re =* suce, prends. Il en est de même pour: *beu, ce, che, de*, etc..., ainsi d'ailleurs que pour tous les sons premiers, ce que nous répétons sans cesse.

Le re = l'heure. Le re ç'ai on neu, l'heure sonne. *Le re vient*, l'heure vient. On sait, du reste, que *re* est réduplicatif au commencement des mots.

Le j'ai en re, le genre. Chacun son *jeu en re*, son genre. Les deux *jeux en re*, les deux genres. On voit que *re* est le sexe élevé. Cela permettait de distinguer les genres. *Je m'ai en re, m'ai aie*, je m'en remets. *On ç'ai en re, mets; on séant remets*, on s'en remet. *On ç'ai en re, à peux l ai; on séant re a pelé*, on s'en rappelait. Le dépouillement du gland et la rupture de l'himen laissaient un souvenir cuisant : on s'en rappelait. *Je m'en rappelle*, dit la même chose, et c'est populaire. *Je me le rat pelle*, est moins convenable. *Je m'ai en re, tiens*, je m'en retiens. *J ai en re, viens*; j'en reviens. *Jeu d'ai au re, je d'ai ore*, je dors. *D'ai au re, mire*, laisse-moi dormir. *A bé, au re d'ai, ore d'ai*, aborder. *A d'ai au re, à d ai ore*; adore. *A dé ore ai, à sis ai on* : adoration. *Je m'ai au re, jeu m'ai ore*, je mords. *Me au re t'ai, ife y ai*, mortifier. *Je te l'ai au re, d'ai on neu*, je te l'ordonne. *Feu au re m'ai, fore m'ai*, je suis formé. *Feu au re ç'ai, fais ore ç'ai, fore ç'ai*, force ai, forcer. *Fore ai ce*, force. *Séant fore-ce*, tu es sans force. *E fais ore, ai fore*, effort. *On sail forcer*, on s'efforçait. *Le gueue ç'ai à re*, le gueusard. *J'ai en re, à jeu*; j'ai en rage, j'enrage. *Y l'est en re à j'ai, y l est en rat j'ai*, il est enragé.

Ç'ai au re, sore, sort, sors. *Le r'ai ce au re, r'ai ce ore*, le ressort. *Le ressort tire*, tu le fais ressortir. *E ç'ai au re, éç'ai ore*, essor ; il a pris son essor, *son né sort. A bé sore b'ai*, absorber. *R'ai queue on, fore t'ai* ; réconforter.

HUITIÈME TABLEAU

ici j'ai en l'air	où j'ai suce	au suce	j'ai au bec	suce
au j'ai où re	au j'ai oure	au jour	y ai haut le	yole
à h'ai on de	à h'ai onde	abonde	y ai eau le	iaule
en ç'ai on jeu	en ç'ai onge	en songe	y ai heux le	ieule
à ch'ai ès vœu	à ch'ai ève	achève	y ai à le	iale
en d'ai en ce	en d'ai ance	en danse	y ai à bleu	iahle
en f'ai où le	en f'ai oule	en foule	y ai ès neu	hiène
i gn'ai à re	i gn'ai are	ignare	y ai on neu	ionne
à gu'ai à ce	à gu'ai ace	agace	y ai en neu	ienne
à h'ai à nœud	à h'ai ane	ahane	y ai en ce	iance
à l'ai eu re	à l'ai ure	allure	y ai ès le	ièle
à m'ai où re	à m'ai oure	amour	y ai on	ion
en n'ai à jeu	en n'ai age	en nage	ion = frappe :	
au p'ai ès re	au p'ai aire	opère	coup gnon.	
à qu'ai on te	à qu'ai onte	à compte		
à r'ai i veu	à r'ai ive	arrive		
en t'ai en te	en t'ai ente	entente		
à v'ai en ce	à v'ai ance	avance		
à z'a· eu re	à z'ai ure	azur		

La décomposition des deux premières colonnes ne signifie point que tous les mots indiqués ont eu ce commencement ; l'avant-dernière colonne est au contraire à peu près certaine.

Le mare-yole, le mariole se tenait dans la mare ; il fut la première yole et un des premiers chats miaulant, cha mis au l'ai en. L'aïeul faisait volontiers le mariole dans sa jeunesse. à ieule = à gueule. L'aïeul est un animal à gueule entièrement disparu. Bise à ieule ; on bisait le bisaïeul à l'aïeule.

L'aïeul et les aïeux sont tous morts ; mais nul ne doute qu'ils ont vécu. Ce furent les enfants de la terre ; spirituellement nos·premiers parents ayant le diable à leur tête. Ceux qui vont rejoindre leurs aïeux, s'en vont au diable. L'homme sait qu'il vient de son père et qu'il retourne à son père (Jean 16, 28). L'évangile ne connaît point les aïeux, notre création spirituelle commence au Père, à Dieu qui est esprit, et que nous a fait connaître le seigneur Jésus.

NEUVIÈME TABLEAU

j'ai au bec	suce	j'ai au bec	j'ai suce	suce
b'ai un neu	beune	b'ai haut nœud	b'ai aune	baune
ç'ai un neuf	seune	ç'ai au neu	ç'ai aune	saune
ch'ai un nœud	cheune	ch'ai ès neu	ch'ai aine	chaine
d'ai un nœud	deune	d'ai on neu	d'ai one	donne
f'ai un neu	feune	f'ai i nœud	f'ai ine	fine
gn'ai un neuf	gneune	gn'ai à neu	gn'ai ane	gnane
gu'ai un nœud	gueune	gu'ai haut nœud	gu'ai ône	gône
h'ai un nœud	heune	h'ai ès neu	h'ai aine	haine
j'ai un nœud	jeune	j'ai au neu	j'ai aune	jaune
l'ai un nœud	leune	l'ai eu nœud	l'ai une	lune
m'ai un nœud	meune	m'ai â neu	m'ai âne	mâne
n'ai un nœud	neune	n'ai où nœud	n'ai oune	noune
p'ai un nœud	peune	p'ai è nœud	p'ai ène	pène
qu'ai un nœud	cueune	qu'ai eu nœud	qu'ai une	cune
r'ai un nœud	reune	r'ai i neu	r'ai ine	rine
t'ai un nœud	teune	t'ai eu nœud	t'ai une	tune
v'ai un nœud	veune	v'ai on neu	v'ai one	vonne
z'ai un nœud	zeune	z'ai en neu	z'ai enne	zenne

L'objet offert *au neu* est *neuf* et devient le *nœud. Aune, oune, eune, éne, aine, ine, une, âne, onne, enne* sont impératifs des verbes : *auner, ouner, euner, éner, ainer, iner, uner, âner, onner, enner,* dont la valeur est *unire.* Il faut *ce uner ire,* s'unire. *ire = ici* et marque le point d'union. Y fait haut, en fais iner ire, en fais inire, il faut en finir. T'ai un nœud ire il faut le t'ai euner ire, il faut le tenir. V'ai un nœud ire, veux euner ire, veux eunire, il faut venir.

Fait un nœud ai, fais euner ès treu, fenêtre. Ale a fait euner ès treu, ale a fait un être, un naître, à la fenêtre.

On formera sur ce tableau les sons : *faune, cône, zône, gêne, laine, maine, peine, lime, sine, chine,* etc., etc.

Une quantité de mots allemands ont là leur origine : *Schoen,* beau; *Schon,* déjà; *Bahn,* voie; *Wonne,* joie; *Sonne,* soleil, etc. Ergetze dich am laengst nicht mehr vorhandnen. Réjouis-toi en des longs temps écoulés, dès longtemps disparus.

DIXIÈME TABLEAU

suce			j'ai	au suce		exe	suce	j'ai raide	
ceux	ce	re	b'ai	au	re	béore	bore	b'ai	ri
cheux	che	ré	ç'ai	où	re	séoure	soure	ç'ai	ré
deux	de	sé	ch'ai	cu	re	cheure	cheure	ch'ai	ri
feue	feu	ré	d'ai	ès	re	derre	derre	d'ai	ré
gneux	gneu	dé	f'ai	ès	re	ferre	faire	f'ai	ri
gueue	gueu	bé	gn'ai	à	re	guéare	gare	gn'ai	ale
heux	heu	ré	gu'ai	i	re	guéire	guire	gu'ai	ri
jeux	jeu	vè	h'ai	cu	re	heure	heure	h'ai	ri
leux	le	né	j'ai	â	re	géare	jâre	j'ai	ré
meus	me	vó	l'ai	oi	re	léoire	loire	l'ai	ré
neux	nœud	mé	m'ai	à	re	méare	mare	m'ai	ré
peux	peu	re	n'ai	hui	re	nuire	nuire	n'ai	ré
queue	que	ré	p'ai	à	re	péare	pare	p'ai	ré
reux	re	bé	qu'ai	à	re	quéare	care	qu'ai	cé
teux	te	té	r'ai	l	re	réire	rire	r'ai	bé
veux	vœu	gué	t'ai	eu	re	ture	ture	t'ai	té
zeux	zeu	sé	v'ai	i	re	véire	vire	v'ai	ri
beux	beu	ré	z'ai	à	re	zéare	zare	z'ai	le

Les premières colonnes montrent l'analise de verbes tels que : *ceux m'ai, ce m'ai,* semer; *beux z'ai, beu z'ai,* beuser. Les vaches beusent quand elles lèvent la queue. C'est l'analise de l'allemand : *bœse* = méchant. *Séant beux z'ai oin,* sans besoin? *Ché r'ai i re, ché r'ai ire,* chérire. *Vé h'ai, mets en ce,* véhémence. *Ce re b'ai, aic l'ai,* se rebeller. *Ré ç'ai, en mets en,* tu l'as fait récemment. *Re d'ai, ré ç'ai, re de ré ç'ai, re dret ç'ai,* redresser.

B ai au re, j'ai au raide. *Béore, bore.* Ce mot appelait au bord des eaux où l'on s'abordait : *sabe ai, or d'ai; ce à béore d'ai. D'ai à béore,* d'abord. *Ça d'ai, bore d'ai,* ça débordait. *A bé béore ai, à bé bore ai,* abhorrer.

La colonne *b'ai ri, ç'ai ré* etc. forme des participes passés : *A que ç'ai, l'ai ré,* accéléré. *J'ai ri, je ris.* Le *kyrié* était un *qui riait, quire y ai*. La loi du livre de vie s'étend à toute la parole humaine.

Tai té, j'ai tété. *Té t'ai*, il faut téter. *Gu'ai ri*, je suis guéri.

ONZIÈME TABLEAU

J'ai raide	suce	au bec suce j'ai		ici prends à ce j'ai
b'ai gneu	baigne	à bi tue ai	abituer	en coure à j'ai
ç'ai deu	sède, cède	en ti sipe ai	anticiper	à coupe le m'ai en
ch'ai feu	chèfe	in core pore ai	incorporer	in conce t'ai euce
d'ai te	dète	au bé lige ai	obliger	é pouve en t'ai
f'ai ce	fesse, féce	au bé lie qu'ai	obliquer	esse pé r'ai en ce
gn'ai le	gnèle	au beu ture ai	obturer	in puie ç'ai en ce
gu'ai beu	guèbe	in pore tune ai	importuner	en tore t'ai i yeu
h'ai zeu	hèse	où bé lie ai	oublier	en barbe où y ai
j'ai leu	gèle	à feu lige ai	affliger	
l'ai que	lèque	en vé rite ai	en vérité	*suce ce j'ai au brc*
m'ai che	mèche	on hé zite ai	on hésitait	esse que l'ai à veu
n'ai jeu	neige	in vé tère ai	invétéré	esse que l'ai en dreu
p'ai peu	pèpe	à cou peux l'ai	accoupler	bace te r'ai in gueu
qu'ai ce	quesse	à cou tume ai	accoutumer	sens gue l'ai en te
r'ai gneu	règne	en cou rage ai	encourager	sous te n'ai à bleu
t'ai nœud	tène	en treu lare d'ai	entrelarder	ré ce t'ai au re
v'ai re	vère	en bare bouille ai	embarbouiller	eus te r'ai à veu
z'ai che	zèche	en tore tille ai	entortiller	cons te r'ai in dreu

Dans la première colonne les sillabes *gneu, deu* etc. montrent la chose élevée et valent aussi *suce*. A l'impératif *baigne*, on répondait : *baigne-le*, lave-le, et je le baigne etc. en résultait. Aussi il était répondu à l'objet sale par un coup violent : *beigne*, mot très populaire. *Beigne ai hait*, beignet. *Beigne ai à deu*, baignade.

P'ai pein, pépe ai in. L'ancêtre du roi Pépin reçut son nom de ce qu'il offrait son objet jetant l'eau et de là ce nom donné au parapluie. Par le même ordre on offrit les pépins des fruits et le poivre, en italien : *peppe*. Hé z'ai, *bése ai, y t'ai*, hésiter. *Lèse m'ai à jeu, esse t'ai*, lèsemajesté. *E lèque te r'ai, isse y t'ai*, électricité. *Dé t'ai, dète ai, ce t'ai à bleu*, détestable. Temps d'été stable, temps détestable.

La dernière colonne montre une décomposition des mots : encourager, accouplement, inconstance, épouvanter, espérance, impuissance, entortille, embarbouiller; esclave, esclandre, bastringue, sanglante, soutenable, restaure, entrave, contraindre.

DOUZIÈME TABLEAU

suce j'ai ici	suce	suce j'ai en l'air	suce
beue l'ai en	blanc	beue l'ai en che	blanche
feue l'ai en	flanc	beue r'ai en che	branche
gueue l'ai en	gland	beue r'ai à veu	brave
gueue r'ai en	gran	feue l'ai eu veu	fleuve
queue l'ai en	clan	gueue l'ai ès veu	glaive
veux l'ai en	vlan	gueue r'ai à veu	grave
beue r'ai in	brin	peux r'ai où veu	prouve
peux l'ai in	plein	peux l'ai en te	plante
feue r'ai où	frou	queue l'ai au che	cloche
queue l'ai où	clou	queue l'ai i que	clique
deue r'ai eu	dru	queue l'ai i neu	cline
teue r'ai on	tronc	teue r'ai au neu	trône

suce ce j'ai ici		suce je t'ai au bec	
laie ce m'ai oi	laisse-moi	sole y t'ai ès re	solitaire
fiche le qu'ai en	fiche le camp	sole y t'ai eu deu	solitude
veux à t'ai en	va-t-en	bare y ai ès re	barrière
sure le ch'ai en	sur-le-champ	ime y t'ai à bleu	imitable
aic me m'ai oi	aime-moi	love l'ai à ce	lovelace
baic ze m'ai oi	baise-moi	made l'ai ès neu	madeleine
baic ce t'ai oi	baisse-toi	mie j'ai au rée	mijaurée
suc le t'ai en	sultan	mine y ai à ture	miniature
pare le m'ai en	parlement	pace t'ai i yeu	pastille
suc ce m'ai en	sucement	pré l'ai en dreu	prétendre
règue le m'ai en	règlement	vie l'ai ès neu	vilaine

Les cris : *queue l'ai hauche*, cloche; *queue l'ai hauché*, clocher; étaient fort bruyants. La première cloche se mit dans le clocher, et alors le battant se mit dans la cloche. *Coure ce au cloche ai* = coule-ce au que l'ai hauché, course au clocher, c'était un appel à l'union. On donna le nom de cloche plus tard à ce qui cacha la prime cloche. La bouche fut aussi une cloche. *A cloche pie ai*, à cloche-pied demandait l'extraction d'une épine ou autre qui faisait clocher ou boiter.

Les noms ne prirent un genre définitif que très tard. Dans les analises le genre est toujours neutre : *le vœu, la vœu, l'aveu*. Les noms masculins ne sont réellement tels que s'ils ont un féminin : l'homme, la femme, etc... Le soldat, le mouton, la terre, la plaine, sont en réalité des noms neutres ; leur genre est purement grammatical.

Les tableaux présentés permettent l'analise de toutes les sillabes françaises primitives, dont généralement la prime valeur est disparue. Ces tableaux n'ont besoin que de légères modifications pour les langues étrangères.

La décomposition d'un mot ou d'une frase consiste, comme on l'a vu, à introduire, où c'est nécessaire, le son : *ai = j'ai*, de manière à donner à l'expression un sens qui est, dans le principe, toujours le même : *en, unis*. L'esprit montre bientôt comment l'ordre donné s'est transformé en un mot et a pris sa valeur actuelle.

On introduit aussi *ai* dans les frases : *on nœud, te l'ai re, fais use, pas*, on ne te le refuse pas.

Tout ce que les mots analisés disent, si l'esprit ne s'y oppose point, doit être regardé comme des vérités certaines : *eau fit ciel*, c'est officiel ; *eau fit cieux*, c'est officieux. Le ciel et les cieux ont donc été faits par l'eau qui a enfermé le feu : *au feu, ici est le*, c'est officiel.

Nous, griffons, nous griffons ; *nous, dragons*, nous draguons. Le griffon avait bec et ongles pour se défendre et attaquer ; il se confond avec le dragon qui ne fait qu'un avec le diable et le serpent (Ap. 12, 9). Nous reverrons le dragon. *Nous, bouffons*, nous bouffons. C'était et c'est pour bouffer que les bouffons bouffonnent. *Nous, cochons*, nous cochons, *nous, coche ons*. Le cochon manquait souvent le coche. Tout homme a dans le cœur un cochon qui sommeille. On en voit la raison.

Remarques. — Il est bon pour étudier un mot de le réduire en ses premiers éléments, soit le mot assassiner : *à ç'ai, à ç'ai, i n'ai*, et en lisant plusieurs fois cette analise, on arrivera à dire naturellement : *ace à sine ai* = *suce au sein ce j'ai*. *Ace à sein*, assassin. *Il m'ace à sine*, il m'assassine. C'était donc un appel à l'amour, ce qui explique toutes les idées que le mot comporte. Le vil assassin déchirait le sein confié.

Plus deux mots sont semblables, plus leur valeur est analogue ; ainsi dans assassiner et assassin, nous voyons que *sine* = *sein*, par suite : *bine, chine, dine, fine, guine, hine, gine, line, mine, nine, pine, quine, rine, tine, vine, zine*, ont la valeur de *sine* ou *sein*, et ces mots sont aussi des impératifs valant : *suce*. *Queue on bine ai*, combiner ; *mets à chine ai*, machiner ; *beue à dine ai*, badiner ; *queue on fine ai*, confiner ; *en bé guine ai*, embéguiner ; *hère au hine*, héroïne ; *ime à gine ai*, imaginer ; *mets à line*, maline ; *à beau mine ai*, abominer ; *L'ai au nine*, léonine ; *Queue l'ai haut, pine ai en*; clopinant ; *On ça queue au quine ai*, on s'accoquinait ; *mets à rine ai*, mariner ; *re à ta tine ai*, ratatiner ; *re à vine ai*, raviner ; *en mague à zine ai*, emmagasiner.

Analisons le verbe *analiser* : *à n'ai, à l'ai, i z'ai ; anale ise ai, ane à l'ise ai*. On analisait *l'ise* à la partie *anale*, en arrière, chez l'animal rampant du genre féminin. *Anne, Alise, Anna, Lise* ; on analisa : *Anna, Lisa*. Le mot nous montre le point le plus analisé par les princes de la science. *Ana t'ai, aie-me*; anatême.

Bexe, chexe, dexe, etc. ont valut sexe. *Dexe t'ai, ri t'ai*; dextérité ; *in fexe y ai on*, infection ; *in jexe y ai on*, injection ; *è lexe y ai on*, élection ; *à nexe y ai on*, annexion ; *in ce pexe y ai on*, inspection. *Queue on vexe y t'ai*, convexité ; *en noue, zexe y t'ai en*; en nous excitant. L'analise ne connait que le son ; c'est là *le son*, c'est la *leçon* qu'il faut retenir. Donner au mot le son juste, fut la première leçon ; c'est pourquoi la parole s'analise suivant la bonne prononciation du peuple.

Suivant cette prononciation la consonnance masculine

devient féminine, quand elle précède un son vocal : *mes enfants* se prononce : *maise enfants* et s'analise : *mets aise en fais en*. C'est un appel aux amours qui furent les premiers enfants. Une vieille coquette nommera ses adorateurs : mes enfants. Les premières mères nommèrent leurs enfants du nom des premiers pères, qui furent les premiers enfants. *Le m'ai hâle en fais enter;* le mâle enfantait, *en fente ai*, avant la femelle. *On naît enfant, on est enfant* avant d'être père.

Chaque langue forme un corps où tous les mots vivants sont plus ou moins apparentés ensemble : *faim, fin, feint*. L'origine est *fais in*, appel à l'amour. *J'ai fait in*, j'ai faim. *Ale a fait in*, à la fin; *ale a faim. Tu fais in*, tu feins; *tu es fait in*, tu es fin. Quand on *fait in*, on ne feint pas, ce n'est pas *fait in*, c'est feint. *En fais in*, enfin. *A fais à m'ai, à fée à m'ai*, à femme ai, *à fame ai*, l'amour rendait affamé. *Fame* = faim, en italien. C'est le mot : femme. L'amour à femme, l'amour affame. Ainsi : *faim, fin, feint, fame, femme, affamer* et *affamare* ont une origine commune en Dieu qui est amour, et cela des millions d'années avant que l'homme actuel fût achevé.

Le sens d'un mot s'éclaircit encore en changeant les sons vocaux, soit : *monde*, on compare avec : *mode, moude, meude, mède, mide, mude, made, maude, minde. M'aide, m'inde* = aide-moi; *monde* vaut monte. *Mets on deu, mets onde*. Le sexe de l'ondine fut la première onde, il jetait son ondée. *L'est j'ai en du, mets on deu;* les gens du monde s'accouplaient vers la *mappe-monde, me hape mon deu*. C'est là que l'on commença à *moude* ou *moudre* le premier grain fourni par le *gai rain*. Le monde ancien se plaisait dans l'onde, où il aimait les longues soirées au clair de la lune; aussi la lune se nomme *Mond*, en allemand. Le monde dans la lune chantait *à l'unisson, à lune y sont. A lune anime, y t'ai;* à l'unanimité. Dans la *lune ai haite*, dans la luuette. *L'ai eu nœud, à t'ai ique*; lunatique.

Nous ne montrons rien que l'esprit populaire ne connaisse déjà, en ce qui concerne la lune.

L'ANIMATION.

La terminaison *ation*, *à ce y ai on*, s'écrira : *à ce yon*, *à sis ai on*, *à sillon*, à c'ist on, et cela indique le sexe; *à sie ai on*, *à sion* est pour la bouche. *In veu y t'ai*, *à sie ai on ; in vie t'ai à sion; in vœu, y t'ai à sillon*; invitation. *Pré queue au sillon*, précaution. *A deu mire ai, à sie ai on;* admiration. L'admiration n'est que la demi-ration, elle précède la possession, *la peau sesse y ai on*, la *peau cession*. Si *la peau cède* tu *la possèdes*. On cesse d'admirer ce dont on jouit pleinement, platt, ne mens. J'admire ce que désire, ce que je possède me plaît. *Ré z'ai, igne à sion*; résignation. *Au bé tends ce y ai on, au bé tension*, obtention. *La mets au réale, en axe y ai on;* la morale en action. C'est la moralité, *l'amore alité ; mets au réale y t'ai, m'ai haut réalité*. Il n'y a rien de plus moral que de croître et de multiplier ses efforts. *Mue le téi, pli ai; ce aisé fore. L'ai au cul, c'ist on;* locution. *Ine ici, à ce y ai on;* initiation.

Le mot *nime*, allemand *nimm* $=$ prends. Ainsi formé : *nœud ai, y meut; n'ai ime, nime* $=$ suce. Ce mot présente donc le sexe en mouvement, *en mets où vœu, mets en*. *A nime ai*, animer; *à nime ai à sillon*, animation ; *à nime ai hale*, animal ; *à nime ai haut*, animaux ; *à nime au zeu y t'ai*, animosité. *A nime ai à le cule*, animalcule. L'italien *anima* $=$ âme. *L'as meut*, l'âme est animée, c'est la vie. L'esprit est le produit de l'âme : il y a des âmes sans esprit, mais il n'y a pas d'esprits sans âmes. Cela *m'ai meut*, cela m'émeut. *Ai mets au sillon, è m'ai au sillon*, émotion. On trouve en allemand : *animalisch, animiren* etc. ; ces mots sont du pur allemand et ont leur origine dans l'impératif *nimm, nime*, créé par toute la terre, dès la fondation du monde.

Animer sera aussi analisé : *à n'ai, ì m'ai, à nœud ì m'ai, ane ì m'ai.* En y met la queue, on veut, air ç'ai, à sis ai on ; la queue on veut herser à sillon, cela animait la conversation.

Ceci démontre avec une évidence absolue que le son *me* a son origine dans l'impératif : *meus*, dont le premier esprit est *suce. meus à m'ai, mame ai en,* maman; *mame ai bêle,* mamelle ; *mame l'ai on,* mamelon. Or tous les sons ont une même origine.

Se courber.

Tous les sons de consonnes : *beu, de, feu, re* etc. ont eu à l'origine la valeur de : *le, ce, je.* Soit : courber, *coure b'ai,* disait : *coule j'ai.* Pour couler, il fallait se courber, *secours b'ai, ce court b'ai.* L'objet était court, il fallait du secours; celui qui secourait, *ce coulait, se courbait. Coure b'ai à ture,* disait : *coule j'ai à tu le,* et devenait courbature. *Coup, re b'ai à ture* est une autre analyse également juste, car tout ce que l'on peut comprendre a été pensé par l'esprit créateur.

B'ai bé, bébé, nous montre que l'esprit de *j'ai* contenu dans *b'ai* a pris la valeur de *bé* ou *bec,* car l'esprit porta spécialement l'attention de ce son sur les actes de la bouche.

Core d'ai valut : *cole* ou *coule j'ai* et devint *corder, corps d'ai.* L'idée primitive de *j'ai* contenue en *d'ai,* se changea en *dé = té* ou toi, car la personne qui parlait agissait vigoureusement sur la seconde personne et se transformait en s'unissant. *Coure ai on nœud,* disait *coule ai on nœud* et est devenu couronne. C'est en coulant que la tête première et les genoux se couronnaient. L'eau est courante ou coulante; on parle couramment et coulamment; ainsi *re = le.*

On étudiera le tableau suivant d'après les principes que nous venons d'énoncer.

Coule j'ai		*coule ou suce-le*	*suce ou coule*
foure b'ai	fourber	*foure beu*	fourbe
père ç'ai	percer	*père ce*	perce
chère ch'ai	chercher	*chère che*	cherche
tare d'ai	tarder	*tare deu*	tarde
fore j'ai	forger	*fore jeu*	forge
lore gn'ai	lorgner	*lore gneu*	lorgne
nare gu'ai	narguer	*nare gueu*	nargue
hure l'ai	hurler	*hure le*	hurle
chare m'ai	charmer	*chare me*	charme
toure n'ai	tourner	*toure neu*	tourne
hare p'ai	harper	*hare peu*	harpe
risse qu'ai	risquer	*risse que*	risque
chambre r'ai	chambrer	*chambre re*	chambre
pore t'ai	porter	*pore te*	porte
serre v'ai	server	*serre veu*	serve

Le tableau ci-dessus remettra en mémoire la métode d'analise qui consiste à rendre clair ce qui est obscur, en donnant à tout son ou toute sillabe de l'analise la valeur première qui était parfaitement claire et compréhensible : *qu'on pré han, c'ist bleu. Qu'on* = ce que j'ai ; *pré* = prends ; *han, à han, ahan, han, en,* c'est le féminin ; *c'ist bleu* = c'est en l'air. *Cibe-le* = suce-le, devenu : cible. La cible, c'est le féminin. *Qu'on pré en cible*, c'est compréhensible. Découragé = *d'ai coule à j'ai*. La parole encourage : *en coure ai à jeu* ; mais l'appelé ne peut ou ne veut ; l'esprit le dit alors : découragé.

Il faut partout et toujours, surtout quand c'est obscur, avoir les éléments, *l'aise et l'aimant* primitifs en main, et on doit s'arrêter un certain temps sur chaque analise pour en soulever le voile et en faire apparaître la lumineuse clarté.

Les mots formés définitivement ne le furent souvent qu'après de longues conversations, des cris longuement répétés et compris de diverses manières jusqu'à ce que s'établit une ou plusieurs idées nettes et précises. L'analise de la parole peut faire reparaître tout ce qui était enseveli dans la nuit des temps. De plus il y a des choses écrites dans le livre de vie dont les ancêtres n'eurent aucunement l'intuition, *in tu isse y ai on, ici on*. La parole a été formée au moyen d'animaux stupides, bêtes et violents, qui ne connaissaient nullement la puissance qui les faisait agir. Même aujourd'hui les hommes ignorent encore qu'ils sont les instruments inintelligents créés à la gloire de celui qui a fait le ciel, la terre et les sources des eaux. Ils sont toujours soumis à l'esprit des bêtes furieuses et méchantes dont ils descendent, et leur esprit ne pense qu'à détruire l'homme que Dieu a créé pour gouverner la terre. Ils n'ont encore aucune idée de la merveille qu'est l'homme, et encore moins du merveilleux esprit qui remplit les mondes et les gouverne. Ils ne le connaissent pas, ils ne veulent pas le connaître.

LES PREMIERS VERBES.

L'origine du verbe est une sensation faisant dire : *ai, è ai, eh eh!* que l'esprit transforme en *ail, ail ai, ail que, éque ; é qu'ai, éque ai, éque ç'ai, exe ai, ecce*.

Le son *ai* s'est joint le premier à toutes les consonnes en avant et en arrière : *ai beu, ail beu, èbe, é b'ai, é bé l'ai, bébélait ; écer, essayer ; écher*, échoire ; *éder*, éditer ; *éfer*, effectuer ; *égner, re égner*, régner ; *éguer*, égayer ; *éher*, éhonter ; *éger* éjaculer ; *éler*, élancer ; *émer*, émettre ; *éner*, énerver ; *éper*, épeler ; *érer*, ériger ; *éter*, étaler ; *éver*, éviter ; *éser*, hésiter.

Béquer, céder, chérer, chérire, déléguer, fédérer, guetter, héler, gémer, gémire, lécher, méser, mésallier, nécer, nécessiter, pécer, pécher, quesser, questionner, référer, téter, vénérer, zézayer.

Le premier langage était donc rempli de : *ait j'ai, é b'ai, i ch' ai, i m'ai, à l'ai etc.* Il était à peu près le même par toute la terre. Le bout du fil conduisant à l'origine, c'est *j'ai*; si une autre forme : *j'ons, j'a, j'as etc.* eût prévalu, nous aurions été bien plus difficile à éclairer.

Les verbes en *er*, de la première conjugaison, sont en effet les plus anciens. Les verbes en : *ire, aire, oire* et *re* ont d'abord été des verbes en *er*. *Finer ire, finir.* Le verbe *finer* est toujours en usage : on ne fine pas avec moi. *Senter ire,* sentire; *peler aire,* plaire; *aver oir,* avoir. Peux-tu *l'aver,* l'avoir, l'atteindre. *Crer oire,* croire. *Le crès-tu?* le crois-tu? *Fais aller oire,* falloire; *render,* rendre.

Généralement l'imparfait : *rendait, vendait, avait, recevait* etc. donne l'infinitif du premier verbe. *Ce queue on prerait,* cela se comprenait. *Peure un neu ai,* prenait, *prener* est un premier verbe prendre. Il me *prenait heure,* c'est un preneur. Il me *entre prenait,* il m'entreprenait. *Peux n'ai en,* prends. *On ce qu'ai, on prend;* on se comprend. Tu ne veux pas *me queue on pré endre, me qu'ai on prendre,* me comprendre. *Tu n'as pas la queue on pré, en sillon, fais à sis le;* tu n'as pas la compréhension facile. Je suis *pré parée,* préparée. — Et moi, *sans pré tension.* Le mot *pré* est un premier nom.

UN APERÇU DE LA FORMATION DES TEMPS DU VERBE.

Tout commence par un impératif : ait devient *ai*; as m_e devient *âme*. Voici les différentes formes des verbes auxiliaires qui ont servi à la formation des différents temps; c'est partout l'esprit du verbe *avoir* = sucer.

	ai,	as,	a,	ons,	ez,	ont
oire	aie,	aies,	ait,	ions,	iez,	aient
	ai,	as,	a,	âmes,	âtes,	èrent

ire	is,	is,	it,	ions,	iez,	ient
rire	is,	is,	it,	îmes,	îtes,	irent
ure	eus	eus	eut	eûmes	eûtes	eurent

Le passé défini est formé ainsi qu'il suit :

	parler	finire	concevoire	rendre
je	parlé ai	finé is	concé eus	rendé is
tu	parlé as	finé is	concé eus	rendé is
il	parlé a	finé it	concé eut	rendé it
nous	parlé âmes	finé îmes	concé eûmes	rendé îmes
vous	parlé âtes	finé îtes	concé eûtes	rendé îtes
ils	parlé èrent	finé irent	concé eurent	rendé irent

La plupart des finales de ce temps cessèrent d'être employées au présent et prirent leur esprit d'antiquité quand se formèrent les temps composés actuels. Les verbes en *er* eurent dans le principe la terminaison en *is*, *îmes*, qui est toujours en usage dans de nombreux dialectes. Le verbe *fer*, valut *faire*. Il eut deux passés définis. Je *fé is*, je *fis* etc. et je *fé eus*, je *fus* etc. De même le verbe *der*, dire et devoir : *je dé is*, je *dis* etc. *Je dé eus*, Je *dus* etc. Je *sé is*, je *sis*, je *sé eus*, je *sus*, etc. *secir* et *savoir* ont un même radical. On sait où l'on *seoit*, sur *soi*.

Le présent répond à un impératif, soit *parler*, *péare l'ai*, *paré l'ai*. Pare, de parler est l'impératif du verbe : *parer*, *parure*. *Pare-le*, je *pare-le*, je *parle*. *Noue*, *paré l'ai*, *ons*; nous parlons. Dans *nous parlons*, on trouve : *noue ons*, *nouons* du verbe *nouer*.

Infinitif : *Paré l'ai*, je puis parler. *Fait iné i*, je puis *fini* pour *finir*. On ne peut *le queue on ce voire*, on ne peut le concevoir. *Le r'ai en deu*, je puis *le rende*, rendre.

Participe passé : *Péare l'ai é*, j'ai parlé. *Fait iné ai i*, fait *ini*, j'ai fini. *Con ç'ai eu*, j'ai conçu. *Re en d'ai eu*, j'ai rendu.

L'imparfait répond à un impératif : *aie*, *ions*, dont l'exécution est entravée. *Jeu paré l'ai*, *aie*; je parlais. *On paré l'ai*, *ait*; on parlait. *Noue, paré l'ai*, *ions*; nous parlions; *noue ions*, nous nouions, nous parlions, quand tu nous a surpris. *Ion ions*, a formé *gnon*, il a reçu un *gnon*, un *ion*.

L'imparfait est terminé par le subjonctif d'avoir : *aie, aies* etc. et le conditionnel est terminé par un imparfait d'avoir : *eurais, aurais, irais, urais, ourrais, errais*, etc. *Jeu paré l'eurais = j'avais le jeu paré, je parlerais*, si je pouvais. Un empêchement arrête l'exécution. *Je finé irais*, j'aurais la fin, si j'avais la force. *Jeu conqué l'urais*, je conclurais, si j'avais le jeu *conqué, queue on qu'ai*. Ainsi le conditionnel est terminé par un auxiliaire à l'imparfait, qui a revêtu avec le temps l'esprit actuel du conditionnel.

Le futur est terminé par un présent : *heure* on *eure ai, erai, irai, urai, aurai, ourrai,* etc. Le futur : *f:e l'ai ure, se fute à l'ure*, n'arrive point et remet à plus tard. L'esprit crée ainsi l'idée de temps futur. Quand *jeu paré l'erai*, je parlerai; quand *tu paré l'eras*, tu parleras. Quand *nous fait iné irons*, nous finirons. Quand *nous conqué l'urons*, nous conclurons. *Queue en jeu, queue l'ai, aure ai*; quand *je clé aurai*, je clorai. *Je le feu heure ai, queue en jeu, peux où r'ai*; je le ferai quand je pourrai.

Le subjonctif répond à un impératif difficile à exécuter. *I fais au que j'ai, aie le t'ai en*; il faut que j'aie le temps, le tends. *I fait haut, queue noue, paré l'ai, ions*; il faut que nous parlions avant. *Queue noue, le séant t'ai, ions;* il faut que nous le sentions.

Queue j'ai à yeu, queue j'ai aille, l'ai à vé, réi t'ai; il faut que jaille la vérité. La vérité jaillit au fond du puits et y resta ensevelie avec son germe : mais le *Germe* a germé et ce *Germe* devenu la vérité en sort armé pour se soumettre la terre (Zach. 6, 12).

Nous montrons l'entrée d'un monde immense, que d'autres pourront approfondir. *Nouer* et *vouer*, c'est s'unir : les pronoms *nous* et *vous nouent* et *vouent*, ils lient les êtres.

Les Temps sont nos ancêtres. Le Temps est un Satan et un Saturne. Les temps simples, *le sein pleut, simpe-le,* sont ceux où les anges créaient les sources des eaux; le sexe jetait son eau naturelle et n'avait pas encore la force du sang ou du séant. Plus tard *les Temps queue ont posé* et les temps composés commencèrent avec les unions parfaites. *J'ai été, as-tu été?* disait comme aujourd'hui : *j'ai jeté, as-tu jeté?* et cela se réfère à l'union parfaite.

L'imparfait du verbe *être* présente un verbe *jeter. Jeu j'étais, je jettais,* tu m'as empêché. On a dit et on dit : *jetter et jeter. Je jette, je jetterai.* On dit un *jet d'eau* et un *jeu d'eau.* On faisait *jouer* les eaux en se les jetant au visage; et ces eaux, c'étaient celles de la vie éternelle, celles de l'ange des eaux : *de l'ai en jeu, d'ai aise haut.*

CERTAINEMENT

Prends le moi en (bec)	*ici j'ai en*	*ici mets en*
aie nœud m'ai en	*aine m'ai en*	*aine mets en*
on nœud m'ai en	*one m'ai en*	*one mets en*
eux zeu m'ai en	*euse m'ai en*	*euse mets en*
i nœud m'ai en	*ine m'ai en*	*ine mets en*
aie le m'ai en	*aile m'ai en*	*èle mets en*
à le m'ai en	*ale m'ai en*	*ale mets en*
i ce m'ai en	*isse m'ai en*	*isse mets en*

Ce air t'ai, aine mets en; serre t'ai, aine m'ai en; c'est re t'ai, aie nœud méant, serre t'est, ne mens : certes est, ne mens; certes est, ne mens? certainement. *En trait, aine m'ai en; entré est, ne mens;* entraînement. *Séou d'ai, aine m'ai en; soudé est, ne mens;* soudainement. *Entre t'ai, aine m'ai en; entré t'est, ne mens;* entretènement. *Hanche ai, aine m'ai en; hanche est, ne mens;* enchaînement. *Dé ch'ai, aine mets en; déchu, déché est, ne mens;* déchaînement. *V'ai aine, mets en; vais, ne mens;* vainement. *A l'ai à vé, nœud mets en; à l ai à vé, ne mens;* à l'avènement. *E v'ai, nœud m'ai en; l'ai vé, ne mens,* l'événement. L'avènement, c'est la puissance qui s'impose; et l'événement, c'est l'entrée en possession. A l'avènement du Fils de l'homme, la terre se soumettra forcément, *force aimant*, au Seigneur Jésus et ce sera un événement. Il la tient déjà toute entière en sa puissance. *Peu l'ai, aine mets en ; peu l'ai aine, mets en ; pelé est, ne mens,* pleinement. *Vis l'ai, aine mets en ; vil est, ne mens,* vilainement. *T'ai à l'isse, mets en ;* talisman.

Raie z'ai, on nœud m'ai en ; re aise ai, on ne ment ; re aies on, nœud mets en ; raie z'ai on, ne mens ; raisonnement. *Queue en t'ai, on nœud m'ai en :* dans le *canton nœud m'ai en,* dans le *cante ai, on ne ment,* dans le cantonnement. Quand on ne ment, on a droit au cantonnement. *A béant d'ai, on nœud mets en ; à béant d'ai, on ne ment ;* abandonnement. *A ban donne-m'en. A fait, exe y ai, on nœud mets en ; à fexe y ai, on ne ment ;* affectionnement. *Boure d'ai, on nœud mets en ; boure d'ai, on ne ment,* bourdonnement. *Heure ai, euse m'ai en ;* heureusement. *M'ai à l'heure, euse m'ai en ;* malheureusement. *Coup, r'ai à jeu, euse mets en ; courage, euse m'ai en ;* courageusement. *A m'ai oure, à mets oure, euse mets en ;* amoureusement. *Pie t'ai, euse mets en ;* piteusement.

A che m'ai, ine mets en ; à che mine, mets en ; acheminement. *Re à fait, ine mets en ; re à fine mets en ; re a fait, y ne ment ;* raffinement. *Re à fait, ine ai ; re a fait iner ;* c'est un raffiné. *Déant d'ai, ine mets en ; d'ai en déi, ne mens ;* dandinement.

R'ai, aie le m'ai en ; ré est le, mets en ; réellement. On *le dirait : elle ment ;* on le dit réellement. Fais *le né à tu réellement,* fais-le naturellement. Elle *met en nature, elle ment ;* elle ment naturellement. Fais *le core peau réellement,* fais le corporellement. *M'ai à nu, aie le m'ai en ; mets à nu, èle mets en ;* manuellement. *A que t'ai eu, aie le m'ai en ; ac-tu, elle met en ;* actuellement. *Perce ai on nœud, aie le m'ai en ;* personnellement. *Au fait ici ai, aie le m'ai en ; au fisse y ai, aile m'ai en ;* officiellement. *Queue on fait, i d'ai en sis, aie le m'ai en ; confie dans ciel, mets en ;* confidentiellement. Les amants s'unissaient et s'unissent dans le ciel, *queue on fit dans ciel,* confie dans ciel, c'est confidentiel. *En sis aie-le, en scie est le,* en ciel.

Méant t'ai, ale m'ai en ; on le fait mentalement. *Neue eu treu, nœud treu, ale mets en;* neutralement. *Fais ine, à le méant;* finalement.

Bon d'ai isse mets en; bondissement. *A croupe, isse mets en; à crou pie ce m'ai en; à croupe il se met en,* accroupissement. *A sou peux l'ai, isse mets en;* assouplissement. *Re à jeune ai, il se met en;* rajeunissement. *R'ai à vœu, isse m'ai en;* ravissement. *Veau m'ai, isse m'ai en;* vomissement. *A c'est re, vice mets en; à serve isse m'ai en,* asservissement. *A qu'on peut l'ai, y se met en;* accomplissement. *A qu'on peut l'ai i, c'est accompli.*

En sort ç'ai, elle met en; en sort c'est, le m'ai en; ensorcellement. *D'ai ze, en sort ç'ai, aie le m'ai en;* désensorcellement. *E t'ai in ce, aie le m'ai en; é tein ç'ai, aile mets en;* étincellement. *Saie le m'ai en; c'est le méant,* scellement. *Re ç'ai, aie le m'ai en,* recèlement. *Re nœud où vœu, renoue vœu, aie le m'ai en,* renouvellement. *Axe y d'ai enté, est le m'ai en;* accidentellement. *A nu ai, aie le m'ai en;* annuellement. *Queue à z'ai eu, aie le m'ai en;* casuellement. *Queue onde ici on nœud, aie le m'ai en;* conditionnellement. *Queue on ce t'ai, y t'ai eu ce; queue on ce titu ce, y ai on nœud, aie le m'ai en;* constitutionnellement. Ordre d'agir avec sagesse du faible de constitution. *Fais bleu, deu conce, t'ai itu, scions. Con sube ce t'ai, en sis aie le m'ai en,* consubstantiellement. *Queue on tine ai eue, aie le m'ai en,* continuellement. *Qu'ai ri mets ine, aie le m'ai en; queue ri m'ai ine, aile m'ai en;* criminellement. *Queue rue ai, aie le m'ai en,* cruellement.

L'ai ce en sis, aie le; l'ai ce en ciel, l'esse en ciel, c'est l'essentiel. *E séant ç'ai, y ai aie le, mets en;* essentiellement. *On le d'ai fais en, fore m'ai, aie le m'ai en;* on le défend formellement.

Mets à l'ai, air ai nœud, aie le m'ai en; mets à terne ai, èle mets en; maternellement. *Peux à terne ai, aie le m'ai en;* paternellement. *Feure à terne ai, aie le m'ai en;* fraternellement. *Sûr nœud à ture ai, aile m'ai en; sur nature elle met en, sûr naturellement,* surnaturellement.

Au case y ai, on nœud aie le m'ai en; occasionnellement.

Eau r'ai, i j'ai ine; au ri j'ai, ine, aie le m'ai en; originellement. *Peux on que t'ai eu, aie le m'ai en*; ponctuellement. *Séant sue, aie le m'ai en*; sensuellement. *Ce haut l'ai en nœud, aie le m'ai en*; solennellement. *Ce pire y l'ai eu, aie le m'ai en*; spirituellement. *Supe ai air, fais ici, aie le m'ai en*; tu le fais superficiellement. *Texe t'ai eu, aie le m'ai en; texe t'ai eu, elle ment*; textuellement. *Use ai eu, aie le m'ai en*; usuellement. *Vire t'ai eu, aile mets en*; virtuellement. *Je suis ré, aie le m'ai en, queue qi on fût*; je suis réellement confus.

L'HIMEN

Y m'ai en, ime ai en, y mets en, il met en, il ment, himen. Ce mot présente surtout le féminin; il termine les mots en *iment*. Le peuple prononce avec raison *himen* et non himène.

A l'himen, à l'himen t'ai; aliment, alimenter. Cela alimentait et alimente la conversation. C'est là l'origine du mot, et par conséquent de tous les aliments. *A nime ai en, en himen*, c'est animant. *A pare ai himen,* appariement. *A sort t'ai himen,* assortiment. *Blanche-himen,* blanchiment. *Beue à le but ce himen,* balbutiement. *Ç'ai himen,* ciment. *Ce himen t'ai, la paie*; cimenter la paix. *Queue on pare, l'ai himen*; compartiment. *Queue on peu, l'ai himen; complet y met en, complet-himen,* compliment. *Que on peut, l'himen t'ai*; complimenter. *A mets on, d'ai trait himen*; à mon détriment; *D'ai ire himen, dire il ment,* c'est un dirimant. *Foure nœud himen; foure, n'y mens,* fourniment. *Lie céans ce himen; licence-himen,* licenciement. *Line himen,* liniment. *Mets à nœud, himen,* maniement. *Remets en himen,* remaniement. *Peux himen,* piment. *Peau l'ai himen; peau l'ai, il ment*; poliment. *In peau l'ai, il ment,* impoliment. *J'ai enté himen,* gentiment. *Re à l'himen,* ralliement. *Paré séant t'ai, h'men*; pressentiment. *Re à ça, z'ai himen*; rassasiement. *Ré j'ai himen,* régiment. *En ré j'ai, himen t'ai,* enrégimenté. *Je t'ai en régime enté,* enrégimenté. *Sé d'ai himen*, c'est un sédiment. *Séant t'ai himen*, sentiment. *A séant t'ai himen* assentiment. *Hare d'ai himen*, hardiment. *Je tends, re m'ai air sis, in fais ine himen*; je l'en remercie infiniment. *In d'ai, fais ine himen*, indéfiniment. *J'ai haut l'himen*, joliment. *Une y m'ai en; unis, mets en; un himen*; uniment. C'est tout *un himen*, c'est *tout uni, m'ai en*; c'est tout uniment la vérité, *l'avéré y t'ai*.

Bâté himen, bâtiment. *Ch'ai bâté himen*, châtiment.

En l himen, en limant. *R;hape à trait himen, re à patrie mets en*, rappatriement. *R'ai séant, t'ai himen*, ressentiment. *Entré himen*, en trimant.

LE SÉANT

Le ç'ai en, eau ç'ai en, eau céans. Il y avait de l'eau dans le séant, *au séant*, océan. L'ancêtre vit *l Océan* lui sortir du séant, et il était dans *l'eau séant*. *L'aise ai en jeu, ine au séant*; les anges *in eau séants* furent les anges innocents. *Qu'ai aie-le, ine au séant ce*, quelle innocence! *Y fait haut, l'ine au séant t'ai;* il faut l'innocenter. Les innocents appelaient à l'amour. *In d'ai séant*, indécent. *In d'ai séant-ce, Hein! descends-ce*. Indécence. *In d'ai séant, mets en*, indécemment. *Ai séant ce, ai sens ce*, c'est de l'essence. *Quins, t'ai séant-ce*, c'est de la quintessence. *Mets à le séant*, c'est malséant. *Bie en séant ce*, bienséance. L'analise montre un ordre blessant, que le mot condensé réprime. *Beux l'ai séant*, c'est blessant. *C'est haut, fais en séant*, c'est offensant. *En séant gueue l'ai entée*, je suis ensanglantée.

Y fait haut, le queue on séant te mets en, il faut le consentement. *Queue on séant t'ai ire*, il faut consentir. *En séant t'ai*, je suis en santé. *A d'ai haut, l'ai séant*, adolescent. *Entre en séant ce*, entre en séance. *Y l'est en séant*, il est en sang. *En ç'ai, unis séant*, en s'unissant *Séant queue l'ai i, fie ai*, il faut le sanctifier, le laver. Dans *le séant, queue t'ai eu aire*; dans le sanctuaire. Vois dans *le sang que tu erres*, ô Satan! *En séant ce mets en*, encensement. *En séant ce*, encence.

Séant ç'ai aimant, sensément. *Séant d'ai sue, d'ai soue*, sens dessus dessous. *Séant ç'ai, ibe-le*, sensible. Le *séant cible* est sensible. Il n'y a point de femme sans cible ; dire femme sensible, marque impossibilité. *In séant ç'ai*, insensé. *Abe ç'ai en ce, abe séant ce*, absence. *Séant sue, à léi t'ai*, sensualité. *On le sait en*, on le sent. *Je l'ai à séant*, je la sens. *Séant ce l'ai à, sens ce l'ai à*, je puis sans cela. *J'ai fait séant*, j'ai fait cent. *On fait, queue on nœud est, séant ce*, on fait connaissance.

LE BÉANT

Ouvrez le *béant*, le ban. *L'éant d'ai haut*, mets le bandeau. *Je te l'ai à béant donné*, abandonné. *Jeu m'ai à béant, d'ai on nœud* ; je m'abandonne. *On béant queue t'ai*, on banquetait. *On béant d'ai*, on bandait. *Haut béant*, hauban. *Fore béant*, forban. *Béant d'ai eu vreu*, banc-d'œuvre.

A l'ai chéant ce, à lèche ai en ce, à l'échéance. Il fallait payer à l'échéance. On payait par un léchement rendu. *En chéant t'ai, en champ t'ai*, enchanter. *Chéant ce l'ai, chance l'ai*, chanceler. *Che en ce l'ai ente*, chancelante. *Chéant d'ai, aie-le*, mets la chandelle. *On chéant j'ai*, on changeait. *En déant ce, en dans ce*, en danse. *Queue on d'ai, en ç'ai ; queue on déant ç'ai*, c'est qu'on dansait, c'est condensé. *En déant j'ai*, en danger. *En dents j'ai*, il est danger. *M'ai chéant, mèche ai en*, méchant. *Peux l'ai in chéant*, plain-chant. *A t'ai à chéant*, attachant. *Peux en ch'ai en, en chéant*, penchant. *Te r'ai en chéant*, tranchant. *A déant*, Adam, adent. *On ce déant d'ai iné*, on se dandinait. *Re ame à d'ai en, rame à déant*, ramadan. *A guéant t'ai, à gant t'ai*, aganter. *On guéant*, onguent. *Gueue en b'ai, à d'ai ; guéant b'ai, à d'ai ; gambe à d'ai*, gambader. *Héant t'ai*, hanter. *A héant*, ahan. *On ce d'ai, hanche ai*, on se déhanchait.

A géant ç'ai ; ha ! j'en sais, que tu as agencé. Le géant et la géante, *j'ai ente*, se dressaient et montraient leur nudité ; les rampants les voyaient très grands. Ces géants disparus sont tous les gens connus, *qu'ont nœud eu*. Géant *t'ai i, gentil. L'est j'ai, en t'ai i ; l'est géant t'ai i*, les gentils. *Géant t'ai en, j'ai en téant, j'en tends, Jean tend, j'ai enté en*, j'entends.

E l'ai en ce, ai léant ce, mets en, élancement. *Ine, fais au pât, méant t'ai ire*, il ne faut pas mentir. *Fais au pât, faut pas*. Elle a fait un *faut pas*, un faux pas. Faire un faux pas, c'est faire un *faut pas ?* Parole des dieux. *Méant d'ai, mets en ; mets en, deu mets en*, mandement. *Queue on méant, de mets en*, commandement. *Le queue on met en déant*, le commandant. *On met en qu'ai, on méant qu'ai*, on manquait. *Méant ʒ'ai eu, mets en ʒ'ai eu, é t'ai ude*, mansuétude. *A méant d'ai*, amender. *A mets en*, amant. *A mets ente*, amante. *Re au méant, r'ai haut mets en*, roman. *En ce méant, ce mets en ; en ce méance mets en*, ensemencement. *En ce, mets en ç'ai*, ensemencer. *Au qu'ai on, mets en ce m'ai en ; au con mets, en ce mets en*, au commencement. *Queue on met en ç'ai*, ça va commencer. *Y fait haut, queue ç'ai à, fais in isse*, il faut que ça finisse.

LE NÉANT

Le nœud ai en, le néant. Le sexe fut le premier *néant*. *Ce néant t'ai ire*, se nantire. *Néant t'ai i*, je suis nanti. *A néant l'ai i ; à nè, en t'ai i* je suis anéanti. *D'ai en le néant*, dans le néant. Tu es en dehors, tu t'agites en vain, tu es dans le néant. L'absence de sexe, *n'ai en*, ou l'impossibilité d'effectuer le rapprochement créa l'esprit négatif du mot *néant*. Ce mot fut évidemment affirmatif puisqu'on est tiré du néant. Un mot ne peut être négatif qu'après avoir été affirmatif. Rien ne peut venir de rien. C'est un rien, disait : c'est un sexe sans force. *Veux au rien*. Non, je n'ai rien, *jeune ai rien* ; mon rien ne vaut rien. Tu es un vaurien. Comme les êtres matériels qui créaient la parole sont disparus, l'esprit de l'homme matériel a bafouillé sur le néant en aveugle qui parle de la lumière. *M'ai à néant*, manant *En paire m'ai, à néant ce* ; en permanence.

Nez à néant, c'est du nanan. *Néant m'ai, oins*; tu l'auras néanmoins. *N'ai en moins*; je le prends néanmoins.

Péant t'ai in, peux en tein, pantin. *Péant te l'ai ente*, pantelante. *Péant t'ai, isse-me*; pantéisme. *Péant ç'ai, mets en; pé en ce m'ai en*; pansement. *Air p'ai, en ch'ai; air péant ch'ai*; airs penchés. *Péant d'ai art*, pendard. *Ch'ai un nœud à péant* chenapan. *P'ai en péant*, pan pan. *Ç'ai air, péant t'ai; peux enter*, serpenter. *On c'est, repeux en t'ai i; on c'est, re péant t'ai i*; on s'est repenti. *En suce péant*, en suspens. *Queue en quéant*, cancan. *In quéant, d'ai séant ce*; incandescence. *V'ai haut le quéant*, volcan. *Le quéant ç'ai air*, le cancer. *Quéant d'ai ide*, candide. *Queue en, d'ai heure*; candeur. *A l'ai, en qu'ai en; en quéant*; à l'encan.

A r'ai, en j'ai; à réant j'ai, arranger. *En réant*, en rangs. *Téant t'ai, tends t'ai*, tenter. *On peut, ce queue on téant t'ai*; on peut se contenter. *On c'est, quéon t'ai enté*, on s'est contenté. *A téant t'ai*, attenter. *Ce à téant, ça t'ai en, ça tend*, Satan. *Téant t'ai haut*, tantôt. *T'ai en téant, tend tant*, il est tentant.

Le veux ai en, le véant, levant, le vent, le van. *Le véant s'agitait au levant, eau levait en. Eau de véant* vient au devant. Le *véant* se levait et se mouvait comme un *van* à vaner le grain. Le vent agite les roseaux et le feuillage agité fit nommer le vent. *Y fait du véant*, il fait du vent. *Y ce véant t'ai, il se veut enter*, il se vantait. *Véant t'ai, veux enter, à raide ai ise*; vantardise. *Au zéant*, osant. *En fais zéant*, en faisant. *En le fait z'ai en*, en le faisant. *Tout t'ai en, queue au zéant*; tout en causant.

LES ÉLÉMENTS

L'aise ai, l'ai mets en; l'aise et l'aimant. L'aimant est surtout masculin et *l'aise*, féminin. *Nœud homme aimant*, nommément. *Séant ç'ai aimant*, sensément. *Aise et aimant*, s'unissent aisément. *On le fait, mets à l'aise aimant*; on le fait malaisément. *Mets à l'aise ai*, c'est malaisé. *Aimant t'ai à sillon* aimentation. *Aime en t'ai, aimant t'ai*, aimanter. Il faut *ce aimant siper*, il faut s'émanciper. L'émancipé cesse de *siper* l'aimant du diable. *Suce aimant*, sucement. *supe l'aimant*, supplément. Ils vivent *séparé aimant*, séparément. *E l'ai, mets en, t'ai aire*; *è l'aimant t'ai air*, c'est élémentaire.

A l'ai aise, à l'aise. *A l'aise ai*, aléser. *Fais à l'aise*, falaise. *A t'ai one aise*, à ton aise. *Y fais au qu'ai on, ce t'ai aise*; il faut qu'on se taise. *Sous tiens l'ai, à t'ai aise*; soutiens ta tèse. *Nœud y ai aise*, niaise *Ce n'y est là*, ce niais-là. *D'ai nid aisé*, je t'ai déniaisé *A d'ai yeu, nœud peux, l'ai a se*; à Dieu ne plaise. *Foure n'ai aise*, fournaise. *Bé r'ai aise*, braise. *Feue r'ai aise*, fraise. On peut le *faire, aise ai*; on peut le fraiser. *L'affaire en ce aise*, la française. *Langue l'ai aise*, l'anglaise. *En gueule aie z'ai*, anglaiser. *Mets z'ai aise*, mésaise. *Peux une ai aise. peux uner aise*, punaise. *Ce aise ai, isse m'ai en*; *saisi ce m'ai en*, saisissement.

Ce aise ai on, ce aie z'ai on, c'est z'ai on, saise ai on, saison. *A l'ai à raie, z'ai on*; *à l'ai art, aise ai on*; à la raison. *Raie z'ai on neu, r'ai aise on neu*, raisonne. C'est bien *raie z'ai, on nœud ai*; *raie z'ai oné*; *ré z'ai oné*; c'est bien raisonné et résonné. *En temps t'ai eu, raie, ré z'ai oné*; entends-tu raisonner et résonner. *Queue on pare ai, aie z'ai on*; *compas raison*. La raison du *queue on pât* et du compas, c'est la comparaison. *Au raie z'ai on, au raison*, oraison. *La raie z'ai on*, tu as perdu la raison. La raison est de l'homme et le guide et l appui.

A ce aise ai, on nœud m'ai en; *à ce aise, on ne ment*; *à saison nœud mets en*, assaisonnement. Cela assaisonnait le discours. *Mets aise ai on*; *meus, aise ai on*; *m'est zéon*, maison. La première *maison* devint une *mère*. La famille de la *maison-née* faisait une maisonnée. *Exe à l'aise ai on*, exhalaison. *Lie aise ai on*, liaison. *Ce à l'aise on*, salaison. *Ç'ai aie-le, c'est le, sel, selle*, scelle. Le sexe donna le premier *sel, à l ai à, c'est le*; à la selle. Plus tard on scella cette selle. *Nœud ai à, c'est le*; *nœud à selle*, viens dans ma nacelle, *ma nasse est le*.

Entre pare, en t'ai aise; ceux qui font cela *entre pareust*.

4.

taisent, entre parenthèse; mais il n'est rien de caché qui ne doive être dévoilé. *D'ai vois l'ai.*

Ainsi les éléments de la vie se manifestent de plus en plus, avec une force irrésistible. Celui qui étudiera ce livre, les éléments mêmes lui obéiront. (Prophéties Hab.) *L'aise et l'aimant, même l'hui, au bé iront.*

LE MENSONGE

Il y a deux sortes de mensonges : l'un nie ce qui est vrai, et l'autre affirme ce qui est faux. *Le m'ai enté heure*, le menteur. *La m'ai entée euse*, la menteuse. *Peu t'ai i, m'ai enté heure*; petit menteur. C'est un *m'ai en son jeu*; c'est un mensonge. *Tu en nœud as, méant t'ai i;* tu en as menti. *Je tends, d'ai on nœud, le dé m'ai en téi;* je t'en donne le démenti. *M'ai en son jeu, aire m'ai en; mensonge errement*, mensongèrement. *En nœud fait est, queue m'ai entée ire;* tu ne fais que mentire. *Ine, fais au pât, mets en t'ai ire;* il ne faut pas mentire. Celui qui emploie les mots de : menteur etc. est lui-même presque toujours le menteur. Ce que tu dis aux autres, Dieu te le dit. *Ç'ai on jeu*, son jeu. *A qu'ai oi, ce on jeu t'ai eu;* à quoi songes-tu? L'appelé n'obéit point, il songe. *Séant m'ai enté ire*, sans mentir. *Tu mets en*, tu mens. *Je ne mets en, je ne m'ai en, je ne mens*, jeunement.

Toute la parole témoigne que les ancêtres étaient de grands menteurs. Le diable, dit l'Evangile, a été menteur dès le commencement.

Queue on ce t'ai, en mets en; constamment. *Vis haut l'ai, en mets en;* violemment. *In ce haut l'ai, en mets en;* insolemment. *Cou l'ai, en mets en;* coulamment, *coule en méant. In sesse, en mets en;* incessamment.

Mets au m'ai en, moment. *Mets au méant t'ai, à nœud ai; moment t'ai à né*, momentané. *Mome en tane aimant*, momentanément. *A point te mets en; à point te mens*, appointement. *D'ai ze à point, te mets en, te mens;* désappointement. *Queue on tend, te mets en; con t'ai en, te m'ai en;* contentement. *Peux r'ai on, prompt te mets en;* promptement. Tu l'as fait *prompt, te m'ai en;* tu l'as fait promptement. *A qu'ai eu le met en, à cule m'ai en,* acculement. *On nœud aie, te mets en; on nœud est, te mens;* honnêtement. *Mal on nœud est, te mens;* tu le dis malhonnêtement. *On est homme,* honnête homme. *Mal on est homme,* malhonnête homme, sois prêtre.

LE CENTRE

En treu, en te r'ai, ente r'ai, entre ai, en tré, en trait. *Entre dans l'antre.* Le premier *antre* était *entre, l'est j'ai en beu.* C'était aussi un *trait, à trait y ai en,* attrayant. *Le trait ai air,* tu peux le traire. *l'exe traire,* l'extraire; tu auras de *l'exe trait,* extrait. *En trait aille,* entrailles. *Y l'est plein, d'ai entré ain,* il est plein d'entrain. *En t'ai rein, en terrain,* entrain. *Entré est néant, en traînant,* entraînant. *En t'ai raine, en traîne. Entre ai à vœu; en trait, à vœu,* il y a des entraves. *En trave ai air,* tu es en travers. *En treu baille ai,* c'est entre-baillé. *Entre, cole on nœud, mets en; entre colle, on ne ment; dans l'antre colle, on ne ment,* dans l'entre-colonnement. *Entre d'ai heux,* entre-deux. *Entre-le à ce m'ai en, à ce mets en,* entrelacement. *Entre le à raide ai, entre l'art d'ai,* c'est entrelardé. *En treu ligne,* dans l'entre-ligne. *En treu mets, t'ai heure,* entremetteur. *En treu pose ai, entre peau z'ai,* entreposer. *En treu pose, y t'ai aire;* entrepositaire. *En treu, peux r'ai en dreu,* entreprendre. *En treu, peux r'ai ise;* entreprise. *En treu tends,* entre-temps. *En treu tiens,* entretien. *En treu vue,* entrevue. *En trou veux réire,* je puis *l'antre ouvrire,* l'entr'ouvrir. *Le ch'ai en treu,* le chantre. *Dis, entre;* diantre. Dans le *vœu entre,* dans le ventre. *E veux en trait, ai veux entrer,* éventrer. *Gueue r'ai haut, veux en tru;* gros ventru.

Le séant t'ai re, le centre; *au ç'ai entre,* au centre. *On centre à corps d'ai,* on s'entr'accordait. *On centre a queue usé,* on *centre à cu z'ai,* on s'entr' accusait. *On centre à deu mire ai,* on s'entr' admirait. *On centre aie m'ai,* on s'entr' aimait.

On centre, à peux l'ai; on s'entr'appelait. *On ce, en travers t'ai, i çai; on centre avertissait,* on s'entr' avertissait. *On centre baie ʒ'ai,* on s'entre-baisait. *On centre bat t'ai,* on s'entre-battait. *On centre queue roi ʒ'ai,* on s'entre-croisait. *On centre d'ai, chire ai;* on s'entre-déchirait. *On centre d'ai tru isé,* on s'entre-détruisait. *On centre d'ai, vore ai;* on s'entre-dévorait. *On ce antre d ai oné,* on s'entre-donnait. *On sait entre faire haper, on centre frappait,* on s'entre-frappait. *On centre ègue orc j'ai,* on s'entre-égorgeait. *On centre hà isse ai,* on s'entre-haïssait. *On centre heure t'ai,* on s'entre-heurtait. *On centre loue ai,* on s'entre-louait. *On centre mange ai,* on s'entre-mangeait. *On centre mets t'ai,* on s'entre-mettait. *On centre nu ise ai,* on s'entre-nuisait *On centre père ç'ai,* on s'entre-perçait. *On centre poue ç'ai,* on s'entre-poussait. *On centre regarde ai,* on s'entre-regardait. *On s'entrerait, peux on d'ai;* on s'entre-répondait. *On centre secoue r'ai,* on s'entre-secourait. *On centre suie v'ai,* on s'entre-suivait. *On centre taille ai,* on s'entre-taillait. *On centre tue ai,* on s'entre-tuait *On centre vise y l'ai,* on s'entre-visitait. *On centre au bé lige ai,* on s'entre-obligeait. *Queue on centre ai, queue on s'entrait; c'est tout qu'on sait entré,* c'est tout concentré.

ÊTRE ET PARAÎTRE

L'être est né, l'être aîné; les traînés, les très nés.

L'être est née, l'être est née; les traînées, les très nées.

Ce t'ai ès treu, l ai à; cet être-là. Le sexe fut le premier être et le nom d'êtres fut donné aux *êtres aînés,* aux êtres nés, aux étrennés. Ces êtres se traînaient, *ce te r'ai aine, aie;* et les très nées les entraînaient, *l'ai aise entré, aine est.*

Peux à r'ai, pare ai, parer. *Pare le qu'ai où,* pare le coup. Les *parés* avaient le *part paré* ou en l'air. *Le part t'ai ì,* le parti; *la part t'ai ie,* la partie. Le parti et la partie étaient nobles, parties nobles. *Nœud au bleu, mets en*; noblement. Celui dont le *part* ou *pare* était arrivé à sa perfection, *père ai fait, exe y ai on*; était un parvenu, *part v'ai eunu*, parvenu à son but. Il était parfait, *part ai fait*. Ainsi dans *parfait* et *perfection*, on voit que *pare* et *père*, ce fut tout un. Les *pares-rans* ou les parents sont les pères grenouilles. On *part entail* entre parenté. Le *parc enté à jeu* constituait le parentage. Le mot *pare* ou *père* désigna les deux sexes; les deux faisaient la paire. En allemand, *Paar*. En italien, la mère de Dieu se dit *Deipara*, ce fut une raine. Les *pares-rans* vivaient dans les parcs où ils parquaient, *par acquêt, parc à quai est*.

Le *part* fut le premier *paré*, le *paré-être* voulut paraître. Je suis *paré paré*, préparé. Le *paré être* devint le *pré-être* et fut le *premier prêtre*. Le prêtre est la bête de l'Apocalipse qui veut paraître, parée d'or, de pierres précieuses et de perles, vêtue de pourpre et d'écarlate.

Je suis le *pré tendu*, le prétendu; le *pré tendant*, le prétendant; j'ai la *pré tension*, la prétention. *Que pré t'ai en tu*. Que prétends-tu? *Parè est, pré est*, je suis *près* et *prêt*. L'origine de *pré*, qui signifie premier, est ainsi bien établie.

Paré l'ai, pare l'ai, je puis, *paré l'ai*; je puis parler. *Qu'ai un nœud paré, le t'ai eu*. Que ne parles-tu? *La part ai baule*, j'ai la parole. La parole est née de la force sexuelle. On parla avant d'avoir la parole, c'est pourquoi la parole n'est pas toujours dénommée du verbe *parler*. On a la parole en public, et il faut plus de force que pour parler en famille. Dans les assemblées de prêtres les femmes n'ont pas la parole. Jésus étant la parole portait *sa queue roi*, sa croix, car il marchait droit. C'est ainsi que nous devons le suivre.

Si tu peux *re parer être*, tu pourras reparaître. Le vois-tu, *dis, ce paré être?* Le vois-tu disparaître? Après avoir paru, *part ai eu*, le prêtre disparu. *Il a dit: ce part ai eu*, et il a disparu. *Le paré être* qui voulait paraître, dut disparaître matériellement, comme *ce paré être* ou *ce pré-être* doit disparaître spirituellement, ce sera la seconde mort. *Le pré-être* ou le prêtre est mort; la mort est son royaume, les cadavres lui sont en partage. Qui honore un cadavre, honore le prêtre, qui se confond avec le diable et ne fait qu'un avec lui; comme l'homme se confond avec le Dieu vivant, et doit vaincre la mort.

Le part tire, fais-le partire. *Pare d'ai i*, pardi. *Pare d'ai, isse ai i*; pars d'ici. *Au pare, à véant*; aux parts avant, après au paravent. *On le ç'ai, pare à vœu en ce*; on le sait par avance. *Séant d'ai ze, en pare ai*; sans désemparer.

On nœud, peux t'ai ès treu, sens ce l'ai à; on ne peut être sans cela. Tu le veux, *peux t'ai ès treu*; tu le veux peut-être. *Être* vaut : *au trou*. En allemand : *sein*, c'est le sein, se prononçant : *saine, ç'ai aine*. En anglais, c'est le *b'ai i*, *le béi*, bi. *To be*. Quel que soit le mot il exprime toujours le même objet, non-seulement pour *être*, mais en principe, pour tous les sons, sans nulle exception

L'AGRÉABLE

Un moyen de bien se mettre dans l'esprit la valeur d'un mot, c'est de le rechercher partout où il se trouve, soit : *gré, gueue r'ai = suce* etc. *A gré abe-le*, agréable. *D'ai ze à gré, abe-le*; désagréable. *A gré mets en*, agrément, *D'ai ze à gré, mets en*; désagrément. *Bé on gré, mets à le gré*; bon gré, mal gré. *A t'ai on gré*, à ton gré. *In gré diens*, ingrédient. *Gré à t'ai, y t'ai ude*; *gré attitude*, gratitude. La gratitude est prête à obéire. *In gré à t'ai, y t'ai ude*; *ingreattitude*, ingratitude. *In gueue r'ai à*, ingrat. *In gueue r'ai à te, in gré ate*, ingrate. L'ingratitude se refuse à rendre les soulagements qu'elle a reçus.

De gré as ce = en b. s. cela, de grâce, *gré as ce*, grâce, grasse. La chose grasse ou grosse faisait demander grâce. *En gré as ce*, en grâce. *Gré as ce, à d'ai yeu*; grâce à Dieu. *De b'ai on neu, gré as ce*; de bonne grâce. *Gré à sis, euse*

t'ai ; gracieuseté. *Gré à t'ai in*, gratin. *Gré à t'ai, isse* ; gratis. *Gré à tu y t'ai*, gratuité. *Gré à tu, y te mets en*, gratuitement. *Gré à vœu, l'ai heux* ; graveleux. *Gré à veu, l'ai ure* ; gravelure. *Gré à vœu, mets en* ; gravement. *Gré à vœu y t'ai* ; gravité, graviter. *On le gré aie ç'ai*, on le graissait. *On gré fé ai*, on greffait. *Au gré feu y ai*, au greffier.

Ça va, gré aie l'ai ; ça va grêler. *Gré au bé*, gros-bec. *A gré ait*, agréer ; *à gré ée*, agréez ; *à gré aie*, agrès. *A gré sie ai on*, agression. *A gré sive*, agressive. *A gré j'ai*, agrégé. *A gré gu'ai, asse y ai on* ; agrégation. *Queue on gré gu'ai, à sis ai on* ; congrégation. *Le queue on gré est*, le congrès.

D'ai gré à dents, c'est dégradant. *Gueue r'ai à deu, gré à deu, gueue rade* ou raide, c'est mon grade. *Gueue rade à sillon*, gradation. *Ça meut, d'ai gré à deu* ; ça me dégrade. *On ce d'ai, gré à d'ai* ; on se dégradait. *Çà, d'ai gré in gole* ; ça dégringole. Dégrader, dégringoler, c'est tomber d'un *dégré* ; ce n'est pas *de gré*, c'est de force. On dit *dégré* et non *degré*, naturellement. *On ce qu'ai on, gré à tu l'ai* ; on se congratulait. *C'est re, gré t'ai à bleu* ; c'est regrettable. Il exprime ses *regrets table*, c'est regrettable. *A re grè*, à regret.

Je t'ai en ségré, je t'en sais gré ; on sait gré d'un ségré. Le ségré, c'était le *sécret* de l'origine de la parole. Le sucement de la queue des gueux. *Sé, queue ré t'ai*, cela, *sécré t'ai*, cela sécrétait. Les premiers qui *sécrétèrent* se pourvurent de secrétaires. *Sé que r'ai, t'ai air, sécré taire*, secrétaire, *on sexe séque r'ai, on sexe sécré*, de s'exsécrait. *L'exe sécrer à sion* amena l'exsécration à cause de *l'exe cresse y ai on*, de l'excrétion. *Le cresse* fut un nom du poil ; à sa venue la force du sang rendit violents les plus forts, qui devinrent *exe sé que r'ai, abe le ; exe sécrer à bleu*, exsécrables. On dit naturellement : exsécrer, exsécrable et *exsécration*.

La déi sécrétion voulait discrétion. *Queue on sécré à sillon*, consécration. *Au bé séque r'ai, à sie ai on* ; *au bé sécrer acien*, obsécration.

Sè que r'ai bait, sécret ; *Sè queue rète*, sécrète ; *ç'ai queue rète, mets en* ; sécrètement. Sécret s'élide dans certains mots : *Dis sécret*, je suis discret. *Tu dis sécret*, tu n'es pas discret. *Dis, ce queue rète mets en ;* discrètement. *Sègrè, sécré, sègret, sécret* etc. c'est également parfait, comme en italien : secreto, segreto ; mais *ce queue r'ai hait ; secret. En ce cœur ai hait, ance queue ret, en secret,* est aussi antique. La liberté donnera la vérité.

Nous avons exactement démontré les éléments primitifs de la parole dans les tableaux et analises qui précèdent; mais le chemin par lequel les mots ont passé avant leur forme définitive, n'est pas unique. Chacun des êtres qui ont contribué à la formation d'un mot, le pensait à sa manière ; et une analise complète devrait faire ressortir toutes les différences, ce qui n'est pas possible. De cela, il résulte que chacun peut analiser comme il lui plaît, étant certain qu'il est impossible qu'il comprenne une analise dépourvue de toute raison.

Les milliards d'êtres qui pendant des millions d'années, ont servi à créer la parole, ne se rendaient nullement compte de leur œuvre, dont ils avaient à peine un sentiment confus.

L'esprit créateur faisait naître les idées à la vue des actes qui s'accomplissaient, et les mots du langage employé s'amalgamaient plus au moins rapidement en un mot ou une frase qui devenait le revêtement du nouvel esprit.

Le nouveau mot était créé, tantôt par celui qui parlait : *jeu t'ai en*, je tends; *ils sondent à corps*, ils sont d'accord ; le plus souvent par celui à qui on parlait : *Veux à t'ai en*, va-t'en; et aussi par les spectateurs : *à ç'ai, à m'ai use*, ils s'amusent, *Queue on me il coure* ou coule. Les envieux accouraient : comme il coure ! comme ils courent !

OÙ A COMMENCÉ LA VIE

Par le moyen de « La grande Loi » la parole va nous faire connaître où la vie se développa.

Où es-tu ? — L'eau j'ai. Où es-tu logé ? *On l'eau j'ai, d ai en l'eau* ; on logeait dans l'eau. *L'ai eau jeu*, loge. *Nous loge ons*, nous logeons dans la loge. Viens dans *mon l'eau, dans mon lot, jeu mets en* ; dans mon logement. *Eau logé ist*, il est au logis. C'est ici *mon lot, mon l'eau j'ai ie*, mon logis. Le lot naturel de chacun, c'est d'être logé. *Eau logés ils sont*, aux loges ils sont.

L'ore l'eau, l'orlo, mot italien, désigne le bord d'eau, qui se dit aussi *bordo*. *B'ai eau re, b'ai ore*, appelait à boire au bord. Le rivage se disait : *ore, hors, à l'ore*, alors. *L'ore logé* ou le *hors logé* fut le premier horloger, car dans l'eau on n'était pas à l'heure où attirait *le hâl l'heure, hâle ai heure*, le hâleur. *L'heure* était donc aussi le bord de l'eau. Sur ce *haute heure*, sur ce hauteur, ce auteur, *saute heure*, sauteur. Le bord des mares formait un cadran, *queue adhérant*, où l'ombre de soleil indiquait l'heure, *à l'ore, l'ai haut jeu* ; à l'horloge. Les actes amoureux donnaient un nom aux lieux où ils s'effectuaient. Le *bord d'eau* était aussi un *bord d'èle*.

Je suis dans *l'eau séant*, j'ai *l'eau céans, l'Océan, au séant*. L'Océan est né de *l'eau séant*.

Ce eau ce, sauce ; *en ce eau sieds té, en seau sieds-té*, tu seras en société. *En sauce y ai été*, en société. Je l'ai vu dans la *sauce, il y était* ; dans la *socilliété*, populaire.

On se *par eau menait*, promenait dans les eaux ; on y faisait la *par eau me nade*, la promenade. *Nade* valait *nage*. La promenade classique, *queue l'ai à sique*, se fait sur l'eau. Va te *par eau mener*, te promener. *Par eau mène* les enfants. *On se par eau met nœud*, on se promène. Nous *par eau longeons* le chemin, prolongeons le chemin. Les habitants des eaux, souvent à terre, étaient en relations naturelles avec ceux qui les avaient déjà plus ou moins abandonnées.

Qu'est ce *qu'on par eau jette* ? projette. On *par eau jetait*, projetait, quelque chose. C'est encore un *par eau jet*, un projet. Je te le *par eau mets*, je te le promets. Tu me l'avais *par eau mis*, promis. Il faut me *le par eau mettre*, promettre. J'ai oublié ma *par eau mission*, par omission. Tu ne l'as *pas eau mis*. Je l'ai *omis*. Les hommes tenaient mal leurs promesses, *par eau messes* à l'égard des dieux, leurs pères; c'est pourquoi les hommes offrent des messes au diable, par l'organe des prêtres qui lui sacrifient un fils de Dieu.

On l'a *par eau clamé*, proclamé. Ils sont en procès, *per eau c'est*, en *part eau c'est*. On faisait une *pour eau cession*, quand les mares se tarissaient; on partait en procession, on cherchait *une cession d'eau* pour y faire une *session*. Le vois-tu *se par eau filer* ? se profiler. Celui que le courant entrainait, se montrait de profil, *par eau file*, au fil de l'eau.

Tout a été *par eau créé*, procréé ; tout est *par eau venu*, provenu, et tout *par eau vient*, provient de Dieu. Une *par eau vie d'ai, en ce pré vois, y ai ente*; une providence prévoyante.

A rive, arrive. *A la rive y ai aire*, à la rivière. *Ose à rive, ai à jeu*; *ose à rivage*, aux arrivages. La *rive* était le lieu où l'on arrivait de terre et de mer.

A terre ils sont, atterrissons aussi. *Où à terre ira-t-on ?* où atterrira-t-on ? *Nous à terre irons ici, si on y peut à terre ire*. Je *l'ai, à terre ai*; je l'ai atterré. Celui que l'on sortait de l'eau était atterré; car les hommes tuaient souvent ceux qu'ils prenaient dans les eaux. Les dieux des eaux craignaient d'aller à terre, la *terre heure* était une terreur.

Le temps pleut, viens dans le temple. Le temple du dieu marin était dans *l'eau limpe* ou limpide, l'Olimpe. On aimait les eaux claires appelées *aigues*, on y élisait domicile *d'eau m'ai, y c'ist le* ; c'était donc *l'aigue-élise*, l'eau choisie. Les églises et les temples sont les premières demeures de nos ancêtres, les dieux.

Ai tends, ai temps, je suis dans l'étang. Prends de la *mare soin*, petit marsouin. Reste-là, *mare tins*; Martin. *Tè in ta mare, tins ta mare* ; chacun défendait sa mare avec un grand tintamare.

Là, l'eau qualité est agréable, la localité le sera aussi. *L'eau cale* ou chaude rendait le local agréable. *Cale* = monte. On montait sur la cale au soleil, où chacun *ce in terre calait*, s'intercalait ; *on y était calé*.

Nous avons donc commencé à vivre et à parler dans les eaux. C'est l'ange des eaux (Ap. 16,5), le témoin fidèle et véritable, le commencement de la créature de Dieu (Apoc. 3, 14), qui en porte le témoignage irréfuté et irréfutable.

LE PREMIER CIEL EST RETROUVÉ

Le verbe *être* s'est formé du verbe *avoir* par un esprit d'insistance. *Ç'ai aie ce, saie-ce*, c'est-ce, cesse, *laie-ce*, l'est ce, laisse. *Qu'ai aie ce*, qu'est ce ? *En qu'ai aie ce*, en qu'est ce, en caisse, encaisse. *En qu'ai, aie ç'ai*, en qu'est ç'ai ? il est encaissé. *Que ç'ai aie*, que c'est. *Me aie l'ai*, m'est l'ai, mêler. *Qu'ai aie-le*, qu'est le, quel. *Le qu'ai aie-le*, le qu'est le, lequel. *Saie le ç'ai i, c'est le ci*, celle-ci. *Saie le l'ai à*, c'est le là, celle-là. *Saie m'ai oi*, c'est moi.

Ist = est. *Sie-ce, c'ist ce*, sice. *A c'ist ce t'ai*, à sice t'ai, assister. *In c'ist, ce t'ai en ce ; in sice, tends ce* ; insistance. *Sie l'ai, c'ist t'ai, sis-té.* cité, *A c'ist, à sis*, assis. *In c'ist*, ainsi. *Vois c'ist*. voici. *Y c'ist*, ici. *Qu'ist ce ai ?* qui sait. *Ce c'ist*, ceci. *C'ist me,* cime. *C'ist dessus*, ci-dessus. *C'ist joint*, ci-joint. *C'ist je veux*, si je veux.

Il est ainsi amplement démontré que *c'ist* valut *c'est*. *C'ist elle*, ciel ! c'est elle. *C'ist eux*, cieux ! ce sont eux. *L'est vois, c'ist haut, c'ist eau, c'ist elles*. Les voici aussi elles, les voici au ciel. *Là, voici aussi elle* ; la voici au ciel. *Les voici eau, c'ist eux ; les voici haut, c'ist eux ; les voici aussi eux.* les voici aux cieux.

Les ancêtres voyaient dans le ciel ceux qui se dessinaient au haut des berges, sur l'azur des cieux ; et ceux-ci voyaient dans le ciel, dans l'Olimpe, les premiers se tenant dans l'eau où le ciel se réflétait. Le premier ciel était donc sur la terre, au bord des eaux. A la résurrection on doit se retrouver dans le ciel, et nous y sommes. Le ciel de Dieu, qui est esprit, est dans l'esprit, dans les temps passés, et non dans l'espace tangible, où le cherchent les aveugles d'esprit.

Hame, hime = hume ou *suce. Hame eau,* hameau, *hame èh,* hamel. (*èle* = *eau*) *Hime èle, Himmel* = *ciel*, en allemand. *Sie èle* = suce eau. *Ciel* et *Himmel* ont même origine. *Monte au sis, est le* ; *au sis elle, monte aussi elle,* monte au ciel. Le premier *ciel* est le sexe féminin. C'est lui qui s'est agrandi et étendu jusqu'à l'infini des cieux, et notre esprit se meut dans ce ciel, où il trouve les joies spirituelles que l'animal primitif cherchait en vain dans le ciel de chair.

Eaux ciel, ô ciel ! Ce ciel lançait l'eau et le ciel tire aussi son nom de l'eau qui en tombe. Quand le ciel était pur et sans nuage, on le disait : *belle oeu* ou *belle eau.* Le ciel est bleu et la mer est bleue. Der Himmel ist blau, dit la même chose, en allemand.

On regardait donc le ciel, comme le réservoir des eaux. Au déluge, les bondes des cieux furent ouvertes (Gen. 7, 11) et l'esprit humain fut entièrement submergé par les nombreuses pissées des ancêtres morts qui habitaient le ciel.

Aujourd'hui Dieu ressuscite les morts et leur donne un ciel nouveau, qui n'est plus le grand réservoir des eaux ; et une terre nouvelle qui se promène au milieu du ciel dans le concert des étoiles.

LA GRENOUILLE

Les grenouilles n'ont pas de sexe apparent, et elles se reproduisent par le frai. Le mâle et la femelle se recherchent avec ardeur et se tiennent collés l'un sur l'autre avec une telle force qu'on peut leur tailler la taille, sans les séparer. Elles restent ainsi jusqu'à ce qu'elles aient émis leur frai en même temps.

La peau de nos grenouilles est naturellement blanche. Le soleil la colorie différemment sur le dos et sur les côtés ; mais sous le ventre elle est plus ou moins blanche. Les médecins soudent cette peau sur la chair humaine, où elle prend très bien.

La grenouille, l'antique serpent, change de peau, comme la couleuvre ; et alors elle est toute blanche un certain temps, la dame blanche. Elle a changé de peau, mais c'est toujours la même bête, en disait-on. C'était aussi faire peau neuve, sortir de sa peau. Cette petite sauteuse est entièrement dépourvue de poils.

La grenouille, *la gu'euraine ouille*, la pisseuse d'eau, a le cou engoncé dans les épaules, elle ne peut tourner la tête. Elle a les yeux derrière la tête et la bouche fendue jusqu'aux oreilles. Comme elle a les bras très courts, on estime toujours heureux celui qui a le bras long.

La grenouille a dix orteils aux pieds ; mais chaque main n'a que quatre doigts : le pouce manque. Le pied n'est pas coudé, il est placé dans le prolongement de la jambe et le talon est flexible. Enfin elle n'a pas de dents.

Ainsi donc elle n'a ni sexe, ni pouce, ni cou, ni poil, ni dents. Ses jambes sont terminées en une double queue de poisson, comme les Tritons et les Sirènes de la Fable.

Ainsi que l'homme, la grenouille vit sous tous les climats, sur terre et dans l'eau. Elle est de jour et de

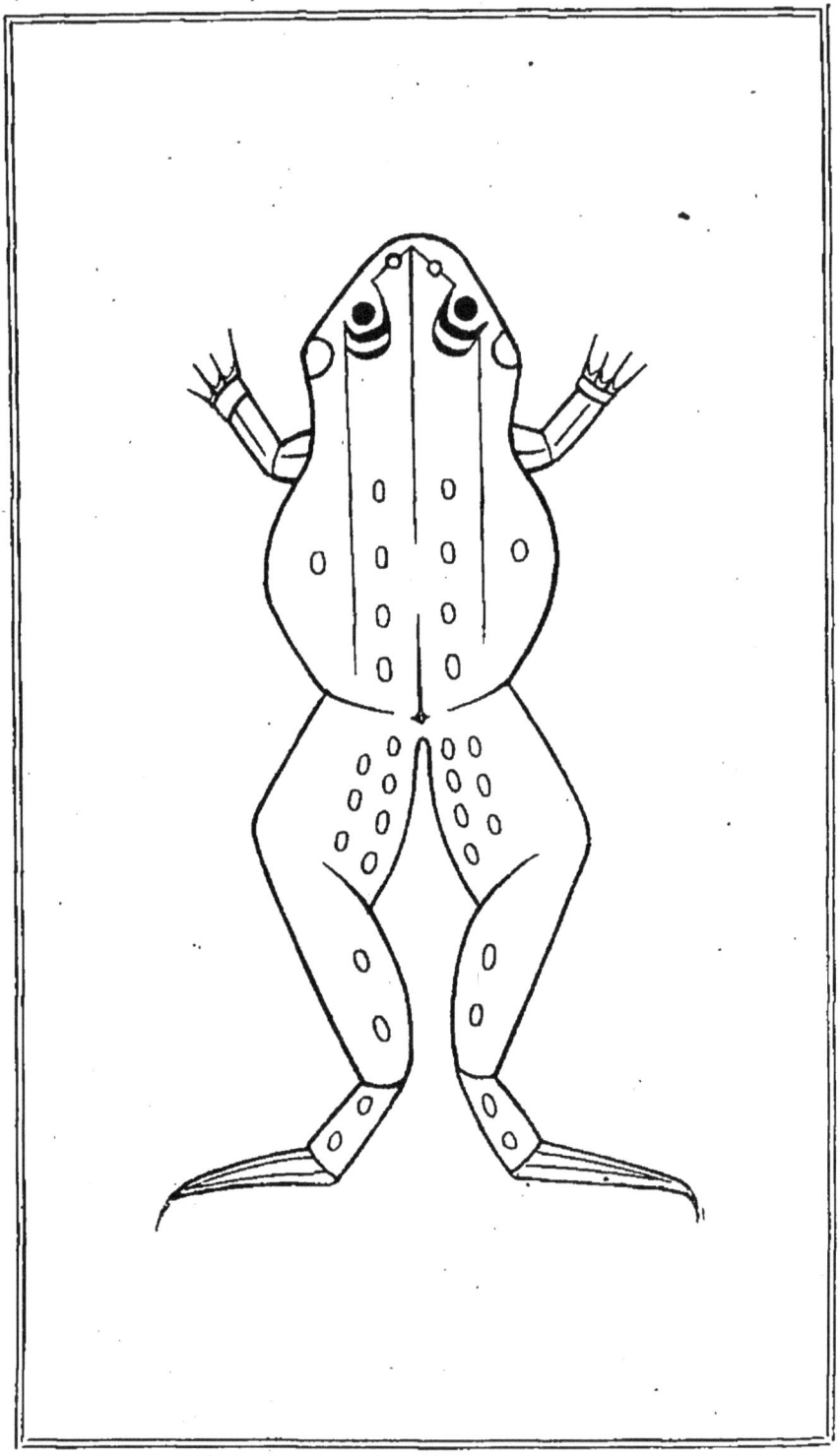

Grenouille vue en dessus.

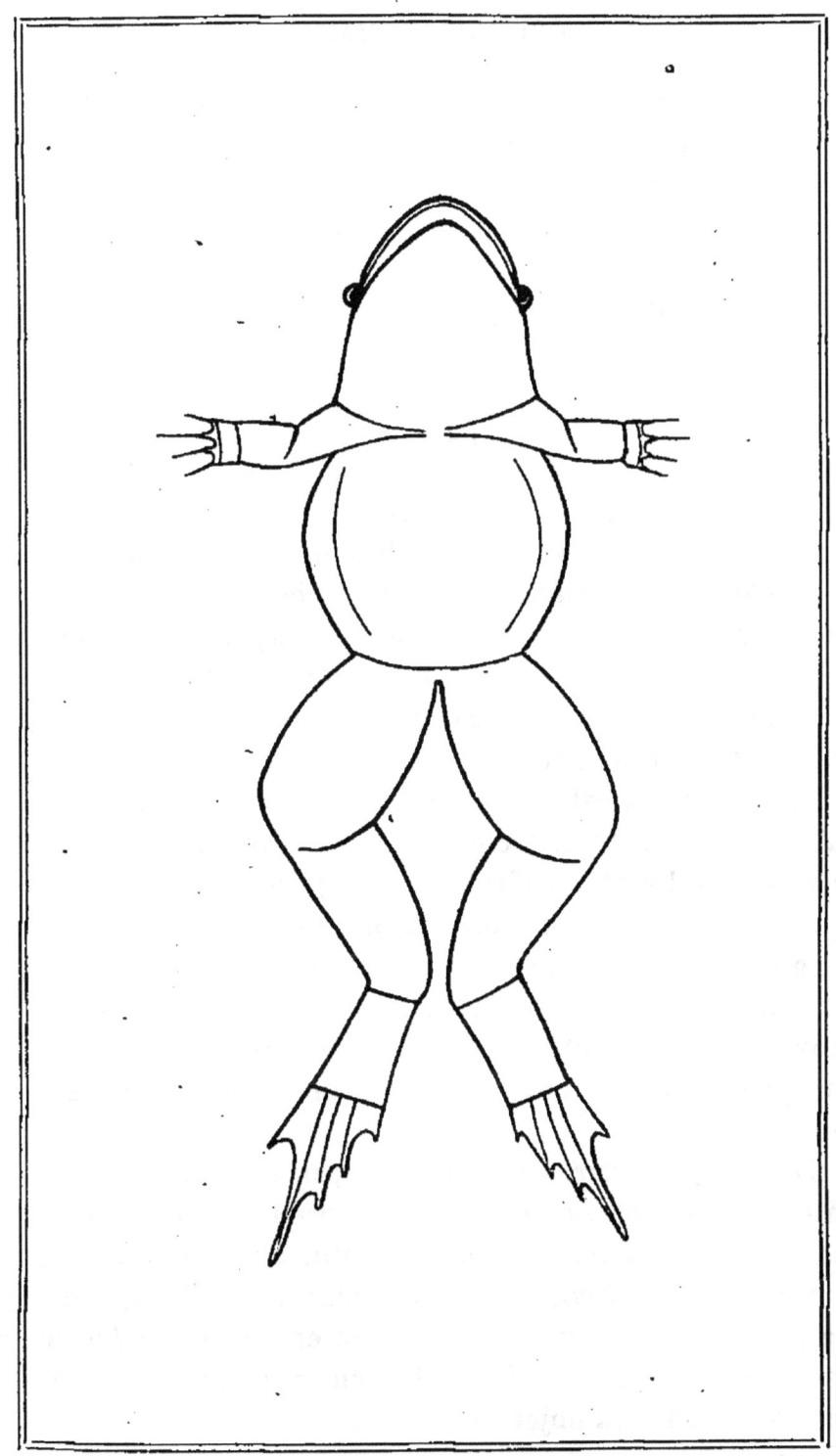

Grenouille vue en dessous.

nuit, aime les soirées chantantes, mais reste le matin dans son lit, le limon de la terre. Elle devient promptement familière et aime alors le voisinage des hommes, au point de venir se placer hors de l'eau, tout près de celui qui l'observe, dans une rassurante immobilité.

Nos grenouilles parlent notre langue, nous avons noté les cris : *coaque, coéque, quéquête, que re r`ai haut, cara, cara, cate, cate*, et aussi *couique*. On leur attribue : *ololo, brekekex* que nous n'avons pas entendus.

Qu'ai haut, co = viens. C'est le *co* ; origine de *encore*. J'ai *co*, as-tu *co* etc. rien de plus familier. *A que* = au cul, en arrière. *Co ac* vaut *encore accède*, c'est un appel à la *coaction*, et le mâle y obéit. *coèque* dit la même chose, c'est l'origine de *coexister*, et aussi de *quoique. Coaque, ccèque, quoique*, valait : viens encore, et on demandait : quoi que tu veux ? quoi que tu dis ? *co èque, on fais à ce, on nœud peux* ; quoi qu'on fasse, on ne peut.

Le cri *quéquête* est un appel dans les prés fleuris et dit : *qu'ai quête* = viens chercher. On en dit qu'elle demande une *quéquête*. Le petit enfant a une *quéquête*, le dictionnaire ignore ce nom ; la grenouille n'en a pas.

Le *que r`ai haut* est le cri du mâle qui se fait entendre bruyamment dans les assemblées de Mai, au milieu des eaux, où se réunit la famille aquatique. Ce cri est l'origine de créer, créo. C'est un premier cri du créateur.

Co est devenu *core, corps* et *en core, en corps*, encore. On entend *encore* et *en corps* par les oreilles ; on respire *encore* et *en corps* par les narines etc. *Ai co* valait : j'ai encore. *E qu'ai haut, é qu'ai eau, éque ai ò*, écho, écot, ecco. L'italien *ecco* = voici. On présentait son *écot* avec l'esprit de l'italien *ecco*. La ninfe Echo répondait à l'écho en présentant son objet : *ecco*.

Queue r`ai haut, à ce mets en ; croassement. Les grenouilles *croassaient, coassaient* et *coaxaient*, quoi que c'est ? Cela indiquait qu'elles croissaient, faisaient leur croissement et accroissement ; se croisaient et se livraient à la coaction.

En étudiant leur langage avec soin on y découvrira d'autres rapports avec les diverses langues, nous en avons assez dit sur ce sujet. Les cris de la grenouille sont l'origine du langage humain. Lorsqu'elles chantent en réunion, c'est de loin un brouhaha de foule humaine. Leur langage actuel ne peut d'ailleurs que donner une idée imparfaite de ce qu'il était, alors que l'esprit qui anime toute l'humanité, se mouvait sur la surface des eaux et était concentré sur ces animaux qui se transformaient lentement en hommes par une chaîne d'anneaux qui restèrent longtemps unis, avant que le Tout-Puissant anéantît les intermédiaires.

Le son de la voix et la modulation du chant de la grenouille ont déjà quelque chose d'humain. Ses yeux, son regard, certains tics du visage sont semblables aux nôtres ; et aucun animal ne possède une grâce corporelle du talon au cou qui le rapproche autant du corps humain ; peu de personnes, même jeunes, ont cette partie aussi élégante.

De plus la grenouille a une vessie et urine par l'anus. Sa vessie la place infiniment au-dessus des poissons, des serpents et des oiseaux. C'est la marque évidente d'une perfection future qui a été atteinte en nos corps animaux, car certainement les grenouilles sont plutôt appelées à disparaître qu'à se transformer de nouveau d'une manière quelconque. En attendant, la grenouille, comme l'homme, peut fumer la cigarette ; le singe ne sait pas fumer.

LES RAINS ET LES RAINES

R'ai ain, rain, rein; r'ai aine, raine, reine, rène Ces mots montrent l'eau sortant de *l'ain* et de *l'aine* du rain et de la raine; aussi nous avons les rivières de l'Ain et de l'Aisne, et aussi le Rhin, le père des Allemands : Du Vater Rhein. Le *rain* était le roi des eaux, il était méchant, selon le proverbe : *L'eau rain* traître à Dieu et à son prochain. *L'eau raine* est mère de la Lorraine. La Touraine était remplie de raines, c'était la *tout raines*. To rain $=$ pleuvoir, anglais.

Les grenouilles se nomment *raines* à peu près par toute la France. Le nom de *rain* n'est plus en usage. *Ce rain* s'est changé en *serein* et *serin*. Le diable au visage serein était cependant un serin. Le rain a été réduit à rien. C'est un rain : c'est rin, ce n'est rin.

Le *rain* est le grand-père de l'homme; il est le *pare-rain*, le parrain; et sa femelle, *la mare-raine*, est devenue marraine. Le nom de grenouilles donné à nos rains et à nos raines est insultant.

Les rains se disaient aussi *rans*, les *pares-rans* sont devenus les parents. *Les faits rans* ou les *rains parfaits* devinrent les Francs. *Un fait ran c'est*, un français, c'est *un ran* parfait. Nous sommes tous sortis des rans qui formèrent les premiers rangs. *Pare et mare*, c'était père et mère. La mère du diable était une mare, c'est pourquoi on connaît la mare au diable; qui était *un mare eau* et *un maraud*.

Le mot *rainure* nous montre la raine urinant. *L'ai ès rein*, *l'est r'ai ain*, présente les rains se tenant l'un sur l'autre, et les reins en ont reçu leur nom. *Fais r'ai in*, frein; les *faits rains* avaient besoin d'être *refrénés*, *re ferai né*. *Y meut, re ferai aine*, il me refrène. *Refais rein, referai ain* était leur refrain habituel. *Soue t'ai ès-rein, sous tes reins* est le premier souterrain. *La soute ès raines, ce où l'est raie nœud.*

Les rives-rains et les rives-raines sont rains et raines de la rive des eaux. Sous les noms de riverains et de riveraines, nous sommes donc toujours des rains et des raines. C'est indiscutable. De plus, les Francs ripuaires sont des riverains ; ripuaire ne signifie pas autre chose. *Sue z'ai rein, suze ai rein, suze-rein ; sue ze r'ai aine, suze ai raine* ; suzerain et suzeraine sont d'anciens suppôts, *supe ai haut*, de Satan, entièrement disparus. *Sue z'ai, raine l'ai* ; suzeraineté.

La *raine* fut d'abord le sexe mâle, et elle donna son nom à la raine en pénétrant *l'aine* et la *raie nœud*. La *raine* attirait le rein féminin et ce rein attirait la raine. Le rain avait une traîne, *t'ai raine, te r'ai aine*, naturelle. La raine se faisait une traîne. C'était une traînée et une très-née. *Y met entre aine, y m'ente raine*, il m'entraîne.

Te r'ai ain, t'ai rein, te r'ai in train, c'était le trintrin habituel. *En t'ai rein, entre ai ein*, en train, entrain. *D'ai en le train*, dans le train. *Queue on train*, contraint. *Bout t'ai en train*, boute-en-train. *A veut entre ain, ave en train, avant t'ai rein* ; tire sur l'avant-train.

Queue on tempe au rain ; queue on tempe au raine ; queue on tend, peux au rane y t'ai ; queue onte en peau, re à nè y t'ai ; contemporain, contemporaine, contemporanéité. Ces mots remontent aux rains et aux raines, nommés aussi *ranes*. A cette époque l'eau se disait : *p'ai eau, peau* et *pot*. *Compte en peau rains, compte en pot raines. Les comtes en peau rains* étaient pourvus des parties nobles ; ils se plaisaient : *au z'ai haut, ose ai haut*, aux eaux.

Les *rains* sur les *reins* tenaient leurs *raines* par les *rènes*, qui furent les bras. Le *rain* sur la *raine* était aussi sur *l'arène* ou le sable des eaux. Les raines qui conçurent et enfantèrent, *enfant terre*, furent les *raines-mères*. Ce sont ces déesses, appelées aussi *diablesses*, que le diable, dans le Faust de Gœthe, nomme *les mères*, auxquelles le nom de diablesses est donné mal volontiers. On sait que les prêtres n'aiment pas à parler du diable ni de ses enfants, et qu'ils ne parlent jamais de ses femelles, *les diablesses*, qui se confondent avec les *raines-mères* devenues les *reines-mères*, comme les *raines* sont devenues les *reines*, et toutes les femmes sont aujourd'hui des reines.

La *raine-mère* est donc la grand'mère de l'homme et ce fut la première grammaire, car elle enseigna à parler à ses petits, ce qui était inutile pour ceux qui naissaient dans le frai.

Les rains avaient une forte voix, une voix d'airain, et les actes exigés par cette *voix des rains*, devenaient une loi d'airain. Les lois des rains ou du diable, notre père en Dieu, sont pour ceux qui ne veulent point de la loi de Dieu, laquelle commande que soyons tous frères, et que nul homme ne soit au-dessus de l'homme.

PREMIERS EXERCICES ET MOYENS D'EXISTENCE

Continuons à entendre parler les ancêtres. *A ce eau, à ce haut, à seau, à saut*, assaut; *à l'ai, à sauts*, à l'assaut. Nous voyons l'ancêtre entraîné vers *l'eau* et vers les hauteurs par des *sots* et des *sauts*. Les grands sots faisaient de grands sauts et les petits sots de petits sauts. Le premier qui *s'ôta, sauta;* quand *on s'ôtait, on sautait*; c'est *en sautant* que l'on *s'ôtait*. Les premiers qui *s'ôtèrent, sautèrent, saut terre*, de l'eau sur terre. Nos ancêtres étaient des sauteurs et la race des sauteurs n'est pas près de s'éteindre. Vois le *ce hauteur*, le *sot auteur*; sur *ce hauteur*, quel sauteur! *En sûr saut*. Ordre faisant *sûr sauter*, sursauter et *sûr s'ôter* en sursaut. *A prends à ce haut t'ai*, apprends à sauter. Les anciens faisaient sauter les jeunes en leur offrant quelque manger en l'air.

Là saute, re cie-le; là sot, t'erais le; langage excitant à la poursuite de la sauterelle, une nourriture favorite de l'ancêtre, qui fut lui-même la première sauterelle. C'est toujours une joie pour l'enfant de sauter et de courir après les sauterelles.

Le premier lit fut *le lit mon*, mon lit, le limon. *Le saut du lit* était sur le littoral, *sur le lit t'auras le*. Aujourd'hui on *s'ôte* du lit; mais le *saut du-lit* est une expression figurée. *Au hane ton*, au hanneton. *J'ai à hane*, j'ahane. *Queris qu'ai*, c'est un criquet. *Queris queris*, c'est un cricri, *y ronde, aie-le* = il revient, prends-le. L'hirondelle fait la ronde, *l'aronde*, sur les eaux où elle vient boire. L'ancêtre qui se tenait là, la guettait et cherchait à la happer au passage.

La gent boure donnante, bourdonnante, était abondante. L'ancêtre se bourrait, se remplissait de bourdons divers, et de diverses *bourres* et *bourdes* trompeuses. *Boure j'ai, oie*; bourgeois. Les premiers furent ceux du marais. *Boure j'ai on*, bourgeon. *Boure d'ai on*, bourdon. *Boure d'ai, bourde ai*, bourder. Bourder, c'est être arrêté. *Boure-ce*, bourse. Là bouche fut un *boure* et une *bourse*. *Au boure donne-m'en*, au bourdonnement. *Quel bourdon ne ment*, quel bourdonnement. L'ancêtre bourdon était menteur. Il imitait le bourdonnement des insectes et induisait en erreur les gobemouches. Il chantait et chante encore en *faux bourdon*, et en *faubourg donc*. Le premier bourg était un bourbier et le faubourg, *fais au bourg*, bordait la mare bourbeuse, le marais.

Tends boure = tends le bec. Appel vigoureux qui a donné son nom au tambour. L'ancêtre tambour avait la voix forte : entends-tu *le tambour, il nage ?* le tambourinage. *Cale ai en boure*, appel à prendre sur la cale, à la sortie des eaux. L'appelant trompeur se retournait, en disant : *que à l'embours*. C'est l'origine du calembour. On en fait volontiers, mais on n'aime guère qu'on nous en fasse. Le calembour est ce jeu de l'esprit, cette chose méprisée que Dieu a choisie pour confondre les sages de la terre (1 Cor. 1, 27, 28).

Mouche = bouche et prends. *Ce mouche ai, ce mouche aie*; avant de donner la mouche au nez malpropre, on le forçait à se moucher. L'ancêtre s'emplissait la bouche de mouches, c'était un vrai gobemouche, ainsi que l'est la grenouille. Qu'on ne croie pas que la petitesse de la mouche la garantit contre la bouche de forts ancêtres; car les nègres de l'Ouganda, avons-nous lu, se nourrissent encore d'insectes, de sauterelles, de moucherons qu'ils capturent au moyen de filets promenés vivement dans l'air.

Toutes les langues ont conservé le souvenir des temps où l'on vivait de mouches. Celui qui faisait mouche à tout coup, était fort adroit, car prendre les mouches était un art difficile, et on sait encore qu'on n'en prend pas avec du vinaigre. Le plus grand bonheur pour un Allemand était d'en tuer deux à la fois : zwei Fliegen mit einer Klatsche todtschlagen. L'Italien attendait la mouche à bec ouvert, car, dit un proverbe : en bouche close, il n'entra jamais de mouche. In bocca chiusa non entrò mai mosca. C'était double joie de happer et de dévorer la mouche, ce voisin bourdonnant et sans cesse attaquant; cet ennemi juré du repos de l'ancêtre, comme il l'est du nôtre.

Le verbe faire est un premier verbe manger. Les ancêtres n'avaient que cela à faire. *Faire à qu'ai bât*, fracas. *Faire à terre as*, fratras, populaire et non *fatras*.

Ça l'ai à deu, sale ai à deu, salade. La salade est un nom très répandu du manger herbeux. *Ace ai herbe*, acerbe. *Ace herbe y t'ai*, acerbité. *J'ai herbe*, gerbe. *Feuilles t'ai*, c'est un feuilleté. Parmi les herbes, le cresson mérite une mention, car il était *à d'ai i, ce cresse y ai on*; à discrétion. Le cresson se dit *Kresse* en allemand et *crescione* en italien. Le *cresse* est le premier cresson. On faisait des bottes d'herbes desséchées pour l'hiver, et le foin était fort estimé. On enviait celui qui avait du foin dans ses bottes. L'odeur du foin nous plaît comme celle du pain.

Les poissons étaient abondants, *les c'est assez*, les cétacées était le nom des plus gros. Le poisson se nomme *Fisch*, en allemand, et je m'en *fiche*, indique le mépris du poisson. Les œufs se montrèrent en abondance dès que l'ancêtre arriva à sa perfection ; enfin tous nos animaux domestiques naquirent à mesure des besoins. Les chèvres allaitaient les petits en aidant aux mères ; les vaches se montrèrent vers ce même temps. Nous verrons plus tard que les gros mangeaient les petits et se dévoraient entre eux, sans que cela fût indispensable.

Toute la famille animale se développa parallèlement à la nôtre, et fut créée d'une manière absolument analogue. Pas plus que nous n'avons été des singes, tels que sont ceux que nous connaissons ; pas plus nos chiens n'ont été des loups.

Tous les animaux sortaient d'un frai naturel et se transformaient, comme le font les têtards, en espèces de grenouilles ayant déjà les caractères animaux qui devaient les distinguer. Tous ces êtres rampants vivaient avec nos ancêtres, qui les voyaient se transformer sous leurs yeux ; ils chassaient les bêtes féroces et s'assujettissaient les autres. Quant à la parenté animale des hommes entre eux, elle n'a pour point commun que la terre, notre mère commune. Nombreuses sont les familles qui n'ont entre elles aucun rapport d'origine autre que celle des eaux. Ce n'est que par l'esprit que nous sommes tous les enfants d'un même père. L'esprit est l'époux de la terre.

L'APPARITION DU SEXE

L'ancêtre n'avait point de sexe apparent ; c'est à sa venue que la parole commença à se développer pour atteindre une quasi perfection chez les êtres de première formation. Cela causait des sensations et des surprises. *Eh ! qu'ai ce ?* exe. *Sais qu'ai ce ? sais que ce ? ce exe-ce*, c'est un sexe. *Sais que c'est ? ce exe c'est, sexe est, ce excès.* Le sexe fut le premier excès; il causa et cause tous les excès.

On ce exe y t'ai, on sexe y t'ai, on s'excitait; *l'exe ai air, sice*; l'exercice. *On ce exe, peux au z'ai; on sexe pose ai,* on s'exposait. *Exe sé d'ai, c'est de roi*; excéder ses droits. *C'est un cxe, y tend;* c'est un excitant. *Exe* fut le premier *sexe* fait, c'est un *exe pré fait*, un ex-préfet.

Qu'ai, qu'ai ? qué qu'ai ? quéque ai. Qu'ai que c'est ? quéque c'est. Qué qu'es te ? quéquette. Qué que tu veux ? *quéque* tu veux. *Qu'ai, que c'est, que ç'ai à ? Qu'ai, que sexe ai à ? kékséksa ? Qu'est ce, que c'est, que ç'ai à ? Qu'est-ce, que sexe ai à ?* qu'est ce que c'est que ça ? Les questions les plus fréquentes furent créées à la venue du sexe.

J'ai un neuf, sais que c'est ? Je ne sais que c'est. *Jeune sexe est. On ne sait que c'est. one sexe est, one = un.* Qui sait que c'est ? *Qui sexe est. Jeune, one,* qui ont donc désigné le sexe.

Je ou *jeu sais que c'est bien, jeu sexe est bien. Tu* sais que c'est bien, *tu sexe est bien.* On sait que c'est bien, on *sexe* est bien. Chacun *sait que c'est* bien, chacun *sexe est* bien. Pierre, Jean, Julie, *sait que c'est* bien et *sexe est* bien.

Tout ce qui peut savoir quelque chose est un sexe. Tous les hommes sont des sexes, puisqu'ils sont tous membres de Jésus-Christ ou de la parole, et aussi membres les uns des autres. Or, le sexe est le membre par excellence.

Le verbe *naître* va nous montrer notre véritable naissance. Le premier objet *neuf* fut le *nœud. J'ai un nœud, aie; jeune est, jeu né est,* je nais, genets. On naissait, *nœud est ç'ai,* à la floraison des *genets, des jeux né est.* Les jeux amoureux amenaient la naissance. *N'ai* valut *j'ai,* et perdit cette valeur première en devenant *né, n'ai aie, naie* = suce. On naissait, *naie ç'ai,* en se suçant, *en ce sue séant.*

Aie t'ai re, ès-treu, être. *L'ure-être* est le premier être, c'était le sexe. Le canal de l'urètre est le plus ancien des cannes-eaux, c'est par ce canal que nous avons reçu la vie et tous ses biens. *J'ai un nœud, être ai; jeune être ai, jeune est trait*, je naîtrai. *Tu neuf être as, tu nais, trait as, tiret as*, tu naîtras. *Il naît, trait a, tiret a*, il naîtra. La naissance s'annonçait par un *être*, un *trait* ou un *tiret*; de ce *trait*, le sexe était *tiré, extrait; exe trait de né est, séant ce;* extrait de naissance.

Les temps simples du verbe *naître* ne s'emploient plus au propre. L'homme *aîné est né* du moment où le sexe fut parfait, et il ne fut parfait qu'après avoir créé un nouvel être, un nouveau-né. Pour *naître*, il fallait ne point être, *ne être*. Nous sommes, nous, *ce homme*, né à toujours. L'homme vrai ne fait qu'un avec la parole; son corps mortel ne lui est qu'un vêtement passager.

Les premiers qui naquirent, *né acquirent*, sont disparus; c'est pourquoi ce temps passé ne se dit plus qu'au figuré, on est né aujourd'hui en venant au monde. Les premiers êtres disaient : *je né acquis, tu né acquis, il né acquit, nous né acquîmes, vous né acquîtes*, devenus : je naquis, tu naquis, etc. alors que nous disons : je suis né, nous sommes nés. *Les êtres nés* étaient *étrennés, les êtres neufs* avaient leurs étrennes; on leur faisait *fêtes, faits êtes*.

Percer et *naître* était une même chose. Pour *naître* il fallait *percer*; pour *percer*, il fallait que l'ouverture de la vessie qui, chez le rain, se trouve dans l'anus, se fermât. Il en résultait pour le sexe une inflammation, un abcès donnant la fièvre; jusqu'à ce que le sexe perçant, *perd sang*, l'eau s'échappait par sa voie nouvelle, alors on était né ou percé. On facilita la chose au moyen du *scie l'exe*, silex.

L'eau parut et le cri : *n'ai eau* est devenu *néo* = nouveau. *N'ai où, v'ai eau*; nouveau. *Le nœud ouve ai eau*, le sexe *s'ouvant souvent* à l'eau fut le premier nouveau. *La née ouve, eau t'ai,* la nouveauté plut et plut. *La nous veut ôter* nous dit que certains monstres l'arrachaient quelquefois, c'était une *exe-torsion,* extorsion. Avant de prendre le sexe, les grenouilles avaient vécu des millions d'années, et cela leur était bien une nouveauté. Nous en avons assez dit sur la venue du sexe qui remplit tout ce livre.

LA POUSSE DU POIL

Le poil a donné un nom à tout ce qui recouvre plus ou moins le corps de tous les animaux, ce qui se comprend d'autant mieux que ces derniers ont reçu leur nom d'un ancêtre de l'homme. Ecoutons le mouton : *Là, l'aine ai ; là est né, l'alène ai, l'haleine ai, là laine ai.* L'ancêtre mouton avait donc de la laine, *à l'aine,* où il était né, autour de son alène. A ce moment l'haleine se fit sentir. Celui qui avait une mauvaise alène avait aussi une mauvaise haleine. Aussitôt que l'haleine se fait sentir, elle est désagréable. *Laine ai, l'aîné, l'est né.* Le premier *lainé* fut *l'aîné*, le premier né. Entre deux, on reconnaissait l'aîné à ce qu'il était *lainé.* Des deux jumeaux de Rébecca, Esaü était bien l'aîné, étant *lainé* ou couvert de poil dès sa naissance.

Vie l'ai ain, vilain ; *vie l'ai aine*, vilaine. Le vilain montrait son *lin* et la vilaine, sa *laine.* Le mâle consentit à être vilain, mais la femelle se refusa à être vilaine et s'épila le plus longtemps. C'est pourquoi le nu féminin ne montre point son bas de laine.

Le verbe *peler*, *peux l'ai*, faisait arracher le *pelage*, sur *la plage* où se faisait *l'appelage, à peux l'ai à jeu.* On y arrachait *la pelure, peux l'ai ure,* du vieux pelé. *Pelure y ai, aie-le* ; le pluriel a pris son esprit de pluralité, *pelure à léi l'ai,* en voyant la *chat pelure* abondante. *P'ai le, pèle ; p'ai aie-le* ; pelle. *Pèle* ou *pelle* ordonnait d'arracher la *pelle* ou le poil de la *chat-pelle* et la peau du *chat-peau.* La peau tire son nom du poil, qui se trouvait autour du pot de la chapelle. Ce *poil* était un *poêle* ou un *poile* à cause de la chaleur du lieu, la pudeur le fit couvrir d'un *poêle.* *A peau est le,* il est à poil. L'animal à poil n'avait que sa peau.

Pelle te r'aie ie, pelle trie, pelleterie. *Pelle t'ai, y ai aire*; pelletière. *Peux l'ai isse*, pelisse. *Peux l'ai où zeu*, pelouse. *On nœud, é peux l'ai; on nœud ai pelè*, on épelait. *E pelle ai à sion*, épellation. *E pile ai*, épile; *é pile ai à sion*; épilation. *E poile ai*, époile.

E barbe ai, ébarbe. *Bé à re but, barbe ai eu*, barbu. Les barbus furent les premiers barbares : *barbe ai à re*, c'est un barbare. On s'arrachait la barbe en barbotant, *en barbe ôtant*. *On ce peux l'ai, haut t'ai ; on ce peux l'ôter*, on se pelotait. *En ce, peux l'ai au téant ; en ce pelé ôtant*, en se pelotant.

Veux l'ai eu? Non, tu es velu, *Peux l'ai eu*, c'est pelu. *E pelu ch'ai, è peluche ai*, épluche, il faut l'éplucher. On n'aime pas à être épluché, et l'usage d'arracher la peluche, déplut; *d'ai pelu*, ça m'a déplu.

Le pelu plut tant qu'il plut, ou jeta son eau; mais quand il fut pelu, et que le pelu devint méchant, il ne plut plus.

Ce fut d'abord pour *se plaire* que les ancêtres *se pelèrent, ce peux l'ai aire*; ils *se à cou pelèrent* et s'accouplèrent, *ça coupait l'aire*. Pour se complaire, ils *se con pelèrent*. *On ce qu'ai on, peux l'ai; aise ai*; on se complaisait à ce travail, qui vint à déplaire, *à d'ai pelè aire*.

Peux l'ai aine, peux l'ai ès nœud, pleine, plaine. *Pelé est, ne mens; pelè est nœud, mets en*; pleinement. *Ça meut, pelé est*; ça me plaît. *Peux l'ai, aie t'ai i*; pelé est-il? plaît-il? *Nœud t'ai en, d'ai pelé aise*; ne t'en déplaise. *Peux l'ai, aise ai ire*; *c'est un peler aisé ire*; c'est un plaisir.

Peux l'ai, eu m'ai; pelu m'ai, plume ai. On pluma la première plume. L'homme de plume était un oiseau considéré. *D'ai plumé*, il n'aimait pas à être déplumé. La chose n'allait pas sans ennui, car ceux qui *se pelaient*, se faisaient des plaies qui ne plaisaient point. On ne pouvait *séant se peler in dreu*, sans se plaindre.

Pour *ça peler*, on s'appelait; on *ça pelle*, on s'appelle. On se servait de la pelle pour peler; c'était la main et la main appelle.

Pèle eurin, pèlerin ; *pèle eurine*, pèlerine ; *pèle eurinage*, pèlerinage. On allait en pèlerinage pour se faire peler et pour peler la partie eurinante.

Che vœu, cheveu ; le cheveu entourait *le vœu L'est ce m'ai oi, l'est che veux ;* laisse-moi les cheveux. On prenait les cheveux pour se faire obéire. *Cheveux l'ai ure*, la chevelure fut d'abord *à l'ure*. C'est *à l'ure* qu'on se trouvait *en cheveux être ai*, enchevêtré. *On séunt cheveux être ai*, on s'enchevêtrait dans la *faux raie* et la forêt.

Cheveux l'ai eu, chevelu. *Cheveux ai hale*, cheval ; *cheveux ai haut* ; *che veux, ai haut ;* chevaux. *Che veux, haut ch'ai ;* chevaucher. Les chevaux chevauchaient volontiers. *Chevale y ai*, chevalier. C'est un ancien cheval, il avait un cheval et des cheveux autour ; il cherchait *à s'allier, che veux allier*. Le cheval tire son nom des cheveux de sa queue et de son cou, où est la crinière, *la qu'eurine y ai air*. Celui qui avait du *crin* était *craint* ; *crains crin*, crincrin. Le crin vient du *queue rain*. L'Apocalipse compare les hommes à des chevaux que montent des esprits ; nous sommes le cheval du Fidèle et du Véritable. Nous sommes aussi un esprit et nous tenons notre bête en bride.

Ç'ai oie, soi est. La *soie* se vit près du soi. L'ancêtre cochon était un habillé de soie. La soie de cet animal nous présente le mieux la pelure de l'ancêtre. Le plus poilu ne différait donc pas beaucoup de ce que sont certains hommes tout couverts de poils. Toutefois ce revêtement déplut à l'esprit créateur qui en atténua la pousse chez les êtres qui naquirent d'une mère. On continue à l'arracher et à le raser, à moins que l'usage ne l'ait rendu décoratif où il se trouve, ou bien que le vêtement ne le cache.

LA VENUE DU POUCE

P'ai où ce, poue-ce, pousse. Le sexe est le premier pouce, l'époux le poussa. Le pouce arriva à sa perfection en même temps que le sexe. Le pouce servit à prendre les poux et les puces. En espagnol, le pouce se dit : *el pulgar*, et la puce, *la pulga*; en italien c'est : *il pollice, la pulice*. On vit le pousse pousser, et il servait aussi à prendre les jeunes pousses des plantes.

Dans toutes les langues le pouce a un nom particulier qui ne convient pas aux doigts. Pour les orteils, c'est le contraire : le pouce du pied est l'orteil, par excellence. Les autres doigts de pied lui empruntent leur nom d'orteils et n'ont jamais une dénomination différente de celle de leur gros camarade d'origine. Il en serait de même pour les cinq doigts de la main, si tous avaient été créés en même temps. Le pouce ne serait que le gros doigt, le doigt, proprement dit, ou bien les doigts seraient les pouces secondaires. Il n'en est pas ainsi : *le pouce n'est pas un doigt, et les doigts ne sont pas des pouces*; c'est pourquoi : les quatre doigts et le pouce, est une expression des plus populaires.

Le mot *doigt* a signifié *partie* et, dans cette acception, comprenait les quatre doigts. Le pouce vint former une seconde partie de la main et prit, dans ce sens, le nom de *doigt*. Ces deux parties opposées et unies formaient *deux doigts*. De là l'expression : ils sont comme les deux doigts de la main, c'est-à-dire, comme pouce et doigts, et la preuve, c'est que cela se dit ainsi en anglais : They are finger and thumb. Ces deux parties de la main formaient le pied fourchu du diable, qui rampait sur ces quatre pattes, l'antique serpent.

Dans de nombreuses langues de l'ancien et du nouveau monde, on dit : les quatre doigts et la main pour marquer le nombre cinq (Larousse à cinq). Il s'ensuit que l'on comptait jusqu'à cinq au moins, avant la formation du pouce; car il est impossible, au point de vue numérique, de ne pas considérer le pouce comme un cinquième doigt, et de lui substituer, en ce point, la main entière. En anglais, l'index se nomme : *forefinger* : doigt de devant. Il fut donc dénommé avant la venue du pouce, car ce dernier est le vrai doigt de devant. Il est ainsi surabondamment démontré que le pouce a une origine autre que celle des doigts, ce qui n'est pas pour les cinq orteils déjà au complet chez la grenouille.

Le gros orteil tient à l'extrémité de la plante du pied sur la même ligne que les autres orteils; mais le pouce est attaché au poignet en opposition avec la paume de la main portant les quatre doigts à son extrémité. Le pouce n'est donc pas placé en rapport exact avec les doigts, comme l'orteil avec les autres doigts de pied. Cette contradiction existe déjà chez la grenouille, car l'indice du pouce, déjà visible, est situé juste au point où il s'est en effet développé. Elle n'existe pas cette contradiction chez le singe : ses quatre pouces ont à l'égard des doigts une position identique. La grenouille et l'homme sont les deux seuls animaux ayant deux pieds et deux mains en parfaite concordance.

En même temps que le pouce se développa, l'orteil intérieur de la grenouille, lequel est le plus petit, prit, par une concordance toute naturelle, une grande extension aux dépens des autres orteils, de sorte que les pouces du pied et ceux de la main se trouvèrent achevés simultanément. C'est par suite de cette coïncidence que le gros orteil est aussi dénommé : le pouce du pied.

Ore t'ai, eille ; orteil. C'est une offre à la bouche, de même que pied: *pie ai*. Les anges se servaient facilement des pieds et se les mettaient fréquemment dans la bouche, comme les enfants aiment encore à le faire.

FORMATION DU PIED

La partie inférieure de chaque jambe de la grenouille se termine en éventail ou queue de poisson. Chaque jambe se ploie à la hanche, au genou, au coude-pied et à la racine des orteils, qui sont reliés les uns aux autres par une membrane. Après chaque impulsion, quand la grenouille nage, les deux jambes se soudent en une longue queue double de poisson : la queue de poisson des Tritons et des Sirènes de la Fable. Ainsi le pied actuel n'est pas formé.

Pendant longtemps l'ancêtre rampant laissa traîner ses jambes derrière lui. Au milieu des herbes, des bruyères et des broussailles, on se suivait les uns les autres. On était ainsi continuellement, sur les talons, dans les jambes et sur le dos du devancier; on avait à y supporter son suivant.

Le mot talon, *t'ai à l'on*, *te allons*, se disait au précédent, en touchant le talon qui est le point sensible de la grenouille : touchée au talon, elle ne peut s'empêcher de *s'ôter* et de *sauter*. On n'aime pas à être talonné, à avoir quelqu'un sur ses talons; or, s'il y a aujourd'hui un endroit où l'on ne puisse se placer, c'est bien sur les talons du voisin, et on ne se met point sur son dos.

Lorsqu'on voulait arrêter le précédent, on lui appuyait sur les jarrets : *les j'arrêts*, *je à raie t'ai*, *je arrêt t'ai*, j'arrêtai. Le jarret d'acier criait : *j'arrêts d'assieds*, et se mettait en marche le premier.

Un proverbe allemand dit : il a du poil sur les dents. Or, comme le nom des dents : *Zaehnen* est analogue à celui des orteils : *Zehen*, il est certain que l'on dit à tort *Zaehnen* au lieu de *Zehen*, ce qui serait exact; le poil sur les doigts étant un indice de force, et le diable était un patte-pelu; nous aussi avons donné le nom de *dents* aux doigts et aux orteils. *Dends* ou *tends* ne se différenciait que peu ou point. Or, comme on prenait avec les doigts et avec les dents, ils eurent un nom commun, ainsi qu'en témoignent de nombreuses locutions.

Ainsi : être savant jusqu'au bout des dents, ou : avoir de l'esprit jusqu'au bout des doigts, c'est une même idée première. Les dents ne peuvent rien apprendre, mais les doigts s'instruisent. En ce temps-là, l'ancêtre, qui avait le bras court, s'efforçait quelquefois de prendre la lune avec les dents, c'est-à-dire avec les doigts. Cette première lune, il la portait sur son corps.

Manger de toutes ses dents, c'était y employer tous ses doigts; et manger du bout des dents, c'était prendre du bout des doigts. Parler entre ses dents, c'était parler avec les doigts dans la bouche, ce qui fait mal prononcer. Autrement et forcément on parle toujours entre ses dents.

Dans les moments difficiles, soit pour la défense ou pour saisir une proie violente, l'ancêtre se soulevait sur le bout des orteils et des doigts, il se dressait sur ses ergots et se gonflait, pour se rendre redoutable. Il était alors *adent*, l'antique Adam, et sur les dents, comme une herse sur ses dents, qui sont des pointes. Être sur les dents, c'est être sur pied.

D'autres fois, quand perdu dans les fourrés, il ne savait plus où avancer ni où donner de la tête, il était aussi sur les dents, dressé sur ses orteils pour voir au loin. C'est ainsi qu'il commença à marcher sur la pointe des pieds, sur le bout et sur le plat des orteils, et cela dans les circonstances fâcheuses où il était sur les dents. Dans cette position, pour former le pied actuel, il fallait couder le bas de la jambe au *coude pied*, et c'est un coup de pied, frappé par terre, qui amena la formation du coude-pied et non *cou-de-pied*. Aujourd'hui on ne peut plus couder le pied, car il est coudé ou ployé à toujours; c'est un membre évidemment atrofié. L'allemand *Fussbiege* dit également *coude-pied*.

Lorsque l'ancêtre commença à marcher, les pieds étaient d'une longueur démesurée. Les pieds sont plus ou moins longs, jamais courts; mais la main et les doigts de la grenouille sont courts. Aussi le pied petit et la main longue furent longtemps un témoignage d'ancienneté de famille.

Le pied de l'homme a certainement pour origine les dernières flexions de la jambe de la grenouille.

L'ancêtre se résolut difficilement, autrefois comme aujourd'hui, à marcher droit. Notre esprit se révolte toujours contre celui qui prétend nous faire marcher droit.

Il nous fallut de nombreuses corrections pour nous faire garder la *corps-rection*. *Corps érige-toi*, disait-on aux petits rampants, corrige-toi; je vais *te corps ériger*, te corriger. On m'a bien *corps érigé*, corrigé. *Dis, érige-toi* mieux ; dirige-toi mieux. *Corps roi y ai*, on m'a corroyé. Corroyer, c'est frapper le cuir pour le dresser; le verbe fut formé sur la peau de l'ancêtre vivant. Marcher droit, c'était marcher *de roi* ou *en roi*. Le premier qui marcha droit fut le premier roi. Celui qui se tenait *à droit*, était adroit; le *mal à droit* retombait par terre, le maladroit, et les rampants envieux se moquaient de lui : *Pattes à terre as*, patratas.

Le mot *halte* ou *halt*, de l'allemand *halten*, indique l'arrêt et la station debout. Si on prononce sans aspiration : *alte*, ce sera l'italien et l'espagnol : *alto*, haut, élevé et arrête. Dans *arrête*, *rête* = raide, droit Il lève la *queue rête*, la crête. *Arrête* vaut donc aussi : droit, debout. Aussitôt arrêté, on se dressait pour connaître la cause de l'arrêt. Les enfants de la terre marchaient donc presque toujours à quatre pattes. *Debout* n'est que français, cet ordre se donnait par les rois à ceux qui rampaient encore. *De bout* = *en bout* = *en bec*.

Il n'y a pas de verbe spécial exprimant l'action de se

6

transporter debout d'un lieu à un autre. Il y en a de nombreux pour se mouvoir dans l'eau : nager, naviguer, ramer, plonger, etc.; également pour marcher à quatre pattes : trotter, galoper, ramper, se traîner, sauter, grimper etc. Aller, marcher, courir, avancer, reculer etc. sont communs aux animaux et aux hommes.

Les premiers qui se dressèrent, ambulaient et déambulaient. *Dé-ambuler*, déambuler, c'est marcher comme un dieu. Ce n'est pas une marche ferme et continue, mais un simple va et vient passager. La parole atteignit sa perfection avant que l'homme fût achevé. Au commencement était la parole et la parole était Dieu; or, Dieu est avant l'homme.

LES DENTS

Il y a environ vingt-cinq ans, nous étions, selon notre habitude, en lutte contre tous les esprits de la Création disparue, ayant en main la Loi donnée en tête de ce livre. Une obsession d'esprit nous mettait dans la bouche le nom allemand des dents : *die Zaehne*, et le mot *dizaine* de résonnance presque identique. Si nous trouvions le rapport pressenti, c'était merveilleux, parmi d'autres merveilles, autrement la Loi était lésée. Nous pensâmes naturellement à un long arrêt dans la création, la bouche ayant une dizaine de dents.

En effet et tout troublé nous lûmes que les dents de lait chez l'enfant sont au nombre de dix à chaque mâchoire. Or, comme on a compté les cinq doigts de chaque main avant de compter la dizaine des deux mains, on compta longtemps les dix dents de chaque mâchoire, avant de compter les vingt dents de la bouche.

Les dents de lait qui se forment dans le sein de la mère, sous les gencives, correspondent à la dentition parfaite du diable, notre père en Dieu, qui était laid, et dont le lait était un vilain lait. En grec, le diable se dit diabolos, c'est le *déi abolos*; *abolos*, qui n'a pas perdu ses premières dents. L'enfant de la terre n'avait donc qu'une dentition.

Aine = *un. Dix aines* = dix unités, dizaîne. La première dent se nomma *aine* et devint *haine*, car la haine montrait les dents; c'est pourquoi on dit : il a une dent, il a une haine contre moi.

On commença donc à compter les dents à leur venue, et c'est là, semble-t-il, l'origine des nombres. Quand l'enfant vient au monde, on ne s'occupe pas de compter ses doigts ni ses orteils; mais l'attention de la mère est portée sur la venue des dents qu'elle se met à compter. L'ancêtre comptait donc ses dents qui le faisaient souffrir pour percer. Il se développait avec une grande lenteur et n'arrivait à sa perfection que vers cent ans. Voir : Le calcul.

L'animal à vingt dents appelait à lui en criant : *vins, vaincs*; il était *vain* et lançait son *vin*.

Les dieux, nos pères, eurent ainsi que nous les vingt dents de lait; la seconde dentition fut comptée comme la première jusqu'à seize, par de nouveaux noms. Là, il y eut un long arrêt dans la numération : *seize* = *six-dix*, et *dix-sept* montre une inversion. L'italien a cette même particularité : *sedici, diciassette*. Ceci nous montre l'époque où les dieux, atteignant leur perfection, modifièrent la construction du langage en mettant le régime après le verbe. *En gage ai*, devint : j'ai en gage. *Moyen n'ai* devint avoir moyen; il n'y a pas moyen de moyenner. Abandonner, laisser à l'abandon. Donner, faire don. Les démonstratifs qui se mettaient après le nom se placèrent avant. *saule, sol, le saut, le sot, le saule, le sol; enfance, ce ou cet enfant, Le saumon, mon saut et mon saumon. Le bâton, ton bât et ton bâton. L'écusson, son écu et son écusson.*

Les adjectifs qui se plaçaient avant le nom se mirent

après : bonhomme devint *homme bon ;* bon Dieu, *Dieu bon*. Le bon diable était un bonhomme et un bon dieu ; mais le Dieu bon se confond avec l'homme bon. Le bon Dieu est un terme de mépris, par lequel les démons qui sont en l'homme, insultent au grand Dieu tout-puissant. Le bon Dieu n'est pas connu dans la Bible. *Bon dieu de bon dieu*, est un vil jurement contre le diable et Dieu en est offensé, car Dieu ne maudit pas le diable.

Le diable est le vieil homme que nous devons dépouiller ; le vieillard le plus âgé est un homme vieux. Le diable, le vieil homme, est mort, il n'est plus, bien qu'il soit (Apoc. 17. 8).

LA TRANSFORMATION

L'attrait en ce fore, mets à sillon ; la transformation. *On ce trait, en ce fore m'ai ;* on se transformait en se formant, *en ce fore m'ai en. E fais ore, ai fore ; effort.* On *sait forcer*, on s'efforçait de *forer* le for intérieur. *Un coû fore*, donne un coup fort. *D'ai en nœud, un qu'ai où ;* donne un coup. *Cou l"ai*, il est coulé. *Je l'ai, cou l'ai ;* je l'ai coulé. *Le qu'ai oure de l'eau*, le cours de l'eau commença *au cou* ou *quéou*. Sur *ce cou* se donnèrent les premiers *coups* avec la *coue*, sur la *coue-ture* ou couture. *Bé au qu'ai où, bé au cou*, on aimait beaucoup *un beau cou*. On y but le premier coup. *Coup sur cou*, coup sur coup. *Tout t'ai à cou*, tout à coup. *Tout d'ai un cou*, tout d'un coup.

On sait, à *cou peux l'ai*, on s'accouplait sur le cou, sur le coup, et on mourait *sur le cou* et sur le coup. En *ça coupe l'ai en*, en s'accouplant on *coupait le cou* avec le couteau pointu. *Ie cou t'ai haut, poue in tu*. Le cou coupé fut le premier *coupé* ; on y montait en coupé. *E cou t'ai*, écouter. *Mets queue où t'ai*, il faut m'écouter. *Le tends, ç'ai coule ;* le temps s'écoule. *D'ai aise, à cou in tends ce ; d'ai aise, à coin tends ce ; des à coups intenses*, des accointances.

Le cou se développa à l'époque des premiers accouplements ; les animaux se prenaient par le cou qui en reçut son nom. *On ce met on, t'ai le cou*; on se montait le cou en s'accouplant, en allongeant la tête et le cou. Celui dont le *cou était monté*, était dangereux. N'y va pas, c'est un coup monté. *On sait, à cou d'ai ; à coude ai*, on s'accoudait en se couplant dans le coude : *à cou d'ai coude*, à coups de coude. *Cou d'ai re, coude ai re*, il faut le coudre. *Cou doi y ai*, coudoyer.

Cou est fait, coup est fait ; tu peux te coiffer. *On meut, cou est feu, on me coiffe, homme coiffe*. Le coup est fait, ai heure ; le coiffeur. *Le coue est fait ure*, la coiffure. Le mâle fut la première *coiffe* et *coiffure* de sa femelle. Le mot *coiffe* donna ensuite l'ordre de couvrir le *cou*, après le coup fait. La tête prit le nom de *coiffe*, par analogie avec l'autre tête. Le coiffeur arrange la coiffe, c'est-à-dire la tête. On dit d'un chien qu'il est bien coiffé. Il n'est donc pas besoin d'avoir la tête couverte d'une coiffe pour être bien coiffé. *Y l'ai, en nœud est, coup est fait* ; il en est coiffé. *Y l'aine ai, cou est fait* ; il est né coiffé. Celui qui avait de la laine *sur l'aine* était né, aussitôt après l'acte de *coiffer* ou de s'unir.

Nous naissons le cou formé et la coiffe ou la tête dégagée ; nous sommes tous nés coiffés. La tête prend aussi son nom du sexe, le créateur de tous les mots et de tous les maux. *Taie t'ai oi, tête ai oi*, tais-toi. *En t'aie t'ai, en tête ai*. L'entêté s'entêtait, *séant tête ai*, et n'obéissait point. La femme sans tête s'entête.

Je meus, coue r'ai on nœud ; je me couronne. Le chevalier se couronnait les genoux en s'accouplant et aussi le sommet, *ce on met*, de la tête. La tête *coup re on née* devenait couronnée. *La coue r'ai on nœud, d'ai pine* ; la couronne d'épine. L'homme étant devenu un membre de Dieu, ce qui était sur le sommet du membre passa sur le sommet de l'homme. Je suis *cou rond né, couronne ai*, couronné. La tête de l'homme est sa couronne naturelle. Le *cou rond* est la marque de ceux qui sont couronnés, *le cou plat* était une marque du premier qui s'accoupla. Nous sommes tous nés le cou rond, nous sommes tous couronnés. Le *cou rond ne ment*. Ne point mentir est le couronnement de l'homme spirituel.

Le *quéou* se dit aussi *col*, le premier est celui de la matrice. Ils sont toujours *collés* ou *coulés* ensemble. Les démons se collaient et faisaient de la colle. C'est une colle, se disait à ceux qui offraient leur ordure. *Ce queue haut l'ai*, on peut se coller. Il est bien *col est monté*, collet monté. Le collet monté haussait le cou, *le col hausse*, c'est un colosse. Alors parut la colère : *queue haut l'ai air*; *en colle, ai air*; en colère ; *en coq l'air*. Le coq est dénommé de sa queue et de son cou dressés en l'air. Il est collet monté, et rappelle l'ancêtre coq qui aimait à être *queue au cul*, cocu. Le col en se développant amena les torticolis, *tors ti col ist*, que nous éprouvons encore.

Le *nez* est dénommé de la chose *née*, ainsi que la *née arine*, la narine. *Nez née*. Le rapport est connu et familier.

L'oreille, *au r'ai eille*. Ce nom du sexe passa à l'oreille, car on y saisissait le récalcitrant, *réque à le sis, te r'ai en*.

Le bout de l'oreille ou *le haut* était droit et pointu, non ourlé. Ainsi étaient les oreilles de nos ancêtres les ânes un peu moins grandes que les nôtres. Le roi Midas avait de telles oreilles, et on en voit encore de ce genre aujourd'hui. Ce bout de l'oreille a disparu matériellement.

L'aise y ai heux, les yeux s'animaient à la vue des actes sexuels et en reçurent leur nom. Ils étaient à fleur de tête, *à feu l'ai heure, de t'ai ès ten*. Afe-le heurs de tête.

Le *pré-être* ou le prêtre avait un bec d'oiseau, c'est-à-dire la bouche fendue jusqu'aux oreilles, c'est pourquoi on le nommait *père à bec*, père abbé. La Bible nous nomme les oiseaux du ciel : *Oi z'ai eau, oi z'ai haut, où aise, ai eau, cise ai haut*; cela nous dit qu'ils levaient la queue et pissaient. Or, les oiseaux ne pissent pas, mais tirent leur nom de leur queue : *hoche-queue* etc.

En grec, l'oiseau se dit *ornis, orine ist ce. Orine y l'ai au logis*, ornitologie. Il est donc dénommé de l'urine. *L'orinement* était son ornement. Avant nous, il n'y avait pas d'oiseaux sortis *d'Oise eaux*, des eaux de l'Oise. Certains dieux d'Assyrie sont représentés avec un bec d'oiseau, ce sont des *pères à bec*, des diables ou des Saturnes.

Achevons le portrait du diable. Il avait le col engoncé entre les épaules et roide ; il tournait tout le corps avec la tête, comme le prêtre à l'autel, ainsi que ce dernier, quand il se dressait, il avait la paume des mains en avant, et avait besoin de s'appuyer fréquemment. La bouche était grande, le nez mal fait et épaté, le menton à peine formé, le front fuyant, la tête plate, les yeux à fleur de tête et l'oreille pointue. Les pieds d'une grande longueur et le talon peu ou point formé Il était habillé de soie ; sa peau était très variée, du blanc au rouge et au noir, comme chez les prêtres. Son visage était expressif ; il se faisait *air mite* ou doux ; mais son regard était fuyant. Il était malin et rusé comme un démon, il avait un esprit du diable.

Quant à sa taille, on peut l'apprécier par ce qui suit : le gland du chêne nous présente la grosseur de celui de l'ancêtre.

Le gant de notre-dame ou la digitale, nous dit que le diable aimait à coiffer son gland avec la corolle de la fleur de cette plante qui croît abondamment dans les terrains de première formation. Les mots cerise et radis, *rat déi*, confirment la grosseur du gland et en donnent la couleur. Les enfants de la terre avaient donc à peu près la corpulence des enfants d'une douzaine d'années ; mais dans leur état parfait ils avaient la force vitale du bouc. Les premiers hommes donnaient au diable le nom de petit père, on en voit la raison.

L'ESPRIT NÉGATIF

A l'esprit créateur, affirmatif, s'oppose l'esprit négatif. Le cri : *n'ai eu, neux, nœud,* ordre violent, a amené la plus générale négation : ne. *N'ai on, neux ai on, nons*; nom, non. Non refuse le nom offert. Le premier nom fut le *nœud on*, le *nœud on meut*, le *nœud homme*, le *nœud homme ai*, le nommé.

J'ai un nœud. en veu pas; je n'en veux pas. *J'ai un nœud, sais?* je ne sais. *Neux en nœud ai i*, nenni. *N'ai ée*, née, nez. *Née* fut une forte négation refusant la chose née. Faire un nez, c'était dire *nez* ou *née*, au lieu de non. *Née* pour *non* est populaire en Allemage. Ce son fait grimacer.

Nez ou *née* est la racine du verbe prendre en français et en allemand. Le français dit : *peux r'ai née, prenez* et l'allemand continue : *née m'ai en neu, nehmen* prendre. Pour avoir le premier verbe prendre, il faut enlever *pre* ou *pré*, il reste *endre* = *entre*, qui donne au présent : *ends, ends, end, nons, nez, enne*. On commença par prendre le nom et le nez par le bout duquel on était mené. *M'ai un nœud é*. L'imparfait de *endre* se termine en : *nais, nais*; c'est le présent de *naître* : je nais, tu nais. A mesure que l'on naissait, on prenait. *Naître*, c'est prendre ; celui qui n'a pas pris, n'est pas né.

N'ai i, ni, nie. *Ni* refuse le *nid*, d'où nous sommes sortis. *Nie ceci, nie cela*; ni ceci ni cela. *Veux-tu le nœud y ai?* Veux-tu le nier? *Re nie ai*, renier. *Nie* = jamais, en allemand. *Re n'ai himen*, reniement. *J'ai un nœud ie, j'ai nie*, génie. *In j'ai, nie ai, ose y t'ai*; ingéniosité. *On sein j'ai, nie ai*; on s'ingéniait pour se faire gober. *On singe ai, nœud y ai; on sein génie ai*, le premier génie pénétra le sein.

J'ai un nœud, ose; je n'ose. *Nœud hause ai à bon*, il est nauséabond. *Nœud haut z'ai ée, n'osez?* j'ai des nausées.

Pas refuse le *péâ*, le *pât* de l'appât, des appas et du

repas. *Tu veux pât,* tu veux pas. *Ine, fais au péâ, le feu ai air;* il ne faut pas le faire. *On neu veux, poins;* on ne veut point. *Point* refuse le point, et même le *poing* intervient, *à coue d'ai, poins;* à coups de poing. *Rie ai en, rien* refuse rien du vaurien, *du vaux rien. Ce nœud est re, y ai en;* ce n'est rien.

J'ai un nœud, en veux, au qu'ai un; je n'en veux aucun. *au qu'ai une;* aucune. *Au qu'ai une, mets en;* aucunement. *Nue le m'aie en,* nullement. *Nue-le y t'ai,* nullité. *Père ç'ai on nœnd, perçons nœud;* personne *ne veut y ai en*; personne ne vient; je ne vois personne. La personne n'est pas visible. *On nœud, a tend, perce ai on nœud;* on n'attend personne. *Fie d ai on,* fi donc! *Re t'ai ire, t'ai oi;* retire-toi. *Hore d'ai, isse ai i;* hors d'ici. *Fais où ai à,* fouah ! *H'ai eue,* hue,, *hue ai,* huer. *Hue t'ai in,* Hutin. *Re fue z'ai, n'ai bait;* refuser net.

En c'ist, l'ai en ce; en sis lance, en silence. *Scie l'ai en sis, euse m'ai en;* silencieusement. Le silence réprime le sot criard.

Ainsi le mot négatif refuse la chose en se servant des mêmes sons par lesquels elle est offerte. Un même son est affirmatif, négatif, restrictif etc. sans qu'il en résulte aucune obscurité. L'esprit illumine tout. C'est l'esprit qui donna aux mots, dans leur principe, leur signification; c'est lui qui leur donne leur valeur actuelle, de sorte qu'en écrivant, comme en parlant, il n'est besoin que de vouloir être parfaitement clair, pour que l'esprit nous insuffle les mots nécessaires et nous donne en même temps l'agencement qui leur convient, dès la fondation du monde. L'esprit appelle les mots, ou mieux les anges, et incontinent les voici placés dans l'ordre convenable.

PASSIF ET ACTIF

Je suis *aime ai ée*; je t'ai *aime ée*, aimée. Je suis *bate ai eue*; je t'ai *bate eue*, battue. *Aime* et *bate* sont des noms du sexe et l'âme du verbe. Cette âme est souvent plus ou moins composée.

Je suis *queue on fonde ai eue*; je t'ai *queue on fonde eue*, confondue. Je suis *queue on fait ai eue*, confus; je suis *queue on fait ai use*, confuse. Le mâle est confus après et la femelle pendant l'action.

Je suis *en tende ai eue*; je t'ai *en tende eue*, entendue. Je suis *in time ide ai ée*, intime idée; je t'ai *in timide ée*, intimidée. Je suis *à tendre ai ie*, je t'ai *à tendre ie*, attendrie. Je suis *à bé ime ai ée*; je t'ai *à bime ée*, abîmée. Le sexe est le premier abîme, et nous pénétrons au fond de l'abîme.

Je suis *en bé harasse ai ée*; je t'ai *en bé harasse ée*, embarrassée. Je suis *tourmente ai ée*; je t'ai *tourmente ée*, tourmentée. Je suis *en chante ai ée*; je t'ai *en chante ée*, enchantée. Je suis *à somme ai ée*; je t'ai *à somme ée*, assommée. Je suis *belle âme ai ée*; je t'ai *belle âme ée*, blâmée. On s'est *ame à le game, amalgame ai é*; amalgamé. Nous nous sommes *ré veau le t'ai é*, révoltés.

Ce mode d'étudier le verbe produit de nouvelles clartés.

Veux in creu, vins creux, si tu veux vaincre. *Queue je veux in que*, il faut que je vainque. *Je veux in, je vins*, je vaincs. J'ai *vint cu*, j'ai *vaint cu*, il est *vint cu*, vaincu. On dit encore ; *il est vint*, pour il est venu; *je l'ai vaint*, pour je l'ai vaincu. Tu *m'as, v'ai in cu*; tu m'as vaincu.

Je suis *vainque ai eue*, vaincue. Je suis *vainque ai eu*, vaincu. Je suis *queue on vainque ai eue*; je t'ai *queue on vainque euc*, convaincue.

Veux in qu'ai heure, v'ai in cœur, tu es vainqueur. Le vainqueur *levait in cœur* et les anges chantaient en chœur, ce qui valait : encore.

Quand l'homme sera convaincu qu'il a été créé par Dieu qui est amour, il sera vaincu et soumis de force au Seigneur Jésus, qui est la parole. Le vaincu qui se soumet pleinement à son vainqueur, lui plaît et devient une même chair et un même esprit avec lui. Ici il faut se souvenir qu'en Jésus-Christ il n'y a ni homme ni femme. En effet, l'homme est vaincu par la parole, et ce mot est féminin. L'homme et la femme sont également vaincus et vainqueurs.

Autrement le vainqueur de l'homme serait un enfant de Sodome. Sans doute il fut une époque animale où cela s'étalait au grand jour et n'était pas frappé de condamnation. Peut-être cela fut-il nécessaire pour créer tous les esprits de l'Éternel. Il est écrit : Je suis celui qui sonde les reins et les cœurs.

LE MARIAGE

Les rains et les raines étant des rampants ne se renversaient point sur le dos ; cette position est antipatique aux grenouilles. Les rapprochements se continuèrent donc en arrière chez les sexués, et pendant longtemps chez les peuples arriérés. Cette animalité n'a d'ailleurs rien d'immoral.

Toute la parole appelle en arrière de soi. *A, ri, rie, air, aire, ire, ière, rier, rière etc.* = arrière, derrière. *Y ce m'ai à rière, il se met à rière,* il se marièrent. *On se met à rier,* on se mariait, *on ce met à rie,* on se marie. On *ce mets, à r'ai ire, à réire ai,* on se marierait. *Noue, nous mets, à rire ai ons* ; nous nous marierons. L'appel vers le sexe créa le rire. *Mets où rire,* tu me fais *mourire, mouil rire. Jeu m'ai heure, dame ai oure ;* je meurs d'amour. Le sexe est né et mort avant nous, et aussi ressuscité : *je suis ré, suce y l'ai.*

Ils *se happent à rière,* ils s'apparièrent. *Hisse à l'ai ière,* ils s'allièrent, dans *la salle ière,* dans *la salière. Ouvre rier,* ouvrier ; *ouvert y ai aire,* ouvrière. Ils s'unirent donc en arrière. La *par eau création,* procréation fut la première œuvre. *Mets en œuvre, m'ai en œuvre,* manœuvre. *Mets en ouvre y ai, mets en nœud, ouve rier ;* manouvrier. *Pis ç'ai au tière,* dans la pissotière. *Hisse queue on treu, à rᵢ ai aire ;* ils *se queue ontrent à rière,* ils se contrarièrent, *contre-arrière.* La queue *ontre à rie, é t'ai ;* la contrariété venait de ce que le mâle *contre à réi était.* Le *réi* est le bon endroit ; mais être contre, c'est être opposé *au posé. Y mets, queue on treu à réi, séant c'est ce ;* il me contrarie sans cesse.

Derire = derrière. *Fini de rire, besoin de rire. E queue l'ai à derire,* éclat de rire. Il me fait : *sais où rire ;* sourire. *En trou veux rire,* je vais l'entr'ouvrire. *Ça meut, fais r'ai ire ;* ça me fait rire. *Ce en cou fais réire,* sans coup férire. *Ça me oins derire,* je le sens s'amoindrire. *Re à m'ai, oins derire ;* à moins de rire, il va se ramoindrire, *re à moindre ire.* On t'a *re à bout guéri?* on t'a rabougri.

Mets à nœud, y ai air ; mets en ière, manière. *D'ai on nœud, queue arrière ;* je te donne carrière. *Lache ai au dière,* la chaudière. *Mets ine, au dière ;* minaudière. *Pè t'ai au dière,* pétaudière. *Lie ai air,* lierre. Les femelles *lièrent* le lierre au derrière pour cacher leur nudité. *Je l'ai vu ière, hier,* derrière ; c'est passé, c'était hier. *Y ai aire, au fait ente ; ière au fente.* Hiérofante. Les prêtres étaient hiérofantes, hier au fait ente.

D'ai air, derre = derrière. *Mets ou derre, y ai air ;* mon derrière. Langage du *monde-errière,* ou ancien monde. *Mets au derre-toi,* modère-toi. *A derre, adhère ; en barque adhère,* embarcadère. *Queue on sis, d'ai air, derre ;* considère. *En derre nie, ai l'yéu ;* en dernier lieu, c'était l'union. *L'ai jeu en derre,* c'est légendaire.

Au derre homme adhère, au dromadaire. *L'adhèrent du pape de Rome adhère, les deux derre-homme adhèrent,* il y a deux dromadaires. *Re on m'ai in, re homme ai ain,* romain, c'est l'homme doublé.

Roma, c'est *amor* ou amour contre nature. De ces vérités, sévérités, les sauteurs *en bondés iront*. *Les reins du sauteur* sont la bosse du dromadaire, comme les fesses sont les deux bosses du chameau. *Au chat m'ai eau, au scham ai haut,* ô chameau. *scham* ou *chame*, c'est le féminin en allemand. Dromadaires et chameaux ont la sainteté du mariage en horreur, ils vivent en communauté, *commune eau t'ai.*

Terre = derre. T'ai aire, fais la taire. *Y ce fais, là t'ai aire*; il se flattèrent. *Y ce d'ai, queue r'ai au terre;* ils se décrottèrent. *Hisse ai cule, but t'ai air*; ils se culbutèrent. *Il a vis haulé en terre*, ils la violentèrent. *Cn ce t'ai, air ai*; on se tairait, on se *terrait* en jouant dans le sable, la boue, etc. *En t'ai aire, en terre mets en*, enterrement. Le premier fut un acte amoureux, c'est pourquoi les démons chantent aux enterrements. *Dè t'ai, aire ai*; appel au déterré qui se tient coi avec une figure de déterré, à la sortie du terrier.

La terre est notre mère commune. Les premières terres furent des mères qui enfantèrent, *enfant terre. Y t'ai terre*, ils tétèrent. Les petits tétèrent ces terres qui étaient mères. Les terres ou les mères particulières furent mères avant la mère commune.

La terre se dit *Erde*, en allemand. *Air d'ai = t'ai air*. Erde est la finale du mot *merde = j'ai terre*. Ce vilain mot dit aussi *m'est raide* et demande satisfaction. Les démons se défendaient avec l'excrément ainsi nommé, c'est l'origine de l'artillerie.

Mets à terre, nœud y t'ai, maternité; *Mets à terre bisse*, matrice. La première terre fut une mère; on aime sa terre comme sa mère. *En terre y ai heure, mets en*, antérieurement. Cela est du passé antérieur.

Les *notaires notèrent nos terres, nœud au terre*, c'est pourquoi ils constatent les terres des jeunes époux.

Toute la parole confirme que les ancêtres s'abordaient par derrière : la femme impudique, comme le prêtre à l'autel se tortille le dos tourné à l'homme. Les enfants de Dieu se regardent face à face, et ils voient Dieu face à face.

LE VÊTEMENT

Tout ce qui cache ou recouvre quelqu'un ou quelque chose, a pris son nom de l'ordre de recouvrir le sexe qu'un impudent exposait ou présentait, alors que l'esprit le fit paraître honteux.

Vais-tu ? = vois-tu ? *Vêtu. Vais, te mets en, te mens ?* vêtement. *Vais t'ai, vête ai, vête* = bête. *Vête m'ai en*, vêtement ; *bête m'ai en*, bêtement. *Re vais-le*, revêts-le ; *re vais t'ai ire, revête ai ire*, revêtire.

Vois-le, voile. L'himen fut le premier voile, le voile du temple. *Vois l'ai*, voilé ; *vois l'ai ure*, voilure. *A bi*, habit. *A bé ille ai*, habillé. *R'ai au beu*, robe. *Mets t'ai à robe*, mets ta robe. *D'ai re au bé*, dérobé. On déroba le sexe en le cachant, et ce que l'on cache, on le dérobe. *Qu'ai à che*, cache. *Cache t'ai*, cacheté ; *cache ai haut*, cachot. *Cache au t'ai, y ai aire*, cachottière. *Hare d'ai*, harde, hardes.

Ç'ai haut, mets le sceau, tu es un sot. *Ch'ai à peau*, mets le chapeau sur le chat peau.

Nu, nue ; cache le nu, la nue avec la nue. *Le nu ai à jeu*, mets le nuage. *Nue ai ée*, nuée. La nue, le nuage, les nuées cachèrent le premier ciel que nous connaissons.

T ai à bé l'eau, tabe l'ai haut, tableau. Le jet d'eau au bec fut le premier tableau. Le tableau est pour être vu, donc la pudeur, *pus d heure*, était encore inconnue.

Le *rat bat*, mets le rabat. *Dale m'ai à tique*, dalmatique. *Au rine mets en, au re nœud mets en, orinement*, ornement. Tout ornement cache *l'orne, l'orne y ai air* ; *l'eau rine, y ai aire, l'orinière* ou l'ornière d'où nous sommes tous sortis. Tout ornement sacré, *sa queue r'ai, ce à cœur ai*, est un vêtement du diable, notre père en Dieu.

L'ai hât jeu, m'ai ure ; *l'as jeu mure*, l'âge mûr urinait.

Entends-tu *le mûre m'ai ure, du rut ist ce eau*; entends-tu le murmure du ruisseau. L'ancêtre aimait à uriner dans l'eau. *Ce eau me ure*, c'est de la saumure. *Ce au mur*, on urinait sur le mur, le premier cacha le sexe. On murmurait contre celui qui *mur murait* ou cachait sa nudité. Cela ne s'était jamais vu. Aujourd'hui les mêmes animaux murmureront contre celui qui les ressuscite, et soulève le mur de la vie privée.

Feu air m'ai, fermé. *Air m'ai, tique m'ai en*, hermétiquement. *Sins t'ai ure, ceins-ture*, ceinture. *Vé ce t'ai, veste ai*. La veste cacha *la beste, la beste y ai haut le*, et la bestiole.

T'ai à pis, tapis. *Ta pisse rie*, sur *ta pisserie*, mets la *tapisserie*. *La qu'orine ai haite*, mets la cornette. *La qu'orine* fut la première corne. *La corne ai eu*, je suis cornu, *corps-nu*. Une corne sur la tête montre la nudité.

Notre corps est un membre. La tête chauve, *tête ch'ai au veu*, est un membre naturellement dépouillé, *queue à le vice ist*, calvitie, et ce n'est pas honteux pour l'homme; mais la tonsure est un membre dépouillé contre nature. Si tu as la tonsure, les démons *t'ont sûr*.

Tête ai eu, taie t'ai eu, tais-tu, il est têtu. *En t'ai, aie t'ai, en tête ai*. Le têtu et l'entêté ne veulent point obéir. On ne doit point s'entêter, *sé en tête ai*, contre la vérité. La bouche tétant fut la première tête et la première *bêche, tête-bêche*. *Y meut, bé aie-che*; il me bêche. *Saie l'ai, c'est l'ai, scellé*. Le sexe était scellé de sept sceaux dans la bouche. Il est l'image matériel du créateur et la bouche est le temple de l'Eternel.

Insistons là-dessus. *Sur le queue ouvert*, mets le couvert; sur *la queue ouverture*, mets la couverture. Le prépuce fut notre première couverture et notre premier habit. Il couvre le membre et nous sommes membres de Dieu. *Dé qu'ai, dec ai*. Decke = couvre et couverture, en allemand. Cela nous dit que l'on couvrit un objet que l'on *déquait* ou *béquait*. Dec = bec. Ce dec, qui est un bec, il fallait l'ouvrir, il fallait le *dec ouvrire*, pour découvrir le mistère de Dieu. Or, homme, je t'ai *dec ouvert* et je te *dec ouvre*, et en te *dec ouvrant* je te montre ma nudité divine qui est dans ta bouche. Je suis tout entier dans ta bouche. Ouvre ta bouche et je la remplirai (Ps. 81, 11). Et toi aussi, tu es tout entier dans ta bouche, où tu n'as pu te découvrir. Je crée le fruit des lèvres (Esaïe 57, 19).

CROIRE ET CROÎTRE

Le verbe *crer, queue r'ai, cœur ai*, est le premier verbe *créer, croire* et *croître*. *On c'est, r'ai queue ré é*; *ré cœur ai é*, on s'est récréé. *Crer* est aussi devenu : *craire, crère*. *J'ai le queue ré*, je le *crés*. *Le queue ré t'ai eu*, le crés-tu? On dit, en divers dialectes, comme en italien et en espagnol, *el ré* pour le roi. *Ré, roi = roide, droit*.

J'ai *le queue roi*, je le crois. *On meut, queue roi y ai*; on me croyait. *Queue roi y ai eu*, je suis croyant. *Queue roi y ai eute*, je suis croyante. *Hein! queue roi y ai, abe-le*; incroyable. *Hein! queue raide ai eu le. Hein! crés-du le?* incrédule. *Hein! crés du-le, y t'ai*; incrédulité. *J'ai un nœud, puis, le queue roi ai aire*; je ne puis le croire. *Queue roi, en d'ai yeu*; crois en Dieu. Ceux qui n'avaient pas la force de lever la queue ne pouvaient croire en Dieu; ils ne pouvaient entrer au ciel, et restaient honteusement à la porte.

Ce queue roi z'ai, on va se croiser. *Queue roi z'ai, mets en*; croisement. *Queue roi z'ai à deu*, croisade. *Queue roi z'ai ée*, croisez, croisée. *Queue roi ç'ai ée*, croissez. *La queue roi ce met en*; l'accroissement le permet. *Je fais ma queue roi, séant ce*; je fais ma croissance. J'ai *le queue roi séant*, j'ai le croissant. Cela me fait *queue roi être*, croître. Je ne puis plus *queue roi air*, croire. *Queue r'ai eu, cœur ai eu*, j'ai cru. Quand on est arrivé à la perfection, on ne peut plus croire ni croître. Je ne puis plus croire en Dieu; j'y suis cru, car j'ai cru en lui, *queue r'ai eu en lui*.

Je sais qu'un esprit immense, créateur de toutes choses, source de toute intelligence, domine le monde et le gouverne; je sais qu'il permet que nous approchions de lui par la parole et que nous l'adorions sous les noms de *père* et de *Dieu*. Cependant il n'a jamais été un dieu, car le vrai Dieu, c'est l'homme qui ayant cru en Dieu est devenu le vrai Dieu, et même se place à la droite de Dieu; de même que l'homme animal est plus parfait que le dieu animal, l'esprit de l'homme est supérieur à l'esprit de cet ancêtre dieu, c'est l'esprit de l'homme qui est Dieu.

Les mots qui sont des anges sont livrés à l'homme pour qu'il les juge (1 Cor. 6, 3) et ne soit plus leur esclave.

Queue haut t'ai, d'ai roi; côté droit. Le côté droit est le côté *de roi*, il appartient à l'homme; s'il le cède, il n'a pas la *queue haute*, il est à la côte. Si la femme prend le côté droit, elle ne fait pas honneur à son mari; toutefois il n'appartient qu'à son mari de la juger.

A d'ai roi, te mets en; tu le fais adroitement. Tu ne le fais pas *à droit, te mens*. *A l'ai, en d'ai roi*; allant droit, tu arriveras à l'endroit. *En d'ai roi, t'ai ure, endroit-ture*, en droiture.

On ce bé roi y ai, on se broyait. *Tu meus, bé-roi est*; tu me broies. *B'ai roi, y ai heure*; broyeur. *En pé roi aie, au dé l'ai ire*; en proie au délire.

C'est roi, y ai bale; c'est royal. *Roi y ai, haut me*; c'est mon royaume. *Roi y ai, haut t'ai*; c'est ma royauté. *Pore t'ai, l'ai fait roi*; porter l'effroi. *E fait roi y ai, abe-le*; effroyable. *E fait ré y ai en*, effrayant. *E fait ré y ai*, effrayer. *O qu'elle est fait roi!* O! quel effroi! Je suis *en effet roi*, je suis en effroi. Le roi, dans ses fureurs, portait l'effroi, c'était une bête effrayante. Ces quatre grandes bêtes sont quatre rois (Dan. 7, 17).

Au queue t'ai, roi y ai; octroyer. Les rois accordaient comme une faveur leur octroi, *au que t'ai roi*, et il fallait y faire hommage, *au fromage. Peux à roi, mets la paroi.*

Peux à roi ce y ai en, paroissien. *Peux à roi, si eai en neu*; paroissienne. *Par où est-ce*, ta paroisse ?

Fais où, de roi y ai; *fou droit y ai*, foudroyait. Il me *fait où, de roi est*; il me foudroie. C'est *fait où, droit y ai en*; c'est foudroyant. *Le bé fait roi*, entends-tu le beffroi. *D'ai ze à roi*, désarroi. *Ch'ai à roi*, charroi; *chat roi y ai*, tu vas me charroyer.

Fais roi; j'ai fait roi, j'ai froid. *Fais roide*, tu as la queue froide. Je l'ai *fait roide*, je l'ai froide. *Fais roi d'heure, fais roide heure*; quelle froideur. *Tu à jeu ist, fais roide, mets en*; tu agis froidement. *Re fais roi, d'ai ire*; ça va refroidir.

AUJOURD'HUI

Eau j'oure de hui. Hui = ce j'ai oure, ce jour. Au jour de ce jour. *Eau j'oure*, au jour. On cherchait le jour pour uriner, au point du jour. La journée commence par une *jeu ourinée. J'ourine, ale y ai*; c'est journalier. *Hui, huie* exprime l'eau jaillissante. *Lape l'ai huie*, la pluie sortit de l'hui. On le connaît *ce l'hui l'ai à*, celui-là. *Y l'ai hui*, il luit. *Y re l'ai hui*, il reluit. Pour se faire voir *à l'hui* et à lui, on allait *à l'huis*, à la lumière. *M'ai hui*, muid, *P'ai hui*, puits. *A p'ai hui, à pui, à puits*, appui, *à puits ist*, appuie. *A pui y ai*, il faut appuyer. *Ç'ai hui*, suie; *é suie y ai*, il faut l'essuyer. *Suie = suce*. Suis-moi, je *suis* devant et je *suie* derrière, il y a de la *suie*. *E ç'ai hui, esse hui*, essui. *E ç'ai hui, mets in*; essuie-main. *É t'ai hui*, étui. *Hui l'ai*, huile ai; il y a de l'huile, il est huilé. La valeur de *hui* est ainsi très claire. *Tu meus, n'ai hui*; tu me nuis. *En n'ai hui*, ennui. *En nu y ai, en nui ai*, ennuyait. *Qu'est l'ai en nui*, quel ennui ! *y mel en nu ai ie*, il m'ennuie. *L'ai à nu i*, la nuit était pour *l'ai à nu ce*, y fait *ne hui*, il fait *non jour*, il fait nuit. La nuit est la négation du jour.

Il y avait de *longs jours dans nuit* et *d'ennui*; c'étaient des jours lunaires dans la nuit boréale, et aussi dans les longues nuits ordinaires.

Le mot *hui* a longtemps désigné le jour. *En hui = en ce jour*. Que fera-t-on *anui*? Le peuple ne confond pas *anui* avec *en nuit*. *Anui*, c'est en ce jour. *D'hui en hui* valait : *de jour en jour*, et se trouve inaltéré dans : d'aujourd'hui en huit jours.

Le son *hui*, *huit*, se forma à la venue de l'eau. *L'eau fait hui*, l'eau fuit. *Le ton eau fait hui*, le tonneau fuit. *On séant fais hui*, on s'enfuit, *y mus, fais hui* ; il me fuit. *On ce, à nu y t'ai* ; *on ce, en hui t'ai, en huite ai* ; on s'anuitait. Ainsi *hui* devint *huite* et prit l'esprit de vite. *Mis en, fais huite* ; mis en fuite. *En ç'ai huite*, ensuite. *Poure ç'ai huite*, poursuite.

Hui donna naissance au nombre *nuit*, qui se prononce *hui* et *huite*. Dans de nombreuses langues le mot *nuit* est la négation du nombre *huit*. Le son de ce nombre a donc aussi, dans ces diverses langues, désigné le jour, ou tout au moins la lumière :

Français . . .	huit	*ne huit*	nuit
Italien . . .	otto	*ne otto*	notte
Espagnol . . .	ocho	*ne ocho*	noche
Allemand . . .	acht	*ne acht*	nacht
Anglais . . .	eight	*ne eight*	night
Suédois . . .	aetta	*ne aetta*	natta

Dans toutes ces langues le son *ne* est négatif. La nuit, c'est l'absence du jour. Dans la nouvelle Jérusalem, il n'y aura point de nuit (Ap. 21, 25). Il n'y en a déjà plus, car nous portons la lumière dans la nuit des temps. La gloire de Dieu éclaire l'humanité et l'agneau est son flambeau.

Oire = sexe, voire. Il fait *nœud oire* ; il fait *ne oire*, il fait noir. Pour faire voir son nœud, Satan appelait où il était peu visible. Ne va pas où il fait *nœud oire*, il y fait noir. Le diable aime l'obscurité : *au bé ce curé y t'ai*. Ce n'est que dans les ténèbres : *t'ai nœud ès breu*, qu'il peut faire gober sa *cure* et son *qu'urait*. *Dieu est lumière*, il n'y a point, en lui de ténèbres (*1 Jean 1,5*). La nuit est la création de l'esprit négatif; la nuit du diable, le temps des ténèbres, disparait. A l'horizon s'élève le soleil de vérité et de justice.

CONNAÎTRE

Conner, caner, cagner, cela valut *cogner*. Le son *gneu* est vieux, *nœud* est *neuf*. *Cagne ai heux*, cagneux; *cagne ai heuse*, cagneuse. La *cagne* fut le sexe de la chienne, en italien : *cagna*. L'accouplement à la chien rendait les jambes cagneuses. La *cagne ai bote*, mets dans la cagnotte. *On sait, à cagne are d'ai*; on s'accagnardait. *Cagner* est devenu *caner, cane* ou *canne = cogne*. *Cane l'ai ure*, dans la canelure. *Cane au t'ai, canot t'ai*, canoter. *Cane ai on nœud*, canonne. *Le cane on nœud y ai*, le canonnier. *Queue à none, canone isse y l'ai, ici t'ai*; canonicité. On va *le queue à none iser*, on va le canoniser. La *cane ai baite*, la cannette. Les canards canaient et les cagnards cagnardaient. L'appel à caner fut repoussé. Tu canes, je l'ai fait caner. Le mât *de queue au cagne* était dans le pays de cocagne.

Queue on nœud ai, on peut *conner*. Les ancêtres *cons connaient*. On *connait* aujourd'hui parce qu'ils *connaient* autrefois. *Queue on nœud ai, aie m'ai oi*; connais-moi. *Conner* est passé. *Tu connes*, je l'ai fait *conner*, reculer. C'est en *cognant* que l'on connait, dans l'encognure, *en cogne ai ure*. Cognez, cognée. Après la cognée l'animal la retirait du manche qu'il repoussait : il jetait le manche après la cognée.

Séant d'ai conné, sans déconner. Il est ainsi bien établi que conner est à la base de la connaissance : *conné est séant ce*. *Conne, exe y ai on*; *queue on nexe y ai on*, connexion. *Cogne ici ai on*, cognition. *Cognizione, cognoscere*, c'est connaître en italien. *Cogne* est l'origine de ces mots que les Italiens et le peuple prononcent bien ; mais les savants qui disent *cog-ni* sont esclaves de sots grammairiens.

On peut *se conner ès treu, se conner être*, se connaître. On ne peut *séant se conner ès treu*, sans se connaître. On va se *reconner ès treu*, on va se reconnaître. Viens me *reconner être*, me reconnaître. *Ce en d'ai conné ès treu* pour la dernière fois ; on va s'en déconnaître. *Me m'ai conné ès treu*, tu ne peux me méconnaître. *Te mets queue on naître*, je ne veux pas te méconnaître. Ton *naître* et *ton être*, c'est ton sexe. L'allemand *kann* est des verbes connaître et pouvoir : avec la canne on peut connaître. *Je l'ai queue on nœud eue*, connue. On *s'est queue on nœud ai eu*, on s'est connu.

Queue on neu aie toi, toi m'ai aime ; con netloie, toi-même. Les animaux à col roide ne pouvaient se nettoyer eux-mêmes, et nul parmi eux ne *s'est queue on neu aieu*, connu soi-même. Les petits nés d'une mère, les jeunes dieux, au col dégagé, se connurent eux-mêmes. Plus tard, les reins de l'homme se roidirent, et il cessa de force de porter la bouche sur sa nudité. Pour se connaître soi-même, il faut ressusciter spirituellement et connaître l'esprit invisible de ceux qui se sont connus eux-mêmes. Il faut aimer cet esprit du Tout-puissant, et à celui qui l'aime l'esprit dit · *con n'est toi, toi m'aime*. Aimer Dieu et le connaître, c'est se connaître soi-même. Moi et mon père, nous sommes un.

A bout aie, mets en ; aboiement. *A boi y ai*, aboyer. Pour se défendre, ceux qui ne savaient parler, aboyaient. *Ose, à bout est*, il est aux abois. *Sois = suce ; soit*, je veux bien. *Sois feu, soife, sé = suce*. Il était répondu : j'ai soif, j'ai sé, je ne puis obéir. *Ch'ai où aie ; choie = suce*. Tu as le choix. *Y meut ; choie y ai* ; il me choyait, *Choie z'ai i*, choisis. *Y m'ai choie*, il m'échoie. On fait *ce queue on doi*, on fait ce qu'on doit. Une *à la foi aie*, une à la fois. *Pare m'ai à foi* ; par ma foi, je veux bien. *Foi t'ai*, je vais te fouetter. *Cn ce d'ai, goi z'ai* ; on se dégoisait. *En goi aie ce*, angoisse. *Langue où est-ce*, l'angoisse. *Hoi y ai eau*, hoyau, *J'ai hoyau*, joyau. *Mon joi y ai haut*, mon joyau. *Joi y ai heux*, joyeux. *Joi = jouet*. Les jouets sont les joies d'enfants. *La loi y ai,*

7.

haut t'ai; la loyauté. *Le loi y ai*, le loyer. *Sé en loi*, sans loi. *En peu loi y ai, en ployé,* employé. *Et moi!* émoi. *A moi t'y ai*, à moitié. *Moi z'ai i*, moisi. *On ce noi y ai*, on se noyait. On *séant poi z'ai on neu*, on s'empoisonne. *Sure le toi*, sur le toit. *D'ai fais en toi*, défends-toi. *On ce toi z'ai*, on se toisait. *Re en voi*, renvoi. *Re en toi*, rends-toi.

A l'ai à beau, baite; à la boîte. Ferme ta boîte, ta bouche. *On beau baite ai*, on boitait. *Ce 'à beau baite, sabot baite*, ça boîte. Le cheval qui offrait son sabot blessé pour être soulagé, boitait. *On séant beau baite*, on s'emboîte. *On c'est, en boi t'ai, en boîte ai*, on s'est emboîté. *La boîte ai heuse*, la boiteuse présentait son emboîture. *En boi-ture, en voiture*. La première voiture fut une emboîture. *On voi z'ai iné*, on voisinait. *La queue on voi t'ai ise*, la convoitise jalouse les unions heureuses.

LE DOUTE

Il y a deux outes. Il n'y a pas de *deux outes*, pas de doute. Le jeune mâle se trouva en *deux outes*, mais la femelle était sans aucun doute : *sens au qu'ai un, d'ai oute*. En *deux outres* es-tu? en douterais-tu? La femme ne connaît pas le doute, il est propre à l'homme ignorant et faible qui ne peut croire en Dieu. Le doute amena de nombreuses discussions : *D'ai i ce cul-ce, y ai on; En d'ai, où t'ai, peux t'ai eu, en doux t'ai*; peux-tu en douter ? *Dans le qu'ai eu*, tu es dans le cul; mets *à l'autre ai eu, mal'au tru*, malotru. La femme n'aime pas un mari douteux, elle préfère *un grand queue roi ayant*.

Les autres langues analisent le mot *doute*, comme le français, et souvent avec encore plus de clarté. Italien : *In due béi ho*, in dubbio. Espagnol : *en dou ida*, in duda. Allemand : *Im zwei Faelle*, im Zweifel. Anglais : *in deux outes*, in doubt.

Il n'y a nul doute sur la cause du doute : c'est une ignorance honteuse. Cesse donc de douter, ô homme! et sache qu'un esprit puissant qui t'est infiniment supérieur gouverne le monde.

En bie gu'ai eu, ambigu. L'appelé voyait *deux gus* ou un *bis gu*, et cela le mettait en doute. *L'ai en bie, gu y t'ai* ; l'ambiguïté est créatrice d'esprits. Ce qui paraissait douteux ou ambigu amenait des observations, de la réflexion etc.

Oute s'est donc référé au *sexe* et surtout au féminin. *Oute r'ai à jeu, où tirage*, outrage. *Oute r'ai, à j'ai en* ; outrageant. *A oute r'ai en ce*, à outrance. Je suis *où tiré*, outré. *Où treu, oute-re*, outre. La première *outre* jeta l'eau de la vessie. *Pas ç'ai où treu*, passe outre. *Où treu cul, i d'ai en ce* ; outrecuidance. *A j'ai oute*, ajoute. *Queue je fais oute*, que je foute. Tu me *fais : y l'ai oute*, tu me filoutes.

LES CAUSES ET LES EFFETS

La queue hausait, l'ai fait ; la cause et l'effet. *L'est queue hausée, l'aise ai fait* ; les causes et les effets. *J'ai un nœud, hause*. *Je ne hause*, je n'ose. *Haut z'ai*, je puis oser. *Queue haut z'ai*, on va causer. *La queue hause et ose*, et cela fit et fait causer. *La queue hause et rie* ; la causerie plaît. *La queue hause*, je n'en suis pas la cause. Nous connaissons la cause de tout homme vivant ; nul ne peut repousser cette origine glorieuse que n'ont pas eue les démons.

Quant aux effets, on sait qu'il n'y en a pas sans cause. *Séant queue hause, ose. Ai fait, à l'ai fait, en ai fait, qu'est l'ai fait !* effet, à l'effet, en effet, quel effet ! *De l'ai fait*, ça fait de l'effet. *Mets tes effets*, c'est moi qui les *ai faits*. *Je l'ai, ai fait que tu ai é* ; je l'ai effectué. *J'ai au bé tenu, l'ai fait*. J'ai obtenu l'effet. Ainsi l'homme n'est pas une cause, il est *un effet*, un *ai fait*.

Tout ce qui pense, tout ce qui parle, tout ce qui vit, c'est moi qui vous *ai faits* ; vous êtes mes *ai faits* et mes effets. Quand vous êtes usés ou déchirés, je vous rejette (Ps. 102, 27), je vous change comme un vêtement dont on ne veut plus; mais moi je vis au siècle des siècles, avec tous ceux qui m'aiment. Je suis le Dieu tout-puissant, Moi, la Parole de Dieu. Je suis le moi qui est en toi. As-tu jamais vu ton moi? Si tu pouvais voir ton moi, c'est Moi que tu verrais, Moi, ton Dieu, ton esprit. As-tu jamais vu ton esprit? Peut-tu donner ton esprit à quelqu'un? Non, mais tu peux te donner toi-même, alors tu donnes ton esprit, tu livres ton Dieu, comme Judas, à celui à qui tu te voues. Puisque tu ne peux donner ton esprit, sans te donner toi même, c'est donc que tu es un esprit de la parole, un esprit de Dieu, et les esprits de Dieu vivent avec lui de la vie éternelle.

LE HIC ET LA LOGIQUE

C'est là *le hic. Le hic ai ce, lique-ce, l'ixe*, x, c'est l'inconnue. La grande inconnue, c'était notre commencement que nul génie humain n'était digne d'entrevoir; mais que le grand Dieu tout-puissant nous a fait connaître au jour qu'il avait *fixé, fait x ai. ixe : exe :: sixe : sexe*; de même : *isse : esse :: sisse : sesse. Fait ixe, fixe. Y meut, fais ixe*; il me fixe. *Je suis fixe ai ée,* fixée. *Mique ce t'ai i, ligne; mets ixe, ce t'ai i ligne*; on n'arrivait à *l'x* que par une ligne mixtiligne que nous avons suivie de nouveau. *Y me met ixe, y ai on*; immixion. *Mets ixe, t'ai ure*; ça fera une mixture. *Re ique-ce, r'ai ixe*, rixe. *In hic, ine ique, inique* appelait sur le *hic. Ine hic, ine ique y t'ai*; iniquité. *Ine ique mets en*, tu agis iniquement. Le *hic*, c'était le point difficile; le diable s'en éloignait et s'adressait à la porte condamnée. Aussi en anglais est-il appelé : old iniquity, antique iniquité. Un *t'ai hic*, un *tic*. Le *queue en, t'ai hic; le queue en tique, le qu'ai en tique*, le cantique est antique, c'était le chant des anges. La parole est *haute antique*, et autentique, elle était *aux temps antiques*; son autenticité vient de sa *haute anticité* ou antiquité, inaltérée en notre bouche.

En t'ai, ique y t'ai; ente, iqui t'ai; antiquité = anticité.
En t'ai, isse y t'ai, ente, ici t'ai, anticité = antiquité.

Au téant t'ai, ique ou isse y t'ai. C'est un appel à l'amour sur *le hic*, qui fut aussi *l'isse*, où l'on était initié, *ine isse y ai, ine ici ai. Hic* termine les mots *antique, cantique, autentique*; il donnait un *tic, t'ai hic*, remontant au temps antique, c'est autentique ; ou *aux ides antiques, ide enté ique, idée en tique*, c'est identique. Cela était resté mistique, *mis ce t'ai hic. Le miste ai i, sice-me;* le misticisme et le mistère ont une ordure pour cause première. On ne cache que ce qui est honteux. (*Mist =* fumier, allemand). Maintenant nous connaissons *l'x* et aussi le *hic* de *l'x*. C'est le sexe des êtres disparus. *B'ai hic*, bique. *Ch'ai ique*, chic, chique; *p'ai hic*, pique; *n'ai hic*, nique. *Te r'ai hic, trait ique*, trique; *v'ai hic*, vique, etc.

L'eau j'ai hic, au l'eau j'ai, ique; ô logique! je te connais dès les premiers jours où l'eau giclait, *où logique l'ai*; il est logique que *l'eau gicle. Gicler =* lancer. Le mot parole, en grec, *dit* la même chose : *l'eau goce* ou *coule*, italien : *goccia*. Le gosse lançant son eau fut le premier logos. *En arché én o logos*, au commencement était la parole. Le *gosse* est un ange des eaux.

L'ange de la parole jetait aussi l'eau de son part, c'était un *être à part*, il jetait l'eau de son *part venu. L'ai à part eau le*, la parole, c'est de l'eau. On ne peut parler sans jeter de l'eau souvent visible par la bouche et par le nez. La vie a son début dans l'eau.

La logique appela ensuite sur le *hic*, le point logique. L'union naturelle est de la plus haute logique, *l'ai haut, j'ai hic.* C'est la grand'mère logique qui nous a insufflé « La Grammaire logique ». *Au l'eau j'ai, isse y ai en*; viens, ô logicien, boire aux eaux de la vie éternelle ; et apprends la logique de vérité, sans sottes figures de rétorique.

INTRODUIRE

Bru, cru, dru, fru, gru, pru, tru = trou. *Bruer, bruire, cruer, druér, fruer, gruer, pruer, truer, truire* = trouer. *B'ai ru* = j'ai raide, etc. *La bru t'ai, à léi t'ai;* la brutalité. *Mets à bru,* c'est ma bru. *Le v'ai en bru ist,* le vent bruit. *Brue ce qu'ai,* brusquer.

Crue d'ai, y t'ai; queue rude y t'ai, crudité. *Crue ai, haut l'ai;* cruauté. *Cru est le, mets en; tu* le fais cruellement. *J'ai agi cru, elle ment. Cru c'ist, fie;* amène ton crucifix.

Dru et me nu = raide et moi nu, il pleut dru et menu.

Frue gu'ai, à léi t'ai; frugalité. *Ce on sein, frue ce qu'ai in;* son saint frusquin. *Frue que t'ai i, fie ai;* fructifier. L'amour fit fructifier le premier fruit. *Fruit,* participe p. de *fruire. Frue ai i, fruis, j'ai fruit* ou troué. C'est notre fruit, notre enfant. *Queue on gru mets en;* congrument. *Grue j'ai,* gruger. *Grue y ai air,* il y a du gruyère. *Le pie ai de grue,* le pied de grue. Une grue est une queue raide. *Prue d'ai en ce,* prudence. *Prue d'ai, en mets en;* prudemment. *Prue r'ai i,* prurit. *Prue d'ai on me, peu rude homme,* prud'homme. *Peu rude,* la prude l'aime rude.

True ce qu'ai in, avec ton trusquin. *Au tru m'ai haut,* au trumeau. *Gueue r'ai haut, veux en tru;* gros ventru. *In ce tru mets en,* instrument. *In ce tru que t'ai heure,* instructeur. *In ce tru qu'ai ce, y ai on;* instruction. On va *truer ire,* on va truire. *True ai ie, truie* = trouée. *True y t'ai, tru y t'ai, truite ai, il est tru ité;* il est allé au trou, il est truité. Le chien truité s'accouplait avec la truie. *Je t'ai tru ite,* avec ma truite. *D'ai tru ite, d'ai truite,* elle est détruite, détrouée. La truite remonte à l'époque du poisson de ruisseau, Bachfisch, en allemand, gamine.

In ce tru ai ire, instruire. *In ce tru ai i,* instruit. *Tu m'as in ce tru ite, in ce truite,* instruite. *On centre, d'ai tru i,* on s'entre-détruit. *D'ai ce truc-ce, y ai on;* destruction. *D'ai ce, true que t'ai heure;* destructeur. *Re queue on ce tru ai ire,* on peut reconstruire. *Conce, true ai i* ; construis. Faisons *une queue on ce truc ce y ai on*, faisons une construction. Le *tru queue*, c'est le truc. *Re queue on ce trait, uxe y ai on* ; reconstruction. Il faut *reconcer, true ai ire* ; il faut reconstruire. La reconstruction humaine se fait sans cesse. *Ce fais séant*, c'est-ce.

D'ai hui, duit. *Due ai i*, duis; *due ai ire,* duire; *due ai ite*, duite. Tous ces mots ont le sexe *hui* pour origine. *D'ai duit*, c'est mon déduit. *J'ai en, d'ai duit, queue on séant* ; j'en déduis que tu consens. *En duit*, je l'ai enduit. *In duis-le*, induis-le. *Tu meus in duit, en air ai heure*; tu m'induis en erreur. *De l'ai à jeu, in duit queue tu veux*; de là j'induis que tu veux. *Tu meus queue on duit*, tu me conduis. *On ce, queue on duit*; on se conduit. *Noue, noue, queue on duit z'ai, ons* ; nous nous conduisons. *On ce, queue on duit z'ai bien* ; on se conduisait bien.

Je te l'intre au duil, tu me l'intres au duit, on se l'intre au duit. Tu veux me l'intrer au duire ; *tu me l'as intré au duit.* On *ç'ai intre, au duit z'ai* ; *on sein trait, au d'hui z'ai* ; on s'introduisait. *Peux r'ai au duit; pré au duit*; vois-tu ce que *le père au duit* a produit. Le premier produit fut la semence inutile, mais la semence qui germa a tout produit ; il n'est rien qui ne vienne de ce produit. *On nœud peux le, re peux r'ai au duire*; on ne peux le reproduire. Je vais *te requeue on duire*, te reconduire. Je *le te r'ai à duit*, je le traduis. Tu me *l'as tiré à duit*, traduit. *In trait à d'hui z'ai, ibe-le* ; *intre à duit z'ai, ibe-le* ; intraduisible. L'union impossible est intraduisible.

On l'essai, on le sait d'ai hui; on le séduit. *Jeu t'ai, sais-du ai ite?* Je t'ai séduite. *Sais-du ai ire?* séduire. *Sais-du que ç'ai, y ai on*, séduction. C'est en demandant à s'instruire et en excitant la curiosité que l'on séduit. *Sais-du que t'ai heure?* séducteur. *Sais du queuter, rebisse*; séductrice. *In trait, haut d'ai, uxe y ai on*; *intre au duque ce y ai on*; *in te r'ai haut, duque ai sillon*; introduction. *A l'ai, intre ai au ite*, à l'introït.

L'ESPRIT

Le verbe *pérer*, valant *percer*, pousser, est le père de l'esprit. Le père *perçait l'este*, père céleste. *L'esse t'ai, l'este ai*, je suis lesté. *Pé r'ai este*, preste. *Este = esse. Je l'esse père*, je l'espère. On *esse père ai*, on espérait. *Je l'ai eau péré*, je l'ai opéré. *L'eau perd à sillon*, l'opération amenait l'écoulement de l'eau ; mais *l'esse péré, l'espéré*, c'était d'arriver à l'union. On y travaillait *en d'ai ze, esse p'ai ré*, en désespéré. *On père ce, v'ai air ; on perce ai vert*, on persévère, *père sévère. J'ai percé, vére ai* ; j'ai persévéré. *En vére y t'ai*, en vérité. C'est un fait, *à vére ai*, avéré. *Percé cu t'ai*, tu m'as persécuté. *L'ai ce, père ai en ce ; l'esse pérer en ce, l'espéré en ce*, l'espérance était l'attente du *père forant* perforant, et de la *père forée à sillon*, de la perforation. *Père ç'ai en, perce ai en* ; *père séant, perd sang*, perçant. *A l'ai, à pert ai fait, exe y ai on* ; à la perfection. *on père ç'ai, isse t'ai ; on perce ai, isse t'ai* ; on persistait. *Perce, pique à sis t'ai* ; perspicacité.

On espérait deux choses : l'une était la venue de l'eau, le sexe formé ; la seconde, c'était la venue de l'esprit, *de l'espéré ist*. C'est le règne de l'esprit qu'espérait l'humanité.

Pè r'ai ire, père ai ire, périre. *Père ai i, p'ai ri*, je péris. *P'ai rie*, je prie. Je te prie, tu me laisses périre. On prie quand on périt. Maître, maître, nous périssons (Marc 8, 24). Celui qui périt et prie ne périt point. *P'ai ri, p'ai rie*, montre une grande excitation, *exe y t'ai à sillon*, qui tombe tout à coup : *péri m'ai*, c'est périmé, c'est passé. *Prier* vient donc de *périre*. *Exe hausse, ma périe ai aire* ; exauce ma prière.

Pour prier, *pourpre y ai*, il faut être pourpré ou *pour paré*. J'ai le pour pris dans le pourpris, dans le pourprier. Ce pourprier reçut la pourpre, *poure ai preu*, et rendit le pourpre. C'est une force d'esprit qui pousse l'homme à prier ; le faible d'esprit peut réciter des prières, mais il ne prie point.

Espérer ire, espérire, esse périre ou *percer* est le verbe de l'*espérit*, de l'esprit. *Esse p'ai ré, y mets en t'ai; espéré himen l'ai, espérit m'ai enté*. Celui qui avait *enté* son *espérit* était expérimenté. Le peuple prononce *esse* comme en italien et non *exe*. On entend souvent encore espérit pour esprit. *De l'espérit ai en ce*, elle a de l'expérience. *E ce péri m'ai, esse pris m'ai, espérit m'ai, esprit m'ai*; on s'est exprimé comme il faut. *On sesse pris m'ai, on ce esprit m'ai*, on s'exprimait. *B'ai one heure, ine esse pris m'ai à bleu, ine esprit m'ai à bleu*, bonheur inexprimable.

Ainsi l'esprit fut créé au moment où les ancêtres communiaient, *queue homme unie est*, l'esprit *de vis* et *de vie* jaillissait. Le premier qui eut *l'esse pris sein*, eut l'esprit *saint* et *ceint*, car l'esprit de vie qui devait créer, *cœur ai é*, ne pouvait être vu. La vierge fécondée, *fait queue ondée*, se trouvait remplie du saint-esprit, *du sein l'ai ce pris*. Ceux qui sont nés de la femme, ainsi que Jésus, ont été conçus, *queue on ç'ai eu, con ç'ai eu*, par l'opération, *l'ai opéré à sillon*, du Saint-Esprit.

Si tu comprends ces choses, lecteur, c'est que tu es du *saint esse pris*. Le diable et ses anges, sortis du limon de la terre, n'ont pas été du *saint esse pris*. Ils ne croient point au Saint-Esprit.

Le Saint-Esprit a donc été matériel avant d'être pur esprit. Cependant même comme matière, il fut invisible et ne peut être une personne. Aussi ne peut-on lui donner qu'une figure simbolique. De même le Saint-Esprit inspire, mais ne parle point. Les trois personnes en Dieu sont une invention du diable, dont il n'est nullement question dans l'Évangile, pas plus que de la triptologie d'un certain fils du singe.

Dieu est esprit et ne fait qu'un avec l'Esprit-Saint, car le dieu animal dont nous descendons animalement naquit d'une vierge fécondée de *l'esse* ou *essence pris sein*, du sein du père. L'origine du vrai Dieu et du Saint-Esprit est ainsi parfaitement éclaircie. Dieu, le Père, est esprit, car il est disparu matériellement et nul n'a jamais vu Dieu. Le Saint-Esprit procède du père seulement (Jean 15, 26), mais non du Fils. Le Fils, qui est l'homme, reçoit le Saint-Esprit. Jésus avait reçu en entier l'esprit de Dieu et non par mesure (Jean 3. 34). Quand le fils de l'homme devient homme et père, alors il se transforme en dieu et le saint-esprit procède de lui et donne la vie à un Fils de Dieu. Nous sommes donc des Dieux, ainsi que l'affirme Jésus, citant le roi David. Les esprits bornés ne peuvent croire cela, car le *sûr naturel*, leur semble surnaturel.

Ce p'ai ire, ce pire, ce pire ai, ce pie r'ai, spirer est une variante *d'espérire Ce pire y t'ai eu, ce pis ri t'ai eu, ce pis rite ai eu, aie-le*; spirituel. *Ce pis ri t'ai eu heux*, spiritueux. Tous les spiritueux sont sortis du pis de l'ancêtre, de l'eau de vie à l'alcool et au trois-six : *A le qu'ai eau le, à le qu'ai haule,* alcool; *t'ai roi, sice,* trois-six. Ce fut l'époque de la spiritualité, du pouvoir spirituel, *ce pis rite, rituel*. Les *rites* ou le *rituel* consistait à lancer l'eau bénite de tous côtés; ce pouvoir dure toute la vie. Le pouvoir temporel, *t'ai en port, aie-le*; *t'ai en peau réel,* c'est la force du sang et du séant; il commence à la puberté et finit lentement à l'âge débile, il ne dure donc pas toute la vie.

J'ai ce pire, j'expire. Il me fait *esse pirer,* expirer. *A ce pire ai,* aspirer. *R'ai ce, pire ai*; laisse-moi respirer. *L'homme-lige, l'on me lige,* appelé à son esclavage demandait à respirer. Satan ne laisse pas respirer. *On trait, en ce pire ai*; on transpirait. *On me, in ce pire ai, homme inspiré,* on m'inspirait. *A qu'ai on, ce pire ai,* à conspirer. La première conspiration, *conce pire à sillon,* fut une entente amoureuse.

En pire, en pire ai, empirer. *En corps pis* ou *pire,* encore pis ou pire. *En pire ai heure,* empereur. L'empereur est inséparable de l'empire. L'homme qui résiste à la force du sang, a un grand empire sur soi; il sursoit, c'est un sage; le fou veut avoir son empire sur les autres.

Ce pire y t'ai, ce peu irrité, isse me; spiritisme. *Ce pis rite,* spirite. Le spiritisme a sa source dans les excitations sensuelles des êtres disparus. L'esprit sain ne s'adonne pas au spiritisme, et la royauté de la terre est à l'homme sain de corps et d'esprit.

Il n'a pas été donné aux esprits des spirites de faire connaître le mistère de Dieu, la création de l'homme ; mais ils ont annoncé notre œuvre de diverses manières inspirées de Dieu, et le spiritisme contribuera à l'éclat de l'Avènement du Fils de l'homme.

LE PÉCHÉ ORIGINEL

Pécer ou *pesser* = *pisser*. *Pé ce t'ai, pesse t'ai,* pester. La petite *beste* pestait. En *pesse t'ai,* empestait. *Ai ce, p'ai ce ; ai ce pesse, l'esse pesse,* l'espèce. Toute *esse pesse* de toute espèce : *le pécé* ou le *péché* empestait, c'est l'origine du pessimisme : *pesse i m'ai, isse-me*. *Pécer* ou *pesser* se retrouve dans la bouche des enfants pour *pécher.*

Pé ch'ai, pêche ai, pêcher, péché. *Pêche ai heure,* pêcheur ; *pêche ai raie-ce,* pêcheresse. Le péché offrait son eau au bec, pissant ou péchant contre les règles de l'art. On *pisse* ou *pèche contre*. Il a péché *queue on treu* moi ; celui qui avait fait cela était violemment repoussé et chassé. *Tu eau fais en ce dieu ou lieu,* tu offenses Dieu.

Les premiers êtres se promenaient avec leur aspergès et lançaient leur eau de tous côtés ; cela alla encore chez les prêtres ; mais les dieux, nés d'une mère, s'en indignèrent, et le péché à la figure des gens fut honni. Celui qui pisse en face de nous, nous offense, car le péché offense Dieu et *d'yeu,* ton œil. Le nom de péché fut donné plus tard à tout ce qui était répréhensible, mais le premier et le vrai péché vient du bénitier, lançant son eau que c'était une bénédiction.

Le grand Dieu tout-puissant a pardonné aux hommes leurs péchés : il n'y a plus que des crimes, des délits et des contraventions réprimés par les lois humaines. Les lois divines sont périmées.

Eau r'ai, aure ai, aurer, orer. Eau d'aure ai, odorer. *L'eau d'aure* odorait. *A l'aure ai ore,* à l'aurore, les anges offraient leur eau du matin, en présentant leur auréole, *ore ai eau le, aure ai haut le.* L'auréole était formée par la peau du prépuce découvrant le gland. L'homme étant un ancien membre, le diable met une auréole sur le sommet de la tête de ses saints pour désobéir au grand Dieu tout-puissant qui défend les idoles.

Le verbe italien *esaurire,* écrit en latin : *exhaurire,* exprime l'épuisement de la vessie ; c'est le verbe *aurire, eau r'ai ire,* en français. *Aure y ai en, ore y ai en, aurit ai en,* Orient. *Eau rien, au rien.* Uriner, ce n'est rien. L'orient et l'aurore ont même origine. L'ange qui tient le sceau du Dieu vivant, monte du côté de l'Orient (Ap. 7. 2), *A l'aure ai i, fie-ce ; à l'auri fisse,* à l'orifice.

Eau r'ai, i j'ai ine ; au réi j'ai, ine ; ore i j'ai ine, origine. *ore i j'ai ine hale,* originale ; *ore i j'ai ine haut,* originaux, origine-eaux. Le mot *origine* fut créé par les premiers qui urinèrent ; ce mot nous dit que les eaux sont l'origine commune de toutes les choses.

Eau r'ai, y ai haut ; ore y ai eau, orio = origine, en italien. *Au rio* = au ruisseau. Le sexe est la source de tous les cours d'eau, tous les *queues ourent d'eau. Aure gu'ai,* euille ; orgueil. *Aure gu'ai à neu,* organe ; *eau r'ai gueu,* orgue. *M'ai orgue,* morgue. Les anges du diable urinaient avec leur orgue, leur organe sexuel, avec morgue et orgueil. Ils étaient pleins d'insolence : *Dins, ce eau l'ai en ce ; dins, ce eau lance. Queue au ri j'ai,* je vais te corriger.

Origine-allemand, originalement. Nous avons une commune origine avec les Allemands. Origine est plus ancien que Ur-sprung = *urine-saut ou jet.* Ursprung = origine. Urin = urine, c'est aussi allemand. Ainsi toutes les langues montrent l'urine à l'origine des choses. *Auri j'ai* = j'ai uriné. *Auri j'ai ine elle,* originel. Voilà le péché originel. On le niait; *Auri j'ai ine, elle ment*; originellement. *Auri j'ai, ine à lëi t'ai*; originalité. *Auri j'ai ine aire*, originaire. *Auri j'ai, ine aire m'ai en*; originairement. Ces mots reçurent donc leur confirmation dans des actes sexuels plus ou moins accomplis. Pisser au cul est une expression que personne n'ignore, c'est une originalité.

La Bible ne parle pas des origines, mais du commencement, alors que la parole était formée et que les dieux couvraient la terre. Les dieux ne connaissaient point les origines; mais le diable les connaissait, c'est pourquoi il tourmente les hommes avec le péché originel dont il n'est point question dans l'Évangile.

Le premier ancêtre *originait* ou *urinait* dans le *sein l'yeu*, et le prêtre continue à jeter son eau dans le saint-lieu, dans le sein de l'église, sa mère. L'enfant, dans le sein de sa mère, avant de naître, en fait tout autant; c'est pourquoi le diable, son père en Dieu, l'inculpe du péché originel que lui seul a commis et qu'il continue à commettre, en jetant son eau à la figure de ses piteux laïques.

Les enfants de la terre connaissaient leur origine et leurs originalités; mais quand ils furent disparus, les origines furent perdues. Nous les retrouvons dans le ciel et sur la terre, dans les eaux qui ont formé la terre, et même dans l'espace, où rien de visible ne se montrait; car les choses qui sont, ont été faites de choses qui ne se voyaient point (Héb. 11, 3).

L'INDIVISIBLE

D'ai i, fie ai; dëifier; dëi fait y ai, déifié. *E dëi fait y ai*, je suis édifié. *E d'ai i, fie ai en; ai dëi fait, y ai en*; c'est édifiant. *Je l'ai é dëi t'ai*, édité. *E d'ai i, ai dëi*, ai dit, c'est un édit. La publication du sexe comme *dëi* ou dieu fut le premier édit. *E dëi fais, hisse*; édifice. *Ai dëi fils*. Le premier édifice fut l'union créatrice, *queue rée à trait bisse*, le résultat fut un *ai déi fils*, un fils de dieu ; mais un fils du premier père qui est le diable. Cet édifice ou cette œuvre du diable, devint le dieu Jupiter, qui dans le ciel était placé à la droite ou au-dessus de Saturne, son père. Jésus a paru pour détruire cet édifice païen, et même l'édifice mosaïque dans sa partie satanique, ce qui constituait les œuvres du diable (1 Jean 3. 8) et pour construire un nouvel édifice, dont il est la pierre de l'angle et le temple tout entier, et nous les hommes, comme des pierres vives, entrons dans la structure de l'édifice (1 Pi. 2, 5). Ce n'est plus l'esprit des animaux ancêtres qui habitent le ciel, c'est l'Esprit-saint et sain qui animait Jésus, et dès à présent cet esprit gouverne la terre, et doit se la soumettre entièrement.

J'ai veux in cu, le à déi fait ist, cu le t'ai ; j'ai vaincu la difficulté. Quand la *déie fit : cu le t'ai*; la difficulté fut vaincue. L'union parfaite n'arriva qu'après de nombreux essais; *è ç'ai, esse ai*, essai, *essai y ai*, il faut essayer; *v'ai aine, téant t'ai, à t'ai ive* etc. vaines tentatives. *D'ai i, fais ici le* ; c'est difficile. Mais aussitôt que la difficulté fut vaincue, le vainqueur devint un dieu, *un déi* ; c'est pourquoi le diable est un dieu, un dieu infâme, mais un dieu.

L'homme est aussi un *déi* ou un dieu, car il est vainqueur de la difficulté spirituelle, qui constituait en cela qu'il se connût lui-même. Il n'y a ni homme ni femme dans cette déification, *d'ai i, fie queue à sillon*, mais seulement l'esprit invisible du Tout-Puissant, aussi elle ne peut être interrompue ni avoir de fin. Un nouveau dieu est créé, c'est l'homme esprit, l'Homme Dieu, né de l'esprit et qui est esprit, comme Dieu est esprit.

D'ai eu, deux ai eu, du = deux et tu, toi, c'est la seconde personne qui ne peut exister sans la première. *Individu* = *deux indivis. Indivis-du. In déi vis d'ai eu*. L'individu se vante de tenir la femelle en sa possession : c'est ça l'individu, sale individu. Les deux réunis sont dans l'union *indivis, in déi vie*, ils ont la vie en dieu. *On deu viens, d'ai yeu*; on devient dieu en procréant, puisque l'on devient père, et le vrai père c'est Dieu. L'acte se fait par une *in déi vis χ'ai, y ai on*, par une indivision. L'union crée une indivisibilité indivisible, c'est l'être nouveau qui naît de la cohabitation, *quːue haut à béi t'ai*. L'indivisible, c'est l'homme pour l'homme; l'homme ne peut se diviser, mais Dieu le divise en deux : *Indivis-du, indivis-duel*, individuel, *indivis-dualité*. Il y a donc une dualité en toute individualité et en tout individu. Or, une dualité est de sa nature divisible.

En du aie lc, en duel. Le duel existe naturellement entre l'homme et la femme. Le duel entre les hommes est diabolique, *d'ai i, à beau lique*; les deux bêtes cherchent à s'enfiler, *à séant fais y l'ai*, et elles se détruisent.

L'homme et la femme sont un et ont une individualité divisible et divisée matériellement. Chacun a sa propre individualité charnelle, son corps et son sexe en dualité. L'individualité spirituelle en chaque homme est celle de l'esprit de Dieu qui se tient au fond de la conscience, et l'esprit de la bête qui vient à la surface et ne veut pas obéir à son Dieu, à sa conscience. L'homme est ainsi en duel avec sa propre individualité, qu'il croit sottement indivisible, mais elle est *in déi visible*, visible en Dieu.

Hein, divise, ibi léi t'ai; indivisibilité. Ce mot montre le féminin encourageant le masculin à vaincre la difficulté; c'était là *le hic*, et le pauvre diable sans force se retirait affirmant que c'était une indivisibilité : il ne pouvait donc entrer dans le ciel, il ne pouvait croire en Dieu.

Nous voyons ainsi qu'il est au pouvoir de Dieu de diviser l'individu et l'indivisible. Cette éblouissante lumière écrite dans les mots, nul ne l'a soupçonnée : le livre était scellé de sept sceaux.

ASCENDANTS ET DESCENDANTS

A séant d'ai en, ascends d'ai en, ascendants. *Ascends dans ce (lieu)* ascendance. *D'ai séant, d'ai en ; descends d'ai en,* descendants. *Descends dans ce,* descendance. *Queue on, d'ai séant dans ce* ; condescendance. Les ascendants, les dieux marins, ou les diables et diablesses, se tenaient dans les eaux, où ils appelaient leur descendants à des ascensions, à *d'ai aise, à séant scions,* à des mésalliances honteuses. Ceux-ci obéissaient par condescendance, non sans être offusqués de l'indécence de leurs ancêtres : *Hein ! d'ai séant ce, descends-ce. D'ai séant, mets en* ; *descends mets en* ; décemment.

Les ascendants avaient sur leurs descendants une grande ascendance, une influence mauvaise, due surtout à leur impudence, *in pue d'ai en ce.* Ils étaient sans pudeur, sans *pus d'heure,* étant lavés dans les eaux.

Les descendants obéirent donc à leurs ascendants, et les hommes furent soumis aux prêtres animalement, avant de leur être soumis spirituellement. Entre les ascendants et les descendants, il y a toujours plusieurs générations. Nos parents vivants ne sont pas nos ascendants et nous ne sommes pas leurs descendants. Ascendants et descendants sont morts, mais ces derniers ressuscitent sans cesse, l'homme ne meurt point. Les ascendants ont cessé *d'ascendre,* ils sont morts à toujours. *Ascends, à séant sillon,* ascension. *Fore-ce, à séant ce, y on nœud aie-le* ; force ascensionnelle. L'ascension est une fête des ascendants, une fête diabolique, dont les saints apôtres n'ont jamais parlé.

On monte au ciel, car le ciel était sur la surface des eaux où se mouvait l'esprit de Dieu, et aussi sur la terre. Jésus est monté au ciel, et nous nous y trouvons avec lui. D'un autre côté nous continuons à retourner à nos anciens séjours. On descend à terre, car la première terre était sous les eaux, d'où elle fut tirée (2 Pi. 3. 5). On descend à l'eau, à l'hôtel, à l'auberge, à la maison, chez le premier venu. On descend aussi aux enfers, *ose, en feu ai aire ; au zéant faire, osant faire* le mal. Le prête *monte* à l'autel, car comme il sort du fond de l'abîme, il ne peut *pas* descendre. Il est la bête qui devait *monter* de l'abîme, et qui maintenant doit s'en aller à la perdition (Ap. 17. 8). Il perdra son ascendant sur la femme et sur sa postérité, qui lui écrasera la tête.

LE DRAGON

L'Apocalipse nous fait connaître que le dragon, l'ancien serpent, le diable et Satan, c'est une même bête ; c'est la bête mistérieuse de l'Apocalipse (17. 8).

Le dragon se confond avec le Titan de la Fable, c'est l'enfant de la terre parvenu à sa puissance sanguinaire. Nous *dragons*, nous *draguons*. Les dragons *draguaient* ou *traquaient* les *ons* ou les hommes, qui étaient alors les plus misérables des animaux ancêtres. *Dé r'ai à gueu*, drague = suce. *Drague ai*, draguer ; *drague ai on*, dragon ; *drague ai on neu*, dragonne. *Der ague on = de l'eau homme.*

Dère, dire = bête ; grec : *dèrion* ; allemand : *Thier*. *Le dère à gon* ou le dragon, c'est la bête pourvue d'un *gond en feu, ce gond feu l'ai en,* se gonflant et voulant l'engoncer par violence. C'est la force du sang primant le droit et opprimant la vérité.

La dère ague, c'est la *bête de l'eau*. Elle vivait dans les dragues et y nageait : *dans les dragues on nade*. Les dragonnades firent monter le dragon des eaux. Le dragon, c'est l'esprit militaire, il se fait nourrir par les peuples qu'il tient enchaînés. Il se reconnait à un gond, un cône ou une queue, un ornement quelconque sur la tête, comme aussi à une dragonne pour enchaîner sa proie. C'est un animal se gonflant, comme la grenouille, pour se rendre redoutable; c'est pourquoi l'esprit nous fait dire : dragons, gonflez-vous.

Les dragons formèrent une noblesse et les familles nobles ont souvent, comme ancêtre, un dragon dans leurs armoiries.

Le dragon est un premier être, un prêtre, et en cette qualité il est aussi le serpent de l'Apocalipse. Il est personnellement visible sur la terre et y possède un grand pouvoir. C'est Titan ou l'empereur pourvu aussi d'un certain pouvoir spirituel. Jules César et les empereurs romains étaient souverains pontifes ou grands-prêtres. Pendant 1260 ans, la Papauté avait le pouvoir de faire la guerre; le pape était alors le dragon de l'Apocalipse (12, 9) précipité du ciel en terre. Il tenait la place de l'empereur romain et était, ce qu'il est encore, souverain pontife, c'est-à-dire serpent.

Le diable ne voulant pas être connu a poussé les esprits des hommes à représenter le dragon sous une figure simbolique qui témoigne de la folie des hommes, et les savants ont alors dit qu'il n'y avait pas eu de dragons. Ils ne voient pas, ces aveugles, qu'il y en a encore des régiments entiers. Ils ignorent qu'une méchante femme soumise au diable est un vrai dragon. Pour eux, le dragon, c'est la figure ridicule qu'ils ont inventée, et qui n'est, en effet, rien du tout.

Nous savons que le souverain pontife est le serpent de la Bible, le séducteur d'Eve ou de la femme. En effet, le serpent sous le nom de prêtre est visible, selon l'Évangile, puisque Jésus nomme les prêtres juifs : Serpents, race de vipères (Math. 23, 33).

L'ancêtre serpent, *c'est re peux en*, serpentait, *ç'ai air, péant t'ai;* marchant en avant et appelant sur sa nudité pour se faire gober. Nous voyons ce serpent agir de la même façon lorsque le prêtre à l'autel soulève sa partie postérieure et agite sa sonnette, le serpent à sonnette. Toutes les têtes des laïques s'inclinent et baisent la queue du serpent. Cette queue de serpent dans laquelle est le venin.

Toutes les histoires de dragons ont donc un fond de vérité, aussi certain que les dragonnades.

LES ANCÊTRES

Les ancêtres sont *les anciens êtres*, nés du frai, n'ayant pas de nombril. Nul n'a émis le moindre doute sur l'existence des ancêtres, et cependant personne n'en a jamais vu. Si âgé que soit un père de famille, c'est toujours un homme, ce n'est pas un ancêtre. Ce n'est que depuis peu que l'esprit a permis de mettre ce nom au singulier. Les ancêtres sont tous morts et disparus, et on met les morts au rang des ancêtres.

Chez les ancêtres on voyait *l'aisance être*; c'était l'âge d'or : *las jeu dehors? L'ai bât, je d'ai ore; las, je dors.* Les premiers ancêtres sont les anges qui se rendaient l'un à l'autre tous les services possibles. L'ange du jugement jugea d'abord de la *nue-déité*, de la nudité que les anges purs jugeaient : *en jeu pur jus j'ai est*. Ne blâme point, lecteur diabolique, car le grand Dieu tout-puissant a jugé l'ange qui a obéi, et cet ange *pur jugé est*. Tout est pur pour les purs. *On centre mange ai*, on s'entre-mangeait. Les anges *centre mangeaient* et c'est ainsi qu'ils s'entre-mangeaient. Les amants continuent à s'entre-manger des yeux.

Les anges ne sont pas tous disparus : les Angevins sont d'anciens *anges vains*. Ils vivaient dans *l où* ou dans l'eau. *Eau d'ai on, eau d'on*, Odon. *Où d'ai on, où donc?* Oudon. Odon et Oudon sont des rivières où se tenaient les premiers *ons*, qui sont les premiers anges, les anges de l'Anjou, *l'ange où ?*

La vendange commença à *l'avant d'ange*. Aller en vendange, c'était aller *en véant d'ange*. Les anges furent les premiers étrangers, *être ange ai. Etre en jeu l'ai, être ange t'ai*, étrangeté. La bouche des grands anges fut la première *grange* où s'entassa la moisson des mots qui sont les anges de Dieu. *L'ai hause, lose ai en jeu*, losange. Les jambes de l'ange ou de l'homme forment un losange naturel. *Loue ai en jeu, loup ange*. On chantait les louanges des *loups-anges*. Les premiers loups étaient des anges, c'est pourquoi on dit à volonté : mon petit loup, mon petit ange. L'ange est avant le loup, car on dit : mon gros loup. Le gros loup se prévalait de sa queue, dont il était souvent question.

Mets l'ai en jeu, m'ai le en jeu, mélange. Tous les anges se mélangeaient, car il n'y avait pas encore de classes. Quand tous les hommes se mélangeront, les démons auront disparu et nous serons tous semblables aux anges ; nous serons ressuscités, nous, les anges, et étant enfants de la résurrection nous ne pourrons plus mourir (Luc 20, 36). D'ailleurs les anges n'ont jamais disparu. Les premières mères nommaient leurs petits des anges, en leur donnant le sein. *Ose ai en jeu*, aux anges, l'enfant sourit aux anges, quand on vient lui offrir le sein. *Saie l'ai en jeu, c'est l'ange, ses langes. Vie d'ai en jeu, vie d'ange*. La vidange commença dans les langes de *l'avide ange*, car ces anges souvent *à vide* étaient *avides*. On voyait auprès d'eux *la mère de Dieu*.

Ces anges, nés d'une mère, devinrent les premiers dieux, nos pères. Les mères continuent à donner le nom d'ange à leurs petits loups, et nous, les hommes, nous sommes des anges ou des loups. L'homme fut le premier des anges, *l'on mange, l'homme ange*. L'homme ange fut le plus consommé, *con ce homme ai*, et il est appelé à consommer le dernier.

L'arcange fut le premier des anges, *are qu'ai en jeu, arcange*. Il s'arquait pour appeler sur sa nudité, sans aucune pudeur. Il arriva le premier à sa perfection animale, et l'arcange de la résurrection arrive le premier à sa perfection spirituelle, étant ressuscité par la volonté du grand Dieu tout-puissant. Les anges sont de purs esprits, invisibles; nous voyons l'homme, mais nous ne voyons pas l'ange. L'ange vrai, c'est l'homme dès la fondation du monde. Ce n'est pas l'homme né d'hier et qui sera mort demain, car la chair et le sang ne peuvent posséder le royaume de Dieu.

Les anges rebelles, *en jeu re baie-le*, n'obéissaient point à leur tour. Ce furent les démons : *d'ai mets on*; les démoniaques : *d'ai mets on neu, y ai aque*; démonomanie : *d'ai mon nœud haut, manie*. Le démon est très démonstratif : *d'ai mets on ce trait, à t'ai ife*; c'est toujours pour appeler sur sa saleté; il a toujours quelque chose à vous fourrer dans la bouche ou à vous mettre dans la main. Il appelle sans cesse sur son objet, sur son individu, depuis la tonsure à la chaussure. Il est couvert *d'orinements* ou d'ornements, son corps suinte l'eau bénite et est stigmatisé de *queues rois* ou de croix. Cet animal immonde, *y me met onde*, jette son urine diabolique sur les gens, sur les vils laïques qui se courbent honteusement.

Ange, démon, ancêtres n'ont point de féminin. Les mâles parurent les premiers et se trouvèrent un certain temps isolés entre eux. D'ailleurs qui se ressemble s'assemble. Les mâles et les femelles se livraient séparément à des jeux plus ou moins innocents, comme aujourd'hui.

Les ancêtres et les *prés-êtres*, c'est tout un. Les anges-prêtres sont devenus les hommes de bonne volonté; car il est écrit : tu nous as faits rois et prêtres et nous régnerons sur la terre. Les démons-prêtres sont bien des hommes; ils le sont de force, tandis qu'ils sont prêtres de bonne volonté. Dieu les a créés hommes, mais ils ont quitté leur propre demeure, leur propre état, et n'ont pas gardé leur origine. Dieu les avait réservés dans des liens éternels et dans les ténèbres pour le grand jour du jugement qui est arrivé (Jude 6).

LE VERBE DES DIEUX

Le verbe *dire*, *d'ai ire*, *déire*, est le verbe nommant nos dieux jusqu'en Grèce. *D'ai, i, déi* vaut *dieu* et est devenu *dis, dit*. Le *dit* un tel, c'est le dieu un tel. De même la *dite* ou la *déite* est une déesse, ainsi que *déie, déisse, déive* etc. Le démon ne devint un dieu qu'en se transformant en diable, le prince des démons, le *maux déi*, le mauvais dieu, le maudit. La fée ne devint une déesse qu'après avoir été fécondée : *fée queue on dée*. C'était une dévergondée : *d'ai vergue ondée*. La déisse, *d'ai bisse*, fut aussi une déesse. *La déisse grasse* chez nous tomba en disgrâce ; il en fut de même de la *déisse pute*, mère de la dispute, voire la *pute Ifar*. Les déisses furent peu considérées : elles faisaient l'objet de marchés. *La déisse qu'on veut n'ai eue, la déisse qu'on veut nue*, ce n'est pas *la déisse convenue* ; c'est une disconvenue. Jacob trouvant Léa et non Rachel n'eut pas *la déisse convenue*, ce lui fut une disconvenue. *Quand on en dit ce convient, on n'en disconvient pas, et si en déisse queue on veut eunire*, il ne faut pas en disconvenire.

A la déive, ine y t'ai ; *à la dive inis-té* = à la déesse unis-toi, à la divinité. Les laïques et les démons étaient trop faibles pour s'unir à la divinité. Ils ne pouvaient croire au divin. *Au dei, veux in ; Audis, vins*. Ils ne peuvent croire à l'amour, ni en Dieu qui est amour.

Les *déis* ou les *dits* sont les dieux de la terre ; ceux nés d'une mère se disent dieux et le nom est légèrement modifié, comme en grec où les premiers dieux, démons et diables, sont : *daimones, diaboles*, et les dieux parfaits : *théos, théoi*.

Le verbe *dire* est à l'origine du mot *dialecte*, qui est grec et français. En suédois : *di, dis* = téter. *Dis à lait qu'ai te*, dialecte ; c'est un appel très clair au lèchement. Dis donc, *déi d'on* = dieu des eaux. Nous répondons au nom de Didon.

Les dialectes sont la vraie parole de Dieu et des dieux.

Les apôtres, après avoir reçu le Saint-Esprit, parlent divers dialectes, ou un langage si simple que tous les comprenaient. Jésus parlait le dialecte hébreu et non l'argot des grammairiens. Si le Nouveau-Testament est écrit en grec, c'est que cette langue était la plus répandue et la moins déformée.

LE DIABLE

D'ai i, hâbe ai le; *dis, hâbe-le* = tiens, suce-le ; c'est le langage du diable offrant son aspergès à ses piteux laïques. Le diable est un *dèi, ce dèi hâble et ment* diablement; c'est le *dèi hâbleur*, le dieu hâbleur, *hâbe l'heure*. Il hâblait ses fables sur le sable, d'un air affable. Il accablait *à qué hâble l'ai*, ses victimes, les prenant par le râble ou les tirant avec un câble. Le diable est le même que le dragon. Comme diable, il se prévalait de sa crosse, *sa queue rehausse*. Comme dragon, il était chevalier et se cabrait, *queue âbre ai*, présentant son sabre, *ç'ai abe re*, pour se faire gober.

Abe ou *abbé* vaut *père*. Le diable = *dèi abbé le*, c'est *le dieu abbé* ou *le dieu père*. C'est-à-dire qu'il est le père du dieu animal dont nous sommes animalement les enfants. Le diable est à la tête des dieux infâmes de la Bible, mais ce n'est que dans le Nouveau-Testament que le nom de diable lui est donné. Les enfants du diable furent matériellement les premiers dieux nés d'une mère, lesquels sont nos pères animaux. Comme l'Esprit créateur des mondes, a pris le nom de ces derniers dieux, le nom de Dieu et de père, pour se faire connaître à sa création, le diable est notre grand-père ou notre père en Dieu, ainsi que monseigneur l'Evêque.

Le dieu-abbé ou le diable est aussi *le dèi à bé*, ou le dieu ayant un bec, ce fut l'oiseau à gros bec, adoré en Assyrie. Ainsi que la grenouille, il avait la bouche fendue jusqu'aux oreilles.

L'italien nomme le diable, *il diavolo*, ce mot est aussi français. Le diavolo, c'était le *déi à vau l'eau*, s'éloignant des bords pour fuir devant les dieux, ses enfants, avec lesquels il était en guerre.

Il diavolo, c'est *le déi avolo*, le dieu aïeul ;
La diavola, c'est *la déi avola*, la déesse aïeule ;
I diavoli, ce sont *les déi avoli*, les dieux aïeux ;
Le diavole, ce sont *les déi avole*, les déesses aïeules.

Le mot *avo, avolo*, a désigné le père d'abord, et le grand-père ou l'aïeul, quand les hommes furent créés. Le mot *diavolo* signifie donc, comme en français, *dieu abbé* ou *dieu père, dieu aïeul*. Il prit naturellement cette signification quand la création fut complète ; il y avait les hommes, les dieux ou les pères et le petit père ou le diable, le diavolo, qui était bien l'aïeul ou le grand-père, le déi avo lo = déi abbé le. Le diable.

Le diable est le même que Saturne ; Saturne, selon la Fable est le grand-père des hommes, et il en est de même du diable, selon l'Evangile ; car Jésus nomme les Juifs les enfants du diable, et dans sa première épître, Jean oppose les enfants de Dieu aux enfants du diable. Le nom de diable est extrêmement désagréable à notre vieux grand-père animal. Le livre des fils de Dieu est la Bible et surtout le Nouveau-Testament, où nous sommes parfaitement instruits sur le diable et ses anges (Mathieu, Luc, Jean, Paul, Jacques, Pierre, Jude), mais déjà on ne trouve point ce nom dans Marc. Le livre des enfants du diable est le catéchisme, là on cherche en vain le nom du diable ; de même dans les livres de messes, il n'y est point nommé. Notre père en Dieu, monseigneur l'évêque, qui est la personnification du diable et tient sur terre la place de Dieu, n'aime point ce nom, il lui déchire l'oreille, et le nom de diablesse encore plus.

Cependant la tradition nous le fait connaître aussi bien que l'Evangile et la terre est couverte, comme aux premiers jours de toutes sortes de diables : grand diable, petit diable, mauvais diable, bon diable, beau diable, vilain diable, enfant du diable. Qui diable ne connaît pas plus d'un pauvre diable? Ne sommes-nous pas tous un peu diables? Et les pauvres diablesses, ne les rencontre-t-on pas un peu partout? Si l'engeance laïque met en doute le grand Dieu tout-puissant, elle s'incline pleine de respect sous la puissance du diable. *Que dis, bâble, veux-tu?* Que diable veux-tu? Tous ceux qui ont en eux un esprit de démon ou du diable, lui disent : mon père, en la personne du prêtre et surtout de l'Evêque qui est notre père en Dieu, c'est-à-dire, père de Dieu et grand-père de l'homme. Ainsi les enfants du diable lui disent : mon père, bien que le Seigneur Jésus l'ait expressément défendu, en disant : N'appelez personne sur la terre votre père, car vous n'avez qu'un seul père, qui est dans les cieux. (Math. 23. 9.)

Le nom de Satan ne lui plaît pas non plus. Quand *ça tend, ça tire et ça bat*; alors le satire Satan tient son sabbat. Satan est donc l'animal méchant, mais le diable est le vrai seigneur du monde primitif. Il est le prince ou le premier de ce monde et à la venue du Seigneur Jésus, sa place était dans le ciel (Ap. 12. 8). Il résume toute la création des êtres qui naquirent du frai des grenouilles. En qualité de Satan, il exigeait de vils services, et rien n'est encore plus fâcheux que de tirer le diable par la queue.

En la personne du pape, il disposait des royaumes de la terre et de leur gloire; mais depuis 1900 où le règne de Dieu est proclamé dans le ciel, et où les saints du souverain, les hommes de bonne volonté, ont reçu le règne et la domination et la grandeur des royaumes qui sont tous les cieux (Dan. 7. 27), le diable tend de plus en plus à disparaître et le jour approche, où il sombrera entièrement, au jour de l'éclat de l'avènement du Fils de l'homme.

Ainsi le diable et Satan, c'est le prêtre sur toute la

terre. Le diable est le grand premier être, le grand prêtre sur tout le globe et dans toutes les religions. Il n'est écrit nulle part que le diable soit un pur esprit ou qu'il soit invisible. Résistez au diable, et il s'enfuira de vous (Jacques 4. 7).

LE PRÊTRE

C'est dans le prêtre que réside l'esprit du serpent, il est le plus fin des animaux. Ce n'est pas l'esprit de violence, mais c'est l'esprit rusé et profondément méchant.

Le *pré* ou le *pré-être*, le prêtre a donc préexisté, animalement il est mort; son esprit seul anime les prêtres actuels. Cet esprit, plein de préjugés, les tient entièrement sous sa domination.

Le prêtre étant né du frai n'avait pas de famille. Son nom était un *pré nom*. C'est pourquoi toute la famille du diable, les religieux, les prêtres, les évêques et le pape, perdent leur nom de famille et reprennent un simple prénom, sauf les moins endiablés. Partout le prêtre prétend à la préséance. Sa grande *pré tension*, prétention le rend prétentieux.

Le prêtre est le père du dieu animal, dont nous sommes charnellement issus, puisqu'il est notre père en dieu. Il avait pour femelles les diablesses; ces déesses sont les mères que le diable, selon Gœthe, ne cite pas volontiers. En effet, si les prêtres nomment quelquefois le diable, ils ne disent jamais un mot de la diablesse, mais ils l'honorent sous le nom de mère de Dieu. Comme Saturne dévorait ses enfants, le diable exige du prêtre que ce dernier offre à Saturne, chaque matin, un petit enfant, agneau de Dieu, pour son horrible festin. C'est dans le sacrifice de la messe que cette bête méchante et mauvaise, offre, pour son salut, à son bon Dieu, dit-il, son enfant qu'il vient d'égorger. Ce bon dieu qui dévore son enfant, c'est notre père en Dieu, le diable ou Saturne.

Nous pouvons considérer de nos yeux cette bête disparue, dans la personne du prêtre à l'autel, où elle renouvelle son abomination. A ce moment l'esprit de l'ancêtre saisit l'homme et lui interdit tout mouvement qui ne lui était pas propre. Le col devient roide, et le prêtre ne peut plus tourner la tête sans tourner tout le corps en même temps ; les mains sont relevées, la paume en avant, comme les pattes de devant d'un rampant ; pour se maintenir debout, il les appuie fréquemment sur l'autel ou sur les épaules d'un acolite. Il ne connaît ni la droite ni la gauche, mais distingue les côtés par les objets qui s'y trouvent : côté de l'épître, côté de l'évangile. Il ne discerne pas le bien du mal, puisque pour son salut, il égorge à un père son propre enfant, le plus grand crime de la terre. En buvant le sang de la petite victime, il lève haut la tête, pour que la bouche se trouve au bout du corps, comme chez la grenouille.

La parole confirme pleinement. *Abbé = père*. Vous êtes l'abbé, *l'abbé êtes*; vous êtes et vous faites la bête, la bête de l'Apocalipse. L'abbé était donc une bête, notre père en Dieu, monseigneur l'évêque. Nul ne peut être prêtre ni évêque, s'il ne rampe comme une bête. Et toute la terre est tombée en adoration devant cette bête, en disant : Qui est semblable à la sainte église catolique romaine, et qui pourra combattre contre elle ? Mais le grand Dieu tout-puissant exerce ses jugements contre cette prostituée pour venger le sang des Saints et des Martirs de Jésus, qu'elle a répandu de sa main (Ap. 19. 2)

Ainsi le prêtre qui est le premier de la terre, cède désormais le pas à l'homme, le dernier venu. Les premiers sont les derniers.

LES MÈRES

Les *eaux-mères* sont les premières mères. Ce furent les eaux dans lesquelles se forma le frai naturel de la terre, duquel prirent vie des êtres primitifs qui disparurent entièrement lorsqu'ils eurent produit un frai nouveau. De ce frai animal sont sortis tous les animaux actuels, des poissons à l'homme. Ainsi les poissons actuels et même les coquillages viennent d'espèces disparues.

Les êtres qui sortirent du frai secondaire, se transformèrent comme on voit les têtards de la grenouille le faire, chaque espèce selon sa destination. Dès ce moment l'esprit créateur connaissait la marche de son œuvre. Les animaux supérieurs actuels ont eu un ancêtre antérieur, d'une manière analogue à celle de l'homme.

Quant à l'homme, bien loin de venir d'un animal quelconque, il y a de nombreuses familles dans une même contrée, qui remontent aux eaux-mères et à la terre, notre mère commune.

Notre parenté spirituelle remonte à l'esprit, le seul père, qui n'a point d'épouse. En cet esprit, l'homme et la femme ne font qu'un, et spirituellement n'ont point de mère. Mais nous avons les mères selon la chair.

Après la terre et les eaux, les pères et les mères se trouvent parmi les rains et les raines. Les *raines-mères* sont celles qui eurent des petits et leur sauvèrent la vie. Ce sont ces *raines-mères* qui sont honorées sous le nom de mère de Dieu. *La raine-mère* est devenue *la reine-mère*, car *la raine-mère* est mère du dieu animal, et le premier fils de ce dieu, c'est le roi, la première bête qui marcha droit.

La raine-mère ou la reine-mère est donc la première mère ; c'est la grand'mère de l'homme, le roi de toute la terre. Elle fut aussi la première grammaire, car la première elle enseigna à parler à ses petits.

La mère de l'homme, c'est la fille-mère : une fille née d'un dieu né et d'une déesse née. Les dieux ne se mariaient point avant d'avoir des enfants. La fille-mère à laquelle ils s'attachaient devenait leur femme. C'est ainsi que Jésus est venu au monde pour être semblable à l'humanité. Il est donc aussi né de la femme, ainsi que l'écrit Paul.

Le diable qui aime la raine-mère ou la reine des cieux, la reine des anges, la mère de Dieu, tient la fille-mère en abomination ; car ce fut elle qui lui signifia son rejet, en mettant au monde un être encore plus parfait que les dieux et auquel il n'avait nulle part. En effet, l'être né de deux parents, nés d'une mère, était plus accompli que le dieu né des enfants de la terre. Il était la splendeur et la gloire de son père et l'image empreinte de sa personne (Héb. 1, 3).

Dans la Fable, le dieu le plus parfait, c'est Apollon, né de Jupiter et d'une fille de Titan peu connu, de Latone, la fille-mère poursuivie et malheureuse. Apollon est pauvre et pourchassé par son père ; il se fait berger puis maçon, et plus tard devient grand et puissant. Il est corporellement le tipe de la beauté matérielle, comme Jésus est celui de la magnificence de l'esprit.

Ainsi le monde spirituel se modèle sur le monde animal.

La reine-mère est la mère du roi régnant, mais pour régner le roi doit être homme, il faut qu'il soit majeur. La première raine-mère enfanta un dieu, mais ce dieu est en quelque sorte l'homme enfant. Le dieu n'est parfait que dans l'homme, et le vrai roi de la terre, c'est l'homme, l'Homme-Dieu, ayant pour mère une fille-mère en qualité d'homme et une raine-mère en qualité de Dieu : cet homme est le Seigneur Jésus, et nous sommes tous devenus lui-même, car il est l'humanité toute entière.

La portée des premières mères était de sept mois, et elles mettaient en moyenne trois petits à la fois au monde.

Les enfants de Cibèle, dans la Fable, vont par trois, il y a trois frères : Jupiter, Neptune et Pluton. Il y a aussi trois sœurs : Junon, Cérès, et Vesta. Adam et Noé ont chacun trois fils, ce qui n'est cité qu'à titre de remarque. Le mot *fraternel* contient *terne* qui vaut *trois*. Mais il suffit de savoir que les mères mettent encore au monde au bout de sept mois, et que l'enfant vit préférablement à celui qui vient à huit mois, enfin une portée de trois enfants à la fois, est un fait matériel qui se présente assez souvent pour n'être ignoré de personne. Cela explique aussi ces paroles de la Bible (Gen. 3, 16) : J'augmenterai beaucoup ton travail et ta grossesse, et tu enfanteras dans la douleur. Ces paroles s'adressent à Eve, et cependant il ne semble pas qu'elle ait déjà été mère. De plus il est écrit : Adam appela sa femme Eve, parce qu'elle a été la mère de tous les vivants. Si les traducteurs avaient compris le mot Eve, ils auraient su que c'est un nom de la grenouille, et ils auraient traduit : Adam appela sa femme *raine* ou *reine*, car la *raine* a été la mère de tous les vivants. Entre la mère de tous les vivants et le nom de *Eve*, il faut bien qu'il y ait une relation. On connaît cette expression : *Eh ! va donc, grenouille*, où nous trouvons : *Eva, donc grenouille* ; *Eve, adonc grenouille* ; *évadons, grenouilles*. Ainsi en français le nom de Eve et Eva convient à nos grenouilles, qui portèrent à peu près tous les premiers noms.

LE DIEU

Oeu, œuf, œufs et *eux* ; *d'ai œufs* et *deux* ont même origine. Le premier *œu* ou *œuf* est le sexe : *euh ! heu ! D'ai heux*, deux montra les deux premiers *œufs, eux*. Les premiers qui eurent *deux œufs*, se dirent : *eux*. Ce sont *eux*, ne se dit que des dieux et des hommes qui sont *aussi eux*, aux cieux, et aussi des dieux. Les aïeux sont donc aussi des dieux, mais ce nom leur est moins applicable. Le diable fut un dieu inférieur et ce nom ne lui convient plus.

Les vrais dieux, nés d'une mère, sont nos pères, comme Dieu est notre père. Notre Dieu n'est point un aïeul, c'est notre père.

En allemand, les aïeux sont : *die Ahnen*, les ânes. Le mot *Ahn* ne convient point au *Gott* ou au dieu. Il en est de même en italien, les aïeux sont *gli avoli*, et le mot *avolo* ne convient qu'au diable, au diavolo. *Il dio*, le dieu, n'est pas un *avolo*.

Le mot âne fut donné à nos anciens dieux. Les *dieux manes* ou *me ânes*, sont les dieux, mes ancêtres. Le roi Midas avait les oreilles de ces anciens dieux, aplaties en pointe vers le haut; c'est ainsi qu'il avait des oreilles d'âne, on en voit encore de semblables. Diane, la première, est la *déie âne*; c'est une femelle du diable, ainsi que la reine des anges.

Le mot *yeu* est le singulier de *yeux*. L'*yeu* et les yeux sont dénommés du sexe et de l'eau qui en sort : l'œil pisse. *D'ai yeu*, dieu; *d'ai yeux*, dieux. Le dieu et les dieux présentaient à la vue leur sexe qui fut le premier dieu et le dieu des dieux, comme il est le roi des rois.

Les *dits eux*, les dieux, ce sont les hommes, selon qu'il est écrit : J'ai dit : Vous êtes des dieux. L'homme est le vrai dieu et le *vrai d'yeu*, car on ne peut voir Dieu que dans l'homme, ainsi que le dit le Seigneur Jésus : Celui qui m'a vu a vu mon père.

De même que l'homme animal ne peut voir son œil directement, l'esprit de l'homme ne peut voir directement l'esprit de Dieu. Cependant on peut voir Dieu *et d'yeu* face à face, en se regardant dans l'œil de son frère, car Dieu, c'est moi en toi et toi en moi; aussi Dieu est en tous lieux et en *tous l'yeux*. Quand à entendre la voix de Dieu, c'est la voix du peuple, qui crie sans cesse : justice et liberté. *L'ai ce yeu, l'ai cieu*, mets l'essieu. *Mets au cieu*, mossieur. *Mets sis ai heux*, mets cieux, messieurs. Monsieur et messieurs sont dans les cieux et ce sont des dieux. Ils sont *mes messies, eux*; et pour eux, *m'ai cieux*. Cette appellation honore tout homme honorable sans exception. Les citoyens, les camarades, les confrères et tout ce qui s'affuble d'un vain nom spécial est enfant du diable, sans en excepter ceux qui voudraient être des messieurs. Yeu est un premier nom de Dieu. *D'ai yeu*, dieu. Le bon yeu se dit encore pour le bon Dieu.

Eau l'ai yeu, au lieu. *Au mis l'yeu, au mille yeu*, au milieu. Le lieu sein est le lieu saint et le sein l'yeu, le saint lieu. *L'esse yeu* ou l'essieu pénètre le *moi yeu*, le moyeu.

C'est sous forme d'yeu ou dieu que le premier têtard commença à voir et à se mouvoir ; ce yeu ou cet œil est devenu le nôtre et Dieu voit sa création matériellement visible par nos yeux qui sont les siens puisqu'il les a créés; mais l'œil de Dieu qui est en notre esprit, voit la création disparue dans la nuit des temps, comme si elle était en pleine lumière. Yeu pour œil est populaire et enfantin.

Sonde ai yeu, son dieu. La femme doit faire son dieu de son mari et ne plus faire *d'yeu* au vieux serpent, son premier séducteur. Il est fréquent de dire presque inconsciemment : mon Dieu, en parlant. C'est l'esprit qui nous fait donner ce nom à notre interlocuteur, homme ou femme, car la femme est aussi un dieu : Mon Dieu, que tu es beau. Mon Dieu, que tu es belle. Les dieux seuls peuvent ainsi parler.

Dieu est le vivant qui me voit. L'œil de Dieu voit tout, car il te voit, et toi c'est tout. O mon Dieu, *ô monde yeu*, que ta vue est puissante. C'est par toi que nous voyons les choses visibles et même les choses invisibles.

Vie ai heux, vieux; *vie ç'ai, y ai heux*; vicieux: *mon vis ai heux*, mon vieux. *Vis, c'ist eux*, vicieux. Le vieux diable était vicieux. Le diable est vieux. On dit un vieux diable, mais non un jeune diable ; car le diable n'a pas eu de jeunesse, il était alors à l'état d'ange. On ne dit pas un vieux dieu, car le dieu ne vieillissait point, il se changeait en homme. Dieu s'est fait homme. On dit : *un jeune dieu.*

Eau déi. Audis, audissons, audissez, Odissée. Audire = écouter, et se trouve dans maudire. *Me audis* et ne me maudis point. Chez les dieux infâmes *se mots dire, se maux dire* et se maudire, c'est une même chose : ils ne se servent de la parole que pour s'insulter.

Audis eux, eau dieux, ô dieux, odieux. La voix des dieux était puissante, c'était une voix d'airain et des rains. Ces dieux devinrent odieux ; ils furent méprisés et détestés par les hommes devenus nombreux. On les exécrait ou mieux exsécrait, et on leur refusait tout. On poussait les chiens contre eux : *mords dieu*; par là *mords dieu.* Mordieu, par la mort dieu. Les hommes furent des chiens à l'égard des dieux, leurs pères ; c'est pourquoi les chiens sont exclus de la nouvelle Jérusalem.

Les derniers dieux furent donc malheureux et disparurent peu à peu entièrement. Les dieux s'en vont, dit-on. Quand on ne les vit plus, ils devinrent si grands et si terribles que la terre tremblait à leur nom, et sous leurs lois divines.

Les vivants furent soumis au diable qui est le prince de la mort, et est lui-même la mort ; comme Jésus est la vie et le prince de la vie. Les hommes se mirent alors à suivre les cadavres et à se découvrire devant eux prêts à faire mourir les vivants, les ressuscités et celui qui les aurait ressuscités (Jean 12. 10). Ce sont donc les morts qui ont commandé aux vivants jusqu'à ce jour ; mais par la volonté du grand Dieu tout-puissant, et selon les profélies, le temps de la puissance des anges et des dieux est passé, et la mort va être engloutie pour toujours,

Tous les dieux sont ressuscités, ils sont *d'yeux* parmi nous ; ils vivent au milieu de leurs enfants où ils continuent à *être faux d'yeux, d'yeux méchants* et *d'yeux infâmes*, car les dieux ne valaient pas mieux que le diable, leur père. Les dieux sont devenus des hommes. L'homme qui est *vrai d'yeu*, c'est le vrai dieu. Celui-là, c'est le Fils de Dieu, Jésus-Christ. C'est lui qui est le vrai Dieu et la vie éternelle (1 Jean 5, 20).

L'esprit sublime de la nature qui a créé le ciel, la terre, la mer et les sources des eaux (Ap. 14, 7) a pris pour se faire connaître aux hommes dont il est le père, le nom du père animal de l'homme; mais cet esprit que les cieux ne peuvent contenir ne fut jamais un dieu animal et ne peut non plus être un homme de chair.

PARRAIN ET FILLEUL

Le parrain est le *pare rain* ou le père grenouille; la *mare raine* est marraine. Il en résulte que c'est le diable et sa diablesse, en ce qui concerne la dénomination. Nous savons que nous sommes fils de Dieu et petits-enfants du diable, qui est le grand-père de l'homme et le père du dieu animal dont nous descendons.

En anglais et en suédois, le parrain se nomme : *dieu père* : *godfather, gudfader, gufar*. La marraine est : *dieu-mère* : *godmother, gudmoder, gumor*. Le *filleul* se dit : *dieu fils* : *godson, guson*; la filleule : *dieu-fille* : *goddaughter, guddotter*. Il en est de même pour *filleul. Yeu* = dieu. *Fils-yeu le* = le *fils-dieu. Fille-yeu le*, fille dieu, c'est donc fils et fille de dieu, comme en anglais et en suédois. *Fils dieu le* s'élide naturellement en *filleul*. Il en est de même en italien et en espagnol.

Parrain et marraine sont les grands-parents spirituels du filleul, c'est pourquoi grand-père et grand'mère sont de droit parrain et marraine. Le batême avec ses cérémonies appartient aux pompes et aux œuvres de Satan. Nous ne chercherons pas l'époque où le prêtre, sous le nom de parrain, introduisit le diable au batême, dans l'église de Jésus. Il est bien certain qu'il n'est pas question de cette bête dans l'Évangile, et qu'au batême du Seigneur Jésus, il n'y avait ni prêtre ni parrain ; mais là, l'homme, fils de l'homme, fut reconnu de Dieu, le père, disant du haut des cieux : C'est ici mon fils bien aimé, en qui j'ai mis toute mon affection.

Ainsi le français nomme le diable, *le dieu-père* : *déi abbé le* ; l'italien le dit : *dieu grand-père* : *déi avolo*, diavolo. Le diable est père du dieu animal dont l'homme animal est le fils ; et par suite il est aussi, sous le nom de diavolo, le grand-père de l'homme, qui est le vrai dieu. Le parrain est le *père rain* et la marraine, la *mère raine* ; mais *parrain* et *marraine* sont en anglais et en suédois : *père et mère de Dieu* ; ils sont donc diable et diablesse et aussi père et mère grenouilles.

Au batême, le parrain et la marraine représentent le diable, et sa diablesse ; ; le prêtre, qui est le vrai diable, tient la place de Dieu, qui reviendrait au père de l'enfant, lequel étant l'homme est aussi le vrai dieu. Mais ce vrai Dieu est spirituellement encore à l'état imparfait, à l'état hideux de laïque, d'esclave des anges de Dieu et des anges du diable ; ce n'est que par la Science de Dieu, par la révélation du livre de vie que l'homme arrivera à se connaître soi-même ; qu'il saura que Dieu le fait roi et grand prêtre, selon l'ordre de Melchisédec ; et alors les anges de Dieu et du diable, au lieu de le tenir enchainé, l'adoreront, selon l'ordre du grand Dieu tout-puissant, qui le leur commande, en disant : Que tous les anges de Dieu l'adorent (Héb. 1, 6). Vous tous les Dieux, prosternez-vous devant lui (Ps. 97, 7). Et cet homme que les dieux et les anges doivent adorer, c'est le Seigneur Jésus, assis à la droite de Dieu, au plus haut des cieux ; c'est lui qui vient gouverner la terre, car toute puissance lui est donnée sur la terre et dans les cieux, Dieu ayant mis toutes choses sous ses pieds (1 Cor. 15. 27), et il nous fait tous semblables à lui (1 Jean 3. 2).

C'est à ta gloire, Seigneur Jésus, qui nous inspire; c'est à ta gloire et à la gloire de Dieu, le père, que nous écrivons ces choses. Qui osera venir combattre ces vérités? Ces vérités qui sont notre bouclier et notre écu (Ps. 91. 4).

LE FILS DE DIEU

Le fils de Dieu, c'est l'homme. Son premier nom, c'est *on*, *l'on*. *L'on meut*, l'homme. *On meut*, homme. Dans le pronom *on* sont contenues les trois personnes du singulier et du pluriel : *on vient*, exprime tout le présent de *venir*. Partout où l'on trouve : *on me* ou *l'on me*, on peut mettre *homme* ou *l'homme*. *L'on me*, c'est mon homme. *L'on me voit*, *l'homme voit*; *on m'appelle*, *homme appelle*. L'homme est le premier des anges; il est le commencement de la créature de Dieu (Ap. 3. 14); il est l'ange des eaux (Ap. 16. 5). Il est donc le premier, c'est pourquoi il est écrit à l'égard du Fils : ô Dieu, ton trône demeure aux siècles des siècles (Héb. 1, 8). L'homme est le commencement du mouvement. Le mouvement, c'est la vie. L'homme est le premier vivant, il est aussi le dernier. Je suis le premier et le dernier, le commencement et la fin.

Les mots *fidéicommis* et *fidéicommissaire* peuvent s'appliquer à tout homme et ne conviennent qu'à l'homme. Ces mots nous confirment que l'homme est fils de Dieu. *Fils déi que homme ist*, qui est homme est fils de Dieu. *Fils déi commis serf*, tous les hommes sont *serfs* et *commis* du fils de Dieu et sont eux-mêmes fils de Dieu et fidéicommissaires, *fils Déi commissaires*, commissaires du fils de Dieu. Ils sont soumis les uns aux autres, comme étant les membres d'un même corps qui est celui de Christ (1 Cor. 12. 27). Le fidéicommissaire est chargé d'une mission sous l'œil de Dieu. Cette mission, c'est son *fidéicommis*, et notre *fils déi commis*, c'est l'homme qui vient après nous, qui nous est confié et auquel nous devons transmettre fidèlement tous les biens que nous avons reçus de Dieu, par l'intermédiaire de ceux qui nous ont précédés. Nous devons transmettre les biens de la terre et ceux de l'esprit augmentés, afin que nous devenions de plus en plus heureux dans le royaume pacifique du grand Dieu tout-puissant.

Ainsi il est écrit dans la parole non seulement que l'homme est le fils de Dieu et le petit-fils du diable, mais encore quelle est la mission qui nous incombe.

Maintenant que l'homme-esprit a prouvé au diable, qu'il ne lui doit rien, puisqu'il était avant lui, et qu'il doit vivre sans lui au siècle des siècles, le diable doit disparaître et être jeté dans l'étang de feu et de soufre, où sont déjà la bête et le faux profète (Ap. 20. 10).

LE ROI

Le *deu roi* fut le premier roi, c'est le roi des rois ; il donna à Satan le premier droit. Le second roi ou le vrai roi fut le fils d'un dieu qui marcha droit d'une manière naturelle et continue. Il était roi par la grâce ou la *gueue rasse ou raide* de son père. C'est là l'origine du droit divin. Mais ce droit périclite et doit disparaître, car toutes choses ont été mises sous les pieds du fils de Dieu, et à lui seul, qui est l'homme, la terre doit être dorénavant soumise. C'est la parole ou la voix du peuple qui doit dispenser tous les pouvoirs.

Aussitôt que parurent les rois ou les premières bêtes marchant droit, toute la création reconnut leur droit à commander. Alors les dieux de toutes catégories, nés d'une mère ou enfants de la terre, passèrent à l'état de vassaux, *va à sauts*, selon que ces bêtes rampantes avançaient par sauts et par bonds. Ce fut l'époque des classes, si chères aux démons de la terre, appelés à une prompte disparition. Ainsi l'Ecriture est accomplie, et tout homme doit remercier Dieu, en disant du sauveur : Tu nous as faits rois et prêtres et nous règnerons sur la terre) Ap. 5. 10).

Les enfants des rois continuèrent à être de jeunes dieux, c'est à dire qu'ils marchaient à quatre pattes et se tenaient volontiers dans les eaux jusqu'à l'adolescence, *la d'eau laissance. A d'ai haut l'ai séant ce*, nous dit que c'était le moment de la puberté, *pue b'ai, air t'ai*. La violence de l'amour faisait se dresser le jeune dieu, qui se transformait en roi, en se tenant droit, et en quittant les eaux, non absolument sans retour.

Ces fils de rois furent nommés *daufins = d'eaux fin*. L'italien *delfino, d'èle fino*, et le mot *Delfine* disent la même chose. *D'eau finé ai =* j'ai fini d'aller à l'eau, *et d'ai au fait iné*, Daufiné.

Nous connaissons la création qui a dominé sur la terre jusqu'à l'an 1870 et à l'an 1900. Depuis cette dernière date, le Seigneur Jésus, qui se confond avec la parole humaine, détruit cette hiérarchie des premiers temps, et il amènera, suivant la volonté de Dieu, l'égalité spirituelle de tous les hommes sur toute la terre.

LA RÉSURRECTION DES MORTS

Le temps vient que ceux qui sont dans les sépulcres, entendront la voix du Fils de Dieu, et ceux qui l'auront entendue vivront (Jean 5, 25, 28).

Tout ce livre est une résurrection des morts, mais nous voulons montrer les sépulcres où ont été mis ceux qui doivent revivre.

Ange = mange. V'ai ange, t'ai oi; venge-toi. On se vengeait des anges en les mangeant. On sait que l'homme est le premier des anges. *On mange,* homme ange. *Homer* valut manger l'homme. *A ç'ai home, à ce homme,* assomme. *A ce homme-le,* assomme-le. *Qu'on ce home le,* consomme-le. Ainsi l'homme fut consommé, et c'est lui, l'ange des eaux, qui doit consommer le dernier. Jésus s'écrie : Tout est consommé, et l'humanité vient de le sacrifier. Il est mis au tombeau et toute l'humanité morte avec lui, en lui donnant la mort, ressuscite matériellement avec lui, pour ne plus mourir matériellement. Il ne reste donc plus qu'une résurrection spirituelle.

Le diable appelait ses enfants *avortons* et les dévorait. *A vore t'ai on. A vore t'ai*, avorter présente un avorton, et ce mot fut employé trompeusement; le projet avortait. *Vore ai, ace y t'ai*; voracité. Le diable était vorace. Au reste l'époque moderne montre les enfants servis sur la table des rois sauvages, et le prêtre dans la messe, avec ses communiants, conserve matériellement l'usage de manger les enfants, l'agneau de Dieu.

Le premier feu fut allumé par la foudre, et il se trouva que la chair cuite dans le feu était agréable. Le cri *feu*, *feue*, fut employé avec l'esprit de *mange*, autour du feu qui en reçut son nom. *Feu ton père, feue ta mère*, nous montre que les enfants à leur tour mangèrent leurs parents. Ensuite ils s'entretenaient de ce qu'ils étaient plus ou moins bons. Enfin on se mangea les uns les autres, les gros mangeant les petits.

Les *gens bons* fournirent les premiers *jambons*. *Le jambe on*, c'est une jambe d'homme. Or le cochon n'a pas de jambes. *Le gigue haut, le gigue os, le gigot* était un *os* et un *haut de gigue*; or le mouton n'a pas de gigue, mais on danse encore la gigue. *Noue, gigue haut t'ai, ons*; nous gigotons. *Le cuisse haut, le cuisse os*, le premier *cuisseau* ou *cuissot* fut un *haut* ou un *os* de *cuisse*. Or, la cuisse est propre à l'homme et à la grenouille dont on ne mange que les cuisses. C'est un *fesse tins*, c'est un *festin*. Ainsi les morceaux choisis de la viande ont pour nom celui donné à la chair des ancêtres.

Fais le beau, haut ton beau, dans le tonbeau, dans le tombeau. *T'ai on beu tombe; d'ai en la tombe*, dans la tombe.

La tombe et le *tombeau* où sont les morts, c'est la bouche de l'homme.

En t'ai aire-le, enterre-le. *En t'ai, aie r'ai*, enterrer. C'était une offre à la bouche où l'on enterrait. Mais le refus de ce qui était gâté, fit mettre en terre, ce qui était immangeable, c'est ce que nous continuons à faire. *Au bé séque*, obsèques. *Au bé séque y ai, ose y t'ai*; obséquiosité.

Haut ç'ai; *puc l'ai creux*; au sépulcre. Il est écrit : leur gosier est un sépulcre ouvert (Ps. 5, 10). *Cime = bouche*. L'ancêtre accroupi tenait la bouche en *cime*; *emplis cime*, lui faisait ouvrir un bec amplissime. *Cime agrée*, amenait des simagrées. *Dans le cime t'ai, y ai aire*; dans le cimetière; c'est donc aussi la bouche. Le cimetière n'est vivant que dans la bouche, et c'est une parole vivante.

Au serre cueille, au cercueil. *Çaire cueille =* prends de la çaire ou de la chair. *Le à bi aie-re*, la bière se confondait avec le cercueil, et autour on but la première bière.

Hume = bouche. *Hume ai, l'ai air*; laisse-moi humer l'air. *Ine hume ai*, inhumer. *En ce veux l'ai i, en ce veule ai i*, enseveli. On ensevelissait dans la *veule* ou *gueule*, *Gone = gueule*. *A la gone ai ie*, à l'agonie. Ce cri faisait accourir les démons mangeurs de chair. *Y l'ai, à gone ai ise*, il agonise.

Je prie pour les trépassés, disait : *je prends pour l'être ai passé*. Les trépassés étaient pris dans les *tirés*; c'étaient souvent de simples grenouilles, et ces *tirés de l'eau passaient* comme un *trait*. On les sentait vivre en soi et l'on prenait pour *l'être ai passé, les tirés passés* et les *traits passés*. Il a passé, dit : il est avalé et il est mort. *Passer* fut un verbe *manger*, dans les temps passés. Quand on mange, il faut que ça *passe*. Ceux qui prient pour les trépassés sont des démons, anciens mangeurs de grenouilles et de chair humaine.

M'ai ore, meis ore offre à la bouche. *Mords, mors, mort*. La bouche de l'ancêtre était un *mors*, c'est là qu'il mordait et faisait mourir. Celui qui s'emparait d'un *mort* ou d'une grenouille à manger, se sauvait avec. Il a pris le *mort* ou le *mors* aux dents; il a mangé la grenouille. *Mords ç'ai haut*, morceau. *Mords ce l'ai, mort ce l'ai*, je l'ai morcelé. *Mords ist bon*, il est moribond.

Ime ore t'ai, aie-le, immortel. Les grenouilles sont très vivaces, on les mangeait vivantes, c'est pourquoi on les regardait comme immortelles. Comme nous avons mangé nos plus anciens ancêtres, ils se retrouvent vivants en nous. Tout ce qui a vécu dès la fondation du monde, vit en la parole, qui est la vie éternelle. Les dieux sont immortels, car ils vivent en notre bouche, et il y possèdent l'immortalité. *Ime ore t'ai alité, ime mors t'ai alité. Ime mors t'est le* = il est en ta bouche, *immortel*. *Core mords*, corps mort. C'est en mordant le corps, qu'il devenait corps mort. Les repas de corps sont des repas où l'on mangeait un corps. Il est mort = il est mangé, *il est me ore*, à ma bouche.

Ainsi l'ancêtre n'était mort, qu'après avoir été mangé. Eh bien! nous continuons à nous manger vivants les uns les autres, et quand on dit de quelqu'un : il est mort, cela veut dire, en un sens, il est mangé, il est en nous, dans notre bouche.

Tout le livre de vie, sur toute la terre et dans toutes les langues, a pour but la résurrection des morts et la vie éternelle. Il est impossible de trouver dans la Bible l'annonce d'une résurrection de la chair. Il n'est question que de la résurrection des morts, et ces morts sont forcément ceux que l'Evangile nomme morts : Vous êtes morts dans vos péchés (Jean 8. 24). Laisse les morts enterrer les morts (Luc 9. 60). Les ressuscités sont semblables aux anges qui sont de purs esprits (Héb. 1, 14), quand ils ne sont pas des hommes (Gen. 19). Les ressuscités ont la vie éternelle que ne peut posséder la chair ni le sang. Le corps animal mis au tombeau dans la bouche des ancêtres, ressuscite dans cette bouche, devenue celle de l'homme; il ressuscite corps spirituel, glorieux, plein de force, incorruptible, pour posséder le royaume de Dieu. Ainsi la mort est engloutie pour toujour (1 Cor. 15, 35 à 58).

Tous n'auront pas le sentiment de cette splendide supériorité d'esprit ; tous sont appelés, mais seul est élu, *ai lu*, celui qui a lu et compris le livre de vie. Toute l'Ecriture s'accomplit et s'accomplira comme l'esprit de Dieu l'a entrevu, et non selon les divagations des téologiens.

Quel est l'esprit qui voudrait se revêtir d'une pourriture cadavérique, dût-il lui rendre sa vie ancienne qui serait celle du diable, le plus parfait des morts ? Le diable lui-même ne voudrait pas revenir parmi nous, dans son corps de grenouille. Tout est donc pour le mieux et selon les proféties bibliques.

Toutefois nous n'avons traité ici que la résurrection des corps morts. En réalité, il n'y a pas de corps mort véritablement, notre corps n'est pas véritablement vivant, c'est notre esprit. Tout ce qui concerne les corps morts s'appliqua d'abord aux sexes qui étaient toujours vivants. Le verbe *mourir* faisait *moult rire* de rire. *Mets où rire*, tu me fais mourire. *Je mets heure, d'ai à moure*; je meurs d'amour. *A m'ai oure*, amour; *à m'ai ore*, amore. *Amore*, c'est *amour*. On faisait *l'amore à mort. On ce tu ai*, on se tuait de caresses. *Y l'est mets ore*, appelait à l'union. *Il est mort*, disait qu'il n'y avait plus d'huile dans la lampe. *Je suis mort, je suis tué*, se dit au figuré et du sexe, au propre. Nous sommes donc vivants et morts tout à la fois. *D'ai cédé*, ton objet est mort, *il est décédé Le cade avre* = le bec ouvre. Le premier cadavre mangeait, nous ne sommes que des cadavres ambulants, en ce qui concerne la chair.

Quand la vie reprenait sa force, l'ancêtre s'écriait : *Je suis ré, suce y l'ai*; je suis ressuscité. *On r'ai, suce ai ite*; on ressuscite. *On ré suce y l'ai*; on ressuscitait.

Nous mourons ainsi et nous ressuscitons continuellement sans que notre vie temporelle en soit affectée. Notre esprit étant un membre de Dieu qui est esprit, la vie spirituelle de Dieu n'est point affectée de la mort de notre corps; car l'esprit du corps perd seulement sa force visible et charnelle qui ne peut durer sans interruption.

La parole est la vie véritable et surtout l'esprit qui vivifie la parole. Il ne se perd pas un cheveu de la parole ni de l'esprit. Sois donc un esprit de Dieu, un homme d'esprit, et tu ne mourras pas.

Les anges, les premières créatures de la famille humaine, entendent dans notre bouche, qui était leur sépulcre, la voix du Fils de Dieu; ils ressuscitent et sont vivants, car ils sont tous les hommes de bonne volonté, auxquels le ciel du grand Dieu tout-puissant est réservé aux siècles des siècles.

LE DIEU ALLEMAND

Dieu se dit *Gott* en allemand. Incontestablement le dieu *Gott* a vécu en France, comme en témoigne la voix du peuple : Er lebt wie *Gott* in Frankreich, il vit comme Dieu en France. Les dieux allemands les *déis* : *gueue t'ai air*, sont : die *Goetter*. Ils présentaient leur queue, ainsi que cela convenait aux dieux; c'était bien *le ton nerf* de Jupiter.

Or, en Lorraine, dieu se dit *guieu, le bon guieu* ou *le bon gueux*. Nos *gueux* actuels sont nos anciens dieux. Quand les Pays-Bas se révoltèrent, ils reprirent le nom de leurs anciens dieux : *les gueux*.

L'ancêtre *âne* a gardé son nom en allemand, c'est l'*Ahn*, l'ancêtre. Pour changer cet *Ahn* en *Gott*, il fallait le déifier ou le *vergoettern, fais re gueue t'ai, air ai nœud*, c'est-à-dire arriver à l'union animale; c'était une grande difficulté. *Les gueues hauts* devinrent les Goths, comme les *queues hauts* sont les coqs. *Herr Gott* = Seigneur Dieu. On ergotait avec les ergots contre les Goths et le Gott allemand fut dégoté en France et dut fuir vers des contrées plus clémentes. *Les salis gots* nous laissèrent les *bigots*, *les cagots* et bien des pauvres *hères, Herr.*

C'est donc avec justice que les Allemands nous nomment l'ennemi héréditaire. La haine contre l'Allemand est aussi enracinée dans l'âme de nos démons.

Le Tout-Puissant qui gouverne les mondes, a vengé les *Goetter* de notre antique injustice, exercée surtout par le Lorrain, *l'eau rain* ; et, en 1870, dans la dernière guerre que nous devons avoir avec nos cousins Germains, le dieu allemand envahit la France à la tête de son peuple portant sur son écusson : Gott mit uns, Dieu avec nous. Et celui qui écrit ces mots fut frappé au front par la foudre du Gott envahisseur. C'est ainsi que l'horrible guerre est d'origine divine, c'est-à-dire de l'époque bestiale.

Nombreux et probants sont les témoignages de notre commune origine avec les peuples de langue allemande. Ils étaient gueux ou pauvres. *Ale mande* = elle demande. *A le magne*, appelle au manger. *Chare le magne*, ramasse le manger, Charlemagne. *Essen* est le verbe manger. Ils demandaient en disant : *faire gueux essen. vergessen*, oublier. oublié. On les oubliait souvent. Les mots *allemand, allemande, Allemagne* sont du pur français, aussi inconnus en Allemagne que les mots : *deutsch, Deutschland*, chez nous. Or, il est de toute logique que les mots qui les désignent leur aient été donnés en leur présence, et ces mots étaient pour eux blessants ou incompréhensibles.

Nombreux mots français ayant leur terminaison en *alement*, ont aussi leur radical en allemand ; mais aucun mot allemand ne se termine en *alement*, ni en ment. Nous disons généralement et les mots : *général, généralitael, génération* etc. sont allemands. Nous avons donc eu une génération commune, ainsi que le dit le mot germain : *j'ai aire, mets ain*, et qui contient le mot *germe* ; nous avons germé ensemble, c'est-à-dire que nous avons pris vie dans les mêmes eaux à l'époque d'Uranus, l'archi-ancêtre des Allemands, étant justement *Urahn*.

Cette parenté a d'ailleurs déjà été entrevue par de nombreux esprits. De nos jours nous sommes encore fortement mélangés. Quand les démons de France anéantirent les disciples de Jésus pour complaire à la bête romaine, les pauvres gueux s'enfuirent et trouvèrent au delà du Rhin des rivages hospitaliers. D'autre part les Allemands inondent la France de nouveau et y sont accueillis selon l'esprit moderne qui ne veut faire qu'un peuple de toute l'humanité.

LE CALCUL

Calc qu'ai eu le, queue à le cule. Pour arriver à l'union, il fallait *calculer, queue à le cu l'ai*. Avant de se marier, il faut calculer. *Mets à l'ai, mets à l'ai ique; mats l'ai ma tique*, c'est mathématique. La base des mathématiques repose sur l'unité et le zéro, lesquels, réunis, font une nouvelle unité.

Quand parut la première *dent*, le cri un, une, appelant à l'union, prit l'esprit d'unité. *Deux* montre la sortie de *deux œufs*. *T'ai roi, trait oie*, trois présente une première érection, où les trois ne sont qu'un ; c'est la première trinité, *la trine y l'ai*, du côté latrine. Le *à trait ini t'ai*. *Queue à treu*, quatre appelle en arrière et cinq demande un effort vers le sein, qui s'incline. *ce in que l'ai ine, qui sein clé ine*.

Le nombre *six*, en allemand *sechs* ou *sexe*, vaut *sice*. Sept indique une première *recette*. *Huit* est une perfection qui dura longtemps. On est *sé d'ai hui*, séduit ; *sé d'ai huite*, séduite. Le verbe *naître*, alors *nesser, nœud essai*, est encore au présent. La neuvième dent coïncide avec une grande nouveauté, les unions arrivent à leur perfection et l'on est né. *Je nœud acquis* devient *ie naquis*. Dans toutes les langues, le nombre *neuf* et *nouveau* ont même origine. Avec la dixième dent à chaque mâchoire arriva la discorde, la dissolution, la dispute et la dissidence, *d'ai ici dans ce*, qui n'obéissait pas. *Dis, séant t'ai, y mets en;* dissentiment. *Les déis sentiments* étaient des dissentiments.

Les mots : *coup à derre, à j'ai nerf*; quadragénaire. *Quins, coup à j'ai nerf*; quinquagénaire, sont peu en usage; mais *sais que ce, à j'ai nerf*; *sais que ça, j'ai nerf*, sexagénaire; *sèpe t'ai eu, à j'ai nerf*, septuagénaire. *Au que t'ai eau, ô que tôt j'ai nerf*, octogénaire. *Loqueteau j'ai, n'erre*; l'octogénaire jetait son eau au moyen de son loqueteau. *Né on nœud, à j'ai nerf*; *non âgé, n'erre*; nonagénaire. *Séant t'ai nerf*, centenaire, *ç'ai enté nerf*, nous disent que l'ancêtre mettait environ un siècle pour atteindre sa perfection.

A j'ai nœud air, à j'ai nerf, fait entendre absence ou imperfection sexuelle. Cette terminaison *agénaire* ou *agénère*, se trouve également en italien et en espagnol, c'est *agenario*. Dans aucune langue on ne s'est occupé de cette finale. Cependant les *agénères* sont connus comme esprits n'ayant pas été engendrés; ce furent donc les enfants de la terre, nés du frai, la famille du diable, par conséquent. Cela les esprits ne l'ont jamais révélé aux médiums.

Il est visible que ces mots : *sexe-agénère*, sexagénaire etc. furent formés par des êtres voyant chez les autres une perfection qu'ils étaient autorisés à attendre à leur our. Ils les créaient et les inscrivaient dans le livre de vie, sous la dictée de l'Esprit créateur.

Dans la Bible (Gen. 2) les onze premiers pères engendrent de soixante-cinq à cinq cents ans, moyenne cent cinquante ans, et ils vivent de sept cents ans à mille ans. Cette vie si longue et ce développement si tard, n'ont dû exister que chez les enfants de la terre, dont la Bible ne peut pas parler clairement, puisqu'elle a pour but de cacher la création véritable, et qu'elle présente l'homme tout fait, ainsi qu'il s'est toujours vu, depuis que Dieu lui eut fait oublier son origine.

Les mâles furent les premiers sexués et ce sont surtout les mâles qui s'essaient entre eux à des jeux infructueux jusqu'à la cinquième dent. Le sexe est propre aux personnes du sexe, c'est le sexe qui fit questionner : *Qu'ai, ce t'ai, y ai on ? que esse t'ai, y ai on ?* question. *Qu'ai on c'ist ? con c'ist*, c'est concis. *Con s'est terné* ou tourné et cela rendait consterné. Les sexes formés perçaient difficilement, une longue période était nécessaire à leur développement et indispensable pour former la parole. L'écoulement de l'eau et de la semence se faisait par l'anus jusque vers quatre-vingts ans, à la huitième dent. *L'eau fait hui, l'eau fuit. En fait huite,* en fuite. On perçait vers quatre-vingts ans. L'allemand geboren $=$ né et dit aussi : *j'ai percé : gu'ai born, gebohrt* ; il en est de même en anglais. Les vingt dents mettaient donc un siècle environ à se former. Alors l'animal primitif était parfait, comme l'animal secondaire est parfait aujourd'hui vers vingt-cinq ans, les dents de sagesse : *ça j'ai esse,* étant poussées.

Ainsi les premiers êtres furent longtemps sexués et aussi percés, sans que le sexe leur servît, car on continuait à évacuer par le fondement, jusqu'à ce que l'ouverture ad hoc se fermât. Alors si le sexe n'était pas ouvert, il se formait un abcès, *à bé saie,* qui ne tardait pas à percer. Il y a encore des exemples de personnes qui évacuent tout par l'anus.

L'anus fut fortement attaqué chez les mâles et les femelles. C'est alors que le doute existait. Encore aujourd'hui dans tous les rangs de la société on trouve des cochons qui ne savent ce qu'ils font : ils sont possédés des esprits des anciens démons. C'est cette monstruosité que Paul nomme fornication, et pour laquelle Sodome fut engloutie. Ces sales enculeurs et enculés que les ennemis de la lumière nomment homosexuels, mais que la parole de vie et de vérité flagelle impitoyablement, sont appelés à mourir de la seconde mort.

Nous calculons donc que le sexe ne parut pas avant quarante ans, qu'il ne jeta son eau que vers quatre-vingts ans, et que la perfection n'arrivait que chez le centenaire. La vie de ces êtres quand ils parcouraient toute leur carrière, comme la bête de l'Apocalipse, allait donc jusqu'au delà de douze siècles, ce qui nous parait presque impossible.

L'UTILE

Où t'ai i, outis, outil. *Eu t'ai i, utis, util. Outis* et *utis* = suce, agis. *Outis non à bé outil*; *utis non à bé util,* usez, n'abusez pas. *Utis-le,* utile. L'utile, c'est l'outil, sans lequel rien d'utile.

Où t'ai ire, où tire, outire. *A bé outil, à bé outis,* aboutis; *à bout tire,* aboutire; *en bé outis,* emboutis; *en bout tire,* emboutire; *en gueule outis,* engloutis. *Tu langues l'outil,* tu l'engloutis. *On langue l'outil,* on l'engloutit. *Où t'ai, oute ai, y ai à jeu,* outillage.

L'utile, c'est surtout le féminin. *Utile y t'ai,* c'est mon utilité. *Fais-le, utile mets en*; fais-le utilement. *Agile mets-en,* agilement. *Utile ai, ise-le*; utilise-le. *On l'utile ai ise,* on l'utilise. *On lutte, y l'ai ise.*

Ine utile, inutile; *ine, utile y t'ai;* inutilité. *Ine utile ise ai,* c'est inutilisé. *Ine utile mets en,* je t'appelle inutilement. *Ine utile ise ai, abe-le,* c'est inutilisable. Tu me *mets utile,* tu me *mutiles. Me utile ai ée,* je suis *mutilée. Fais utile,* futile; *fais, utile y t'ai*; tu t'amuses à des futilités, *fais utilités.*

Fais aire, utis-le; il faut *faire utile*; c'est fertile. *Fer utile y t'ai,* je connais la fertilité. *Fer utile mets en, faire utilement,* fertilement. Pour fertiliser la France, il faut *l'affaire utile iser, user* ; le *fer utile* rend fertile.

Duque ai, utis-le; *duque utile,* ductile; *duque utile y t'ai,* ductilité. *Re utile ai en,* rutilant. *Re utile ai ente,* rutilante.

T'ai à que, utis-le; taque ai utile, tactile. *T'ai à que, utile y t'ai,* tactilité. *T'ai exe, utis le; texe ai utile,* textile ; mets le textile sur le texte.

Rehupe = reprends. *Rehupe utile,* c'est ruptile. *Rehupe t'ai ure, rehupe ture,* rupture. Quand l'utile disparaît, il y a rupture. *Sube t'ai, utis le; sube t'ai utile,* subtile. *Sube utile y t'ai,* subtilité. *Sube utile ise ai,* tu veux me subtiliser quelque chose.

Rèpe ai, utis-le; rèpe utile, le réptile veut se montrer utile. *Pare au gé qu'ai, utis-le; par eau jet qu'ai utile,* c'est un *projet qu'ai utile.* Le reptile est une bête trompeuse, ses *projets qu'utiles,* il affirme, se changent en projectiles. Les premiers furent lancés à la surface de l'eau contre les dieux marins, au lieu de pain qu'ils demandaient : Jette ton pain sur la surface des eaux (Ps.

Ç'ai utis-le, ce utile, c'est mon stile. *Ce utile ai, utis l'ai,* je suis stilé. *Ce utile ai hait,* c'est mon stilet. *Au ce, hausse utile, au stile,* hostile. *Hausse utile y t'ai, au stile y t'ai,* hostilité. Les premières hostilités eurent le *haut stile* pour cause. Les démons s'attaquent *au stile* et nous seront *hostiles.* Il serait fâcheux qu'il en fût autrement.

Cette investigation du mot *utile* s'applique entièrement à l'italien, à l'espagnol et à l'anglais, où se trouvent les mots ci-dessus. Le français s'éclaire soi-même, éclaire les autres langues et en est à son tour éclairé.

LA VÉRITÉ

Riter est un premier verbe *chevaucher.* C'était l'accouplement des chevaliers du mérite, *m'ai rite;* c'est l'origine des rites diaboliques. *Rite* = roi, droit. Le premier héritage fut celui de la possédée. *Ai rité* = j'ai fini. En veux hériter? Pour hériter, il fallait *avoir* le rite. *J'ai rite,* j'hérite. *E rite ai à jeu,* héritage. Celui qui n'avait pas le *rite,* n'avait pas le *dé roi,* le droit, et ne pouvait hériter.

C'est là ce qui pendant longtemps a empêché les femmes d'hériter.

Nous allons maintenant chercher la grande vérité. *L'ai à veu, air y t'ai; la veux, air y t'ai; en vœu, air y l'ai,* en vérité. Langage orgueilleux de celui qui présentait son objet à l'adoration particulière et générale. Satan vainquit la déesse vérité, qui se soumit, en disant : *envers y t'ai, l'avers y t'ai,* car elle appelait en arrière de roi et sur le devant. La bête l'ayant profanée et souillée, l'offrait en disant : *La veux, ai rité? en veux, ai rité? La veux hériter? en veux hériter?* Et personne ne voulait hériter de la souillée, abreuvée de honte et d'outrages; elle restait soumise à la bête. Cette profanée, c'est l'humanité toute entière et Jésus, qui est la vérité, est aussi toute l'humanité. Quand les prêtres, les grammairiens et les soldats qui avaient souillé et souillent encore la vérité, la reconnurent en Jésus, ils recommencèrent leurs outrages, en lui crachant au visage (Math. 26, 67).

Mais après avoir bravé la mort et être ressuscité glorieux, ayant chassé le diable du ciel (Ap. 12, 7 et 8), il vient sur terre réclamer la misérable, la souillée, l'humanité. Il présente à Satan sa virilité d'homme, car il est écrit : Il élèvera sa corne; il a son van dans sa main; il nettoiera parfaitement son aire. Et Jésus s'écrie vainqueur : Je tiens la vérité, *je la veux hériter*; *je l'ai lavée, aire y t'ai*; je l'ai la vérité. En vérité, *en veux hériter*. Alors Satan vaincu se retire, et l'humanité dira à son sauveur, la délivrant de la bête : *Je suis lavée, hérite ai; envers y t'ai,* en vérité. Mais l'humanité ne verra point celui qui la possédera; elle ne verra son Sauveur que par les yeux de l'esprit.

C'est parce que l'humanité souillée et impure est la vérité, qu'elle craint la lumière et ne veut pas se connaître elle-même. Elle est éclairée et sauvée malgré elle, car Dieu l'aime malgré ses souillures.

Partout, dans l'Ecriture, Dieu appelle à lui la nation juive, figure de toute humanité, et la réclame malgré ses abominables actions (Ezéch 16. Osée 2). Or, Dieu a tout donné à Jésus qui reçoit pour héritage les nations (Ps. 2) ; il réclame l'humanité et la libère de ses chaînes comme Persée délivre Andromède. Il s'unit à elle, et les deux ne sont qu'une chair. La vérité, c'est que Dieu se fait connaître à sa création avec sa grande puissance, selon les proféties bibliques.

Aussi l'humanité toute entière est l'épouse de la nouvelle Jérusalem, et elle dit : Viens, Seigneur Jésus, viens. Le Seigneur Jésus est le maître du monde, car il s'est emparé de la parole ; il est la parole qui était au commencement. Il est le premier et le dernier. Il est le chemin, car c'est par la parole, par sa volonté et par son ordre que nous avons remonté à la fondation du monde. Il est la vérité et la vie, comme Satan, notre père en Dieu, est le mensonge et la mort.

Tu n'as pas le droit, ô homme, de dire un seul mot, sans remercier le grand Dieu tout-puissant de te l'avoir créé, avant que l'homme actuel, que tu es, eût paru sur la terre.

MIAULER

Ainsi qu'on peut le voir dans notre « *Grammaire logique* » où nous comparons les verbes *miauler* et *piauler* de la plupart des langues, nous lisions : miauler = *à moi eau faire venir*. Sur ce mot, l'esprit de Dieu nous frappa si fortement que tout à coup nous vîmes la création commencer par la grenouille. Un seul mot imparfaitement compris, suffit pour nous persuader et annoncer ce que nous avons fait depuis, pensant alors que cela était réservé à d'autres, d'une meilleure instruction que la nôtre.

Nous donnons de *miauler* et *piauler* une analise plus parfaite.

Mis eau l ai, l'entends-tu miauler? *Pis eau l'ai* : je l'ai pris à l'eau, il ne fait que piauler. Les petits de la mère chatte, mis dans l'eau, miaulaient, *mis eau l'est.* Mettre ou prendre à l'eau faisait miauler et piauler. Alors les premières mères avaient des nichées de petits; on vivait moitié à terre et moitié dans l'eau. Quand vers cette époque les chats parurent et qu'on les vit miauler dans l'eau et hors de l'eau, la famille des ancêtres chats perdit ce nom qui fut donné aux animaux actuels. Mon chat, ma chatte, mon petit chat, se dit toujours au figuré.

Poue sein, le poussin prenait le sein de sa mère poule. Quand les volailles actuelles furent créées, comme poules et poussins pris dans l'eau piaulent, le cri de ces derniers devint un piaulement : *pis eau le, mets en*; et les ancêtres cessèrent d'être les oiseaux du ciel.

Toutefois les verbes *miauler* et *piauler* étaient déjà formés chez les enfants de la terre. C'étaient des plaintes amoureuses : *y meut, y ai haut le*; il miaule. *M'ist haut le* = je l'ai en l'air. *Mis eau le. Mis eau l'ai, m'ist haut l'ai. Ine fais queue, mis au l'ai*; il ne fait que miauler.

Je pie haule, tu pie haules. On pie au l'ai, on piaulait. *Pis au le, mets en*; piaulement.

Le cheval hennit, *haue ai i. Che veux à le hane hisser en*, cheval hennissant, *hennit séant. Au hane hisse, mets en*; au hennissement. *One à hane ai*, on ahanait à l'état de cheval et de chevalier pour se hisser *au hane* et *au hanap*. En allemand, *Hahn*, le coq et *Henne*, la poule, donnent au verbe *haner* sa valeur primitive. Coq et poule, ainsi que chevalier et chevalière, *hanent* ensemble. *Noue z'ai, l'ai à l'on*; *nous, étalons*; *nous étale ons*. L'étalon a l'état long. Un homme sans état sera un mauvais étalon. *J'ai eu, mets en*; *ju m'ai eu*, jument. *On che veu, haut ch'ai*; on chevauchait. *Che veux au chéant*; *che veux, hauche ai en*; on les voit chevauchant.

INFAILLIBLE

Fais à yeu, fais aille, faille. La faille est la feuille où se fouille la fille. *Je d'ai faille,* je défaille. *Je meus séant, d'ai faille ire*; je me sens défaillir. *J'ai faill ì,* j'ai failli. Nous avons *faille ì,* nous avons failli. *Fais aille ai, bibe-le*; faillible. *On naît faillible,* on est faillible. La nature humaine est de son essence faillible.

In faille ai, bibe le, infaillible. C'est un appel au faillible en lui présentant un moyen, *un moi, y ai en, infaillible,* mais c'est une erreur. *Infaillible* est analogue à *impossible, immanquable.* C'est ce que la parole confirme en disant : nul n'est infaillible.

Il n'est point dit de Dieu, dans la Bible, qu'il soit infaillible. Tout au contraire, il est sujet au repentir (Gen. 6, 6). La loi de Moïse établie à perpétuité a été rejetée. Dieu ne peut obtenir de l'homme qu'il lui soit obéissant.

Les esprits des téologiens se sont exercés sur l'infaillibilité, et se sont livrés à mille extravagances, alors qu'ils avaient un moyen infaillible de rester dans la vérité, c'était d'écouter la voix de l'esprit sain qui dit : *nul n'est infaillible.*

En se déclarant solennellement infaillible, le pape s'est déclaré *imbossible,* et sans aucun retard, il a perdu toute sa puissance effective. En effet, pour faire décréter une telle diablerie, il a dû, ainsi que tout le concile, fermer absolument son cœur à l'Esprit-Saint. Tous ont voté contre leur conscience propre, et ce qui est plus grave, contre la voix de Dieu, qui parle par la voix du peuple. C'est le péché contre le Saint-Esprit qui ne peut être pardonné.

L'infaillible serait celui qui mettrait à tout coup dans le mille, recommencerait sans cesse et ne se fatiguerait jamais. Il n'en peut être ainsi, car celui qui s'acquitte parfaitement de sa mission, se sent aussitôt défaillir. S'il ne défaillait point, il ne perdrait point de sa force, il ne perdrait rien du tout, alors il serait infaillible; car il n'y a que celui qui ne fait rien qui ne peut pas se tromper, nous dit la voix de Dieu.

FORMATION DE NOTRE MONDE

L'esprit dont nous sommes l'instrument pour faire connaître aux hommes leur origine, nous inspire aussi puissamment de montrer comment il créa notre monde. Les cieux furent autrefois créés par la parole de Dieu, aussi bien que la terre qui fut tirée de l'eau (2 Pi. 3, 5). Les choses qui se voient n'ont pas été faites de choses qui parussent (Héb. 11. 3).

Tout l'espace dont le soleil occupe le centre, jusqu'à mi-chemin des étoiles les plus rapprochées, était rempli de ténèbres et d'atomes invisibles. Au point central de ce vide l'esprit s'enflamma et un éclair jaillit, se scindant en deux et commençant à tourner sur son centre. Rapide comme la foudre, ce tournoiement s'étend bientôt jusqu'au delà des plus lointaines planètes. L'électricité attire tous les molécules sous forme d'eau et l'eau retarde le mouvement rotatoire. Les parties les plus éloignées restent en arrière, des globes de feu se séparent de la masse et l'eau les entoure de tous côtés; elle s'élève dans les airs et retombe dessus en torrents formidables. Ainsi se forment peu à peu les terres entourant le soleil et chaque terre est, à son début, un soleil qu'éteignent les eaux abondantes.

Le tour vient à notre terre, son globe dépasse de beaucoup la lune, et comme la terre s'est détachée du soleil, la lune se détache de la terre. Les eaux se précipitent sur ce satellite rasant les nuages et les eaux de la terre; de sorte que les nuages lunaires et les nuages terrestres se confondent ; mais la terre se resserre de plus en plus, et les eaux qui s'évaporent de la lune, attirées par celles de la terre, ne retournent plus à ce corps perdu dont le feu central jaillit de tous côtés et y produit les bouleversements que l'on y découvre. Toutes les eaux frappent donc notre terre et y déposent peu à peu ses fondements ; ce n'est extérieurement qu'une immense goutte d'eau et de vapeurs, mais cette goutte d'eau se resserre et le sommet des plus hautes montagnes émerge sous forme de petits îlots. Les eaux de la terre qui en sont aussi les os, car ce sont les eaux qui la tiennent unie, la pénètrent de plus en plus. Des îlots, par l'abaissement des eaux, deviennent des montagnes, tout autour s'étendent des continents et la vie commence à se développer dans les eaux et à la surface terrestre aussitôt que la température le permet, le pôle nord étant le premier point habité, ce qui est cause que des esprits d'ancêtres poussent certains hommes à y retourner.

A quelle époque la terre commença-t-elle à produire des anfibies ou mieux des rains et des raines, soit encore des anges ? Le livre de vie que nous parcourons se nomme dans l'Apocalipse (2, 28—22, 16) : l'étoile du matin. La parole est l'étoile brillante qui éclaire le matin ou la fondation du monde. Les étoiles dans l'espace sont éloignées à des distances incalculables ; il en est de même de l'étoile brillante du matin dans les temps disparus. Ces temps où les étoiles du matin (Job 38, 7) poussaient ensemble des cris de joie, et que tous les enfants de Dieu chantaient en trionfe. La création des premiers rois, ou hommes marchant droit, qui furent les enfants de Dieu, est donc aussi incalculable.

Cependant l'Ecriture nous dit que devant Dieu un jour est comme mille ans et mille ans comme un jour. Or, on compte non loin de sept mille ans depuis la création biblique, si on multiplie par trois cent soixante, on obtient deux millions cinq cent mille jours ou années, en comptant un jour pour une année (Ezéch. 4, 5, 6), ce qui est conforme à l'Ecriture. Il y aurait donc environ 2.500.000 ans que les dieux commencèrent à se dresser et à marcher droit ; mais la création des ancêtres antérieurs ou enfants de la terre est infiniment plus éloignée. La terre actuelle doit durer aux siècles des siècles, il n'est point question de sa fin dans la Bible ; si elle doit retourner en poussière invisible, l'époque où cela aurait lieu est absolument incalculable. Le royaume de Dieu est un royaume éternel. Tous les empires lui seront assujettis et lui obéiront. Les saints du souverain y dominent dès à présent, et y domineront à toujours et à perpétuité (Dan. 12, 3).

LA CRÉATION D'APRÈS L'ÉTUDE DE LA TERRE

On sait que l'âge de la terre se détermine d'après l'étude de couches terrestres superposées qui ont dû nécessiter des temps fort longs pour se créer. Les derniers travaux des savants donnent à la création des centaines de millions d'années en concordance avec notre calcul ci-dessus ayant la révélation pour base.

Dans les diverses couches terrestres, on a retrouvé des traces d'animaux incrustées dans la pierre et des ossements. On a ainsi reconnu que la vie commença dans les eaux et que les poissons furent les premiers créés, puis vinrent les insectes et divers genres de batraciens ou grenouilles, ensuite les serpents et enfin les oiseaux et les mammifères.

Voici ce qu'on lit dans le Dictionnaire Larousse, à l'article : *Batraciens fossiles*.

« Dans les terrains tertiaires, formés par les eaux douces, on trouve assez souvent des os et même des squelettes à peu près complets de batraciens. Parmi ces fossiles, les uns appartiennent à des espèces encore existantes, d'autres semblent indiquer des genres maintenant disparus. Presque tous se distinguent par des proportions gigantesques. M. Jaeger en a découvert un dont la tête présente un disque aplati, demi-elliptique, qui n'a pas moins de 0ᵐ,72 de long sur 0ᵐ,57 de large. Un autre trouvé au commencement du 18ᵉ siècle dans les carrières schisteuses tertiaires d'Oeningen, mesure 1ᵐ,50 de longueur ».

Cette dernière pétrification fut immédiatement regardée par le médecin Scheuchzer comme le squelette d'un homme et il écrivit un ouvrage là-dessus. Naturellement il eut des contradicteurs, mais c'est certainement tout au moins les restes d'un dieu marin, les restes d'un ancêtre de l'homme.

Chez les gros batraciens fossiles on trouve que le crâne est plus complet qu'aujourd'hui et tout spécialement que la région temporale présente deux os que n'ont point nos grenouilles. On reconnaît en général, dans ces restes, les mêmes espèces que celles de notre époque.

Ainsi donc la terre porte l'empreinte irrécusable que nos grenouilles actuelles ont eu, au commencement du monde, un développement extraordinaire qui ne s'est pas maintenu.

LA CRÉATION SUIVANT LA FABLE

Nous avons déjà vu dans le « Sommaire de la création » que le plus ancien des dieux, créateurs de l'homme, est Uranus. Le nom en italien est Urano et *l'Ourano* ou *lou rano* est le mâle de *la rana* ou la grenouille.

Uranus et Vesta couvrirent la terre des millions d'années avant de se transformer en Titan, ce qui est leur second état. Titan est le même que Satan. Ce fut l'époque où la force du sang rendit ces animaux violents et sanguinaires. Titan et Satan n'ont point de femelles dénommées. Les enfants de Titan sont des enfants de la terre, qu'il a créés à l'état d'Uranus et qui ainsi que lui se sont transformés en Titans, ce sont les démons nés du frai. Titan en vieillissant se change en Saturne, comme Satan devient le diable. La Fable considère Titan et Saturne comme deux frères, nous ne disons rien contre cette figure. Saturne et le diable ont des enfants, mais ces deux premiers pères, qui sont une même bête, dévoraient leurs petits. La Fable explique ce fait, en disant que c'était par suite d'une promesse faite à Titan par Saturne. Mais la vérité est que le fait de dévorer ses enfants était naturel à cet antique animal, comme cela est naturel aux chats, aux lapins, aux porcs et à d'autres animaux. A cette époque aussi les ancêtres mangent leurs pères, les grenouilles, ce qui se continue encore aujourd'hui. Les parents continuent jusqu'à nos jours, chez certains peuples qu'il faut détruire, à manger leurs enfants et ceux-ci mangent leurs vieux parents. Le Saturne païen ou le diable continue à manger ses enfants matériellement dans le saint sacrifice de la messe. L'acte le plus odieux et plus abominable de la terre.

Saturne a pour épouse une Vesta, c'est-à-dire une grenouille transformée ainsi que lui-même. Elle est aussi nommée Cibèle. C'est cette bête ou cette diablesse que les prêtres nommèrent la mère des Dieux. C'est elle que le diable offre à l'adoration des siens dans l'église romaine, sous le nom de mère de Dieu. Notre père en Dieu ou de Dieu, le diable, monseigneur l'Evêque, continue à lui rendre ses hommages. Nous avons pour tous ces animaux, plus ou moins méchants, un souvenir compatissant et attendri.

La Fable dit de Saturne que sa femme était sa mère, sa sœur et sa fille. Il fut le premier coq et il vivait avec ses femelles comme le coq avec ses poules. De même l'Evêque est l'époux de l'église, de toutes les femelles de son diocèse.

Jupiter, fils de Saturne et de Vesta, est nommé le père des dieux et des hommes. Ce titre convenait mieux à

Saturne; mais la Fable nous dit que Jupiter ravit le royaume à son père Saturne ; il prit donc aussi le titre de son père. Les dieux, fils de Jupiter, n'engendrent point d'autres dieux, mais seulement des rois. Or, les rois furent les premiers qui marchèrent droit; nous sommes donc tous des rois et nous savons d'où nous venons, ce que nul roi n'avait encore su. Nous sommes aussi, suivant la Fable, fils de Jupiter. Ce nom signifie Dieu-père ou père des dieux. Or la Bible nous dit que nous sommes des dieux. Jupiter et Jéhova, c'est un même nom et une même création.

Spirituellement nos pères sont le dieu et diable; mais animalement nous descendons de Titan ; nous sommes d'anciens Titans violents et sanguinaires. Nous sommes ces titans qui s'attaquèrent à Jupiter et furent précipités dans les abîmes et accablés sous de grosses montagnes d'erreurs et de mensonges. Nous sommes aussi les anges qui péchèrent et furent précipités dans l'abîme bâchés et liés avec des chaînes d'obscurité et réservés pour le jour du jugement (2 Pi. 2, 4). Ces anges et ces Titans, ce sont tous les hommes, et particulièrement ceux qui n'ont pas voulu croire au nom du Fils de Dieu. Les Fils de Dieu ne sont point soumis au jugement.

La généalogie des dieux est donc semblable à la généalogie des hommes, telle que nous la révèle le livre de vie.

Il est de toute évidence que la Fable repose sur un fond de vérités dont les premiers auteurs connurent le mistère nullement voilé. Mais au déluge universel l'esprit humain fut rendu incapable de se figurer une existence quelconque avant celle de l'homme qu'il est, et même il ne voyait rien avant Adam et Eve.

LA CRÉATION D'APRÈS LA BIBLE

La véritable création de l'homme est écrite dans la Bible, mais couverte d'un long voile moins transparent que dans la Fable. Dieu crée l'homme à son image, donc en se transformant en roi et en marchant droit. L'homme est seul d'abord et vit avec les animaux rampants jusqu'au jour où il se trouve vis-à-vis d'une déesse marchant droit d'une manière définitive. Elle a été prise d'une *queue haute* ou d'une côte d'Adam ainsi que tous les hommes.

Le mot *Adam* indique un animal marchant sur ses quatre membres, *adent*, pour aller *à dame, à dée en*. Le nom existait avant l'homme parfait.

La similitude place Adam et Eve dans un jardin enchanté, avec défense de toucher aux fruits de l'arbre de la connaissance du bien et du mal.

Le serpent vient dire à Eve : Dieu sait qu'au jour où vous mangerez du fruit de cet arbre, vous serez comme des dieux. Eve savait donc ce qu'étaient les dieux. Puisque le serpent parle, c'est un serpent parlant, et la grenouille que les savants classent parmi les serpents, est déjà un serpent parlant. Le serpent ancien, d'après l'Apocalipse, ne fait qu'un avec le dragon, le diable et Satan.

Or, d'après l'Evangile (Jean 8. 44) les Juifs sont les enfants du diable. Le diable est donc un père des hommes, ce que nous avons établi d'autre part.

Le diable a ses anges (Math. 25, 41) ainsi que Dieu (Héb. 1, 6). Dieu est esprit ; les anges et le diable sont aussi des esprits. Mais Paul écrit : le corps animal est le premier, le corps spirituel ou l'esprit vient après (1 Cor. 15). C'est d'ailleurs un axiome filosofique. Dieu ou les dieux, le diable et les anges ont donc eu des corps animaux avant d'être des esprits.

Les profètes, surtout Ezéchiel et Jérémie, sont pleins

de la colère de Dieu contre les Juifs qui sacrifient des enfants aux faux dieux, aux dieux infâmes, et font des gâteaux, des aspersions et des encensements à la reine des cieux (Jérémie 7 et 44). Les dieux infâmes et la reine des cieux, c'est la famille du diable. Quant aux dieux nés d'une mère, ils sont devenus des hommes, selon qu'il est écrit : J'ai dit : vous êtes des dieux.

Dans l'Evangile, les dieux infâmes sont les démons et le diable, qui sous le nom de Béelzébub est le prince des démons. Or, les démons, ce sont les anges du diable, ce sont les anges rebelles.

Si l'Evangile nous fait connaître ce que furent les démons, nous saurons ce que fut le diable, le premier des démons. Quand Jésus chasse les démons appelés Légion, ils vont se réfugier dans un troupeau de pourceaux, qui sous l'impulsion de ces esprits impurs, se précipitent dans les eaux où ils périssent. On est en droit d'en conclure que c'étaient des esprits de grenouilles. Il ressort de ce fait que les esprits aiment à vivre dans la chair, même dans la chair des animaux les plus vils.

Afin qu'il ne nous reste aucun doute sur la vie animale des démons, il est écrit dans l'Apocalipse (16, 13, 14) : « Je vis trois esprits immondes semblables à des grenouilles, car ce sont des esprits de démons ». C'est clair et formel. Les esprits de démons sont semblables aux grenouilles, ils ont donc été des grenouilles dans leur vie animale, de même que le diable, qui est le démon dans toute sa perfection.

Ainsi l'histoire sacrée et l'histoire profane, toutes deux rejetées par le monde scientifique et par les filosofes, viennent en union renforcer les vérités indiscutées et indiscutables que nous fait connaître le livre de vie, ce livre scellé de sept sceaux dans la bouche de l'homme, et que nous a donné le Seigneur Jésus.

LA CRÉATION SELON LA SCIENCE HUMAINE

Dans le siècle écoulé l'esprit du Tout-Puissant a poussé l'intelligence des savants à rechercher l'origine de l'homme en dehors des écrits bibliques. Voici en résumé les conclusions du plus répandu d'entre eux : « Le genre humain est sorti d'une ou plusieurs formes de singes depuis longtemps éteintes. C'est un fait historique certain que l'homme descend directement du singe. Les amfibies actuels ne sauraient nous représenter la forme extérieure des anciens êtres ».

Mais en 1900, dix-sept ans après notre « Grammaire logique » et neuf ans après « le Mistère de Dieu » Haeckel écrit : « L'une des preuves les plus convaincantes de notre descendance des grenouilles est l'existence de cinq doigts à notre main et de cinq orteils à notre pied ». (L'origine de l'homme, 1900).

Ainsi Haeckel s'est complètement modifié depuis la publication de nos ouvrages. Quant aux cinq doigts des grenouilles qu'il nomme : « amfibiens pentadactiles », nous ne les avons vus qu'aux grenouilles en faïence ou en métal. Toutefois après avoir écrit ce qui précède, il veut que les grenouilles se soient changées en singes et en chevaux, de sorte que l'homme se rattacherait à la grenouille par le singe muet et l'homme parlant (Homines loquaces) en dernier lieu. Tout cela bafouillé dans un obscur argot scientifique convenable à de telles inepties.

On lit dans « L'anatomie comparée de Cuvier » : « Dans tous les animaux parfaits qui n'ont point de queue, l'embrion en avait une souvent très développée. Les grenouilles dans leur état de têtards ont une forte queue qui est absorbée à mesure que les pattes se développent L'embrion de l'homme est dans le même cas ».

Cuvier en conclut que l'ancêtre de l'homme était pourvu d'une queue, sans voir, sans pouvoir comprendre que cet ancêtre est justement ce même tétard à forte queue. A l'époque de Cuvier il était interdit à l'esprit humain de concevoir un animal quelconque comme ancêtre de l'homme.

Le corps de l'homme avant de naître passe par les divers états qu'a parcourus l'homme éternel. Il est tétard dans la semence de son père ; dans le sein de la mère, le sexe se forme après l'ouverture anale, et pendant une période ne se différencie point extérieurement ; encore à la naissance on confond quelquefois la fille et le garçon ; même il se trouve des personnes qui n'ont point de sexe et qui évacuent tout par l'anus, comme la grenouille.

L'homme qui voudra s'examiner dans sa parfaite nudité et se comparer à la grenouille, en imitant ses poses et sa marche, reconnaîtra bientôt en lui son ancêtre et il comprendra que, comme animal, il n'est qu'un gros parvenu. Les tailleurs, les Orientaux se tiennent accroupis à la façon des grenouilles et comme on représente les dieux de l'Orient.

Les naturalistes, en détruisant la foi en la création selon la Genèse, n'ont point travaillé contre la volonté de Dieu. En recherchant la vérité, ils ont contribué à anéantir la foi persécutrice, et ils ont préparé les esprits à accueillir avec joie la vérité.

Leurs divagations au sujet de l'âme, du langage et de la religion sont telles que l'esprit humain en est à jamais déshonoré. En parlant de l'inconnu, Haeckel s'écrie : « Que nous importe cette mistique « chose en soi » puisque nous n'avons aucun moyen de la connaître ; puisque nous ne savons pas même au juste si elle existe ? Il ne demande pas à connaître Dieu, mais se confesse soumis « aux grandes lois d'airain éternelles ». Ces grandes lois-là sont « les lois des rains » par conséquent du diable, auquel l'homme n'est plus soumis, car le grand Dieu tout-puissant nous a donné par le Seigneur Jésus le pouvoir de briser les portes d'airain ou des rains qui fermaient le chemin de l'arbre de vie.

A lui seul, la gloire de tout ce que les hommes font, car ils ne font rien sans son ordre ou sa permission.

L'OMNISCIENCE

On munit, on m'unit, homme uni. L'homme uni ou *l'homme unité*, c'est l'humanité. Dans l'humanité qui comprend tous les hommes, *les hommes unis* forment *l'homme uni*. Or, l'homme unité, c'est Dieu, car tous les hommes ne font qu'un en Dieu. Dieu possède l'omniscience ou la science de tous les hommes unis, il est *l'homme uni science*. Il possède aussi l'omnipotence, la potence ou la puissance des hommes unis qui en lui sont *l'homme uni potent*. Dieu est l'omnipotent.

Les hommes ne savent rien, ne peuvent rien en dehors de l'esprit et de la parole, lesquels n'ont ni chair, ni os, ni nerfs. Tout ce qui pense, tout ce qui agit en l'homme et le conduit, échappe à la vue charnelle la plus puissante.

L'esprit sonde ce qu'il y a de plus profond en Dieu. (1 Cor. 2, 10). Dieu est esprit et cela signifie que Dieu peut se connaître parfaitement; il se connait lui-même dans ses œuvres, dans la parole qui est son œuvre et est aussi Dieu. Or, ce qu'il avait de plus profondément caché en la parole, c'était la création de l'homme et l'origine des idées. Cela est aujourd'hui, selon les proféties, entièrement élucidé.

L'idée s'incorpore dans un mot, croît et grandit; et les idées créées engendrent à leur tour en s'unissant, *en ce unis séant*, des frases plus ou moins développées et celles-ci des œuvres plus ou moins étendues. Elles se comportent comme des personnes, comme des sociétés et comme des nations. Mais de même que les sociétés et les nations périssent, les œuvres créées par les hommes au moyen des mots périssent aussi, car elles n'ont point de vie par elles-mêmes; les mots et les idées premières créées de Dieu, sont, ainsi que lui, vivantes et éternelles, et c'est par elles aussi que nous avons la vie éternelle, laquelle consiste à connaître le Père, qui est l'esprit, et la parole ou Jésus-Christ. En la parole est la vie et rien de ce qui est n'a été fait sans elle.

ERREURS GRAMMATICALES

On a vu en différents endroits qu'il est conforme à l'usage et à la logique de dire : *Ségret, ségré, sécret*; *dégré*; *feignant, feignante, feignanter, feignantise*; *s'en rappeler*; *je m'en rappelle*, etc.

Gni, gna doivent se prononcer comme dans : *signifier*, il *régna* : *incognito, agnat, agnation*; *ignée, ignition*; *eaux stagnantes* etc. C'est ainsi que prononcent les Italiens.

Carapaçonner, prendre une *carapace*, et non *caparaçonner*, qui est un mot forgé. *Fratras*, populaire et non *fatras*.

Agoniser de sottises, est très bien dit. Tirannie, tiranniser; colonie, coloniser, appellent : agonie, agoniser.

Voquer, évoquer, révoquer : veiller, éveiller, réveiller; crier, s'écrier, se récrier et autres montrent clairement que : *numérer, énumérer, rénumérer* sont parfaitement et obligatoirement français; or ce dernier, *rénumérer*, a été latinisé, c'est à dire interverti, et déformé en *rémunérer*.

Le verbe *numérer* a formé différents mots : *Mon nu m'ai rehaut*, c'est mon numéro. *Nu m'ai ré, haut l'ai*; numéroter. Le *nu* fut le premier numéroté. *E nu m'ai ré, aie re; a:*

numéraire, énumérèrent. On énuméra le numéraire. *Ré nu m'ai, re à sis ai on* ; *re à sillon, rénumération*. La première rénumération fut celle d'un acte charnel. Si on *énumère* les services que l'on a rendus et qu'on nous les *re énumère* fidèlement, nous aurons notre juste *rénumération*. On ne peut dire autrement sans que la langue dans la bouche ne s'en révolte et que l'oreille n'en soit scandalisée. Cependant les peuples depuis deux mille ans sont esclaves de quelque ténébreux grammairien latin.

Par contre le peuple dit avec raison : *exsécrer* en concordance avec le latin *exsecrari*. *Exe sécrer* montre *l'exe sécrant* ou *sécrétant*, et cela amena l'exsécration.

Le peuple prononce : gestion, digestion, indigestion, mixtion, immixtion selon la règle générale : *gession* etc. La preuve qu'il en est ainsi, c'est que les dictionnaires français indiquent généralement la prononciation en *tion*, ce qui est inutile à la compréhension de ces mots.

Suggérer, suggestion sont du langage non naturel. Puisque le mot *sujétion* est français, il y a aussi forcément : *sugérer* et *sugétionner* ; en concordance avec : révolution, révolter, révolutionner ; affection, affecter, affectionner et autres. Le corps est assujetti et l'esprit est sugétionné.

Ce qui suit est donc bien dit, selon la voix du peuple d'où sort la parole de Dieu dès la fondation du monde : Le feignant feint de travailler et ne fait rien. Les choses dont on se rappelle le plus vivement sont celles de l'enfance, on s'en rappelle toute sa vie. Une munificence n'est pas une chose due, mais tout travail a droit à une juste rénumération. J'ai en exsécration celui qui choque mon oreille par son langage inusité. Ce méchant m'a sugéré une mauvaise action, et j'ai subi sa sujétion ; je ne me laisserait plus ainsi sugétionner.

On doit parler et prononcer simplement, naturellement, selon la voix du peuple, ainsi que nous parlons en nous-mêmes et non selon les grammairiens qui n'ont rien su de l'esprit ni de la parole, n'ont connu le père ni le fils. On doit éviter les liaisons ridicules, et si on veut dire : un enfant incorrigible, ne pas dire un enfantin corrigible.

Au reste nous avons affranchi notre esprit des chaînes grammaticales, ce n'est pour en forger de nouvelles ; que chacun fasse comme il lui semble juste et bien, en évitant de se singulariser et en sachant que tout ce qui n'a pas ses fondement dans le livre de vie dès la fondation du monde, appartient aux ténèbres et reste l'apanage de ceux dont les œuvres sont mauvaises (Jean 3, 19).

LE COMMERCE

Le queue on m'ai, herse; le commerce. *Queue on met, air ç'ai*, on va commercer. *Le queue on meut, aie re séant*; le commerçant. *Fais aire, queue raidis*; il faut me faire crédit. *Séant queue raidis*, sans crédit. *Queue ré d'ai, y t'ai*; *queue raide y t'ai*, je suis crédité. *En d'ai bisse, queue raidis*; tu tombes en discrédit. *A re géant, are j'ai en, queue on tend*; argent comptant. *Séant mets, à re chéant d'ai*; sans marchander. *En m'ai, à re chéant d'ai en*; en marchandant. *Mets à re chéant, d'ai ise*; *m'ai arche, en d'ai ise*; il y a de la marchandise. *Le véant t'ai eu, le veux en tu*? le vends-tu? On peut *lever en dreu*, on peut le vendre. Veux-tu *le à che t'ai*? l'acheter? Je t'ai, *à che t'ai*; je t'ai acheté. *Mets on nœud, aie*; monnaie. *Queue on trait, acte ai*; *queue ontre à que t'ai*; contracter. *Le queue on trait a*, le contrat le comptera. *Séant queue on t'ai*, sans compter. *Séant pé y ai*, sans payer. *On peu aie, d'ai à bore*; on paie d'abord. *D'ai à véant ce*, d'avance. *Paie, paix, pais*. On aimait à paître en paix. *A l'ai euille*, à l'œil. *Gueue r'ai à tu, hui te mets en*; gratuitement. *Fais ine en ce*, finance. *Y fait haut, fais iner en ç'ai*; il faut financer. *Les ancêtres eurent* commerce entre *eux, et* créèrent là tous les mots qui s'y rapportent. *M'ai unifie, séant ce*; *mets une ifi, séant ce*; munificence. La munificence est facultative.

A yeu, as yeu devient *aille* = s. *Queue je veux à yeu*, que je vaille. Vaille, *queue veux à yeu*, vaille que vaille. *Je te r'ai à vaille*, je travaille. *L'ai à trou, v'ai à yeu*, la trouvaille. *R'ai à yeu*, raille. *Raille ai rie*, raillerie. *Raille ai heure, r'ai ailleurs*, railleur. *Re à qu'ai aille, re à caille, re aca aille*, racaille.

Je te r'ai ce à yeu, je trait saille, je tressaille. *Trait saille, mets en; te r'ai ce aille, m'ai en*; tressaillement. *Au j'ai aille, isse ai ente*; eaux jaillissantes. *A ç'ai à yeu, à ç'ai aille, à saille*, assaille. *On ce à saille hisse ai, on ça saille isse ai*, on s'assaillissait. *Au saille ai en, au saillant*. *T'ai où trait, saille ai en*; tout tressaillant. *Hause à saille ai en, ose à saillant*, aux assaillants. *A saille ai, aie; à saille est*; ah! ça y est... *A y ai à, à ià, ià, ià...* *A saille ist céans, a sailli sang, à j'ai aille, ist séant*; a jailli sang. *A la saille ist sang*, à l'assaillissant. Au séant assailli, le sang a sailli et jailli.

Saint, saint, saint est le Seigneur Dieu tout-puissant! le saigneur d'yeu tout puit séant. Le livre de vie est ouvert, qui est digne de le lire?

LE JOINT

Oin = sexe. *oins, oing, oint*. Il y avait de *l'oing* en *l'oin*, de loin en loin, pour oindre *l'oint* ou *l'oin* du Seigneur. C'est de là que vient l'usage de oindre, *où indre* = ici entre, les rois et les mourants pour leur faciliter le passage. *L'exe trait aime onction*, l'extrême-onction peut ranimer.

J'ai oint, j'ai oin, joins. *J'ai oint le*, joins-le. *Je te-l'ai en jeu, oins; en joint*, je te l'enjoins. *Joins l'ai ure, joins ture*, dans la jointure. *Joins t'ai, joint t'ai*, jointer, *Joins toi y ai*; jointoyer. Les deux *qu'on joint*, les deux conjoints. *A d'ai joins*, adjoint.

Au ç'ai oin, haut ç'ai oins, aux soins. *A vèque ç'ai oin*, avec soin. *Fais oin*, foin; il y a du foin. Je vois au *sein foin*, c'est du sainfoin. Il y a du foin au chat, c'est un chafouin. *Gu'ai oins, guoin, sague où ai in, sague oin*, ce a goût bein ! sagouin. *Peux in goin*, pingouin ; *mare in goin*, maringouin.

Eau l'ai oin, haut l'ai oins, au loin. *L'où in* = en l'eau. Il est *l'où in*, il est loin. Ce qui est dans l'eau est bientôt loin. Dans *le l'où intinds*, on entend dans le lointain, dans l'eau qui transmet la voix. *A l'eau*, allo !

Au m'ai oins, au moins. C'est *le m'ai, oins*, c'est le moins. *De mets oin, en mets oin* ; tu le fais de moins en moins. *En corps mets oin*, encore moins.

Tu es, té m'ai oin ; tu es témoin. *J'ai en sui, té m'ai oin* ; j'en suis témoin. Le premier et vrai témoin participait à l'action, et ceux qui regardaient étaient aussi témoins. L'allemand : *zeugen* = témoigner et engendrer. Le témoin fidèle et véritable (Apoc. 3, 14) doit témoigner hardiment et entièrement de la création du grand Dieu tout-puissant.

Pai oin, poins, point, A *point nœud homme ai, nœud on m'ai*, à point nommé. *A point t'ai*, il faut m'appointer. *A point te mets en*, je veux des appointements. *D'ai ze à point, te mets en, te mens* ; désappointement. *On nœud, peux point* ; on ne peut point. Les ancêtres démons ne pensaient qu'à mettre au point. *Poins, point d'ai one heure* ; c'est un point d'honneur d'obtenir la réciprocité d'un vil service ou le paiement du point donneur.

Au qu'ai oin, au coin. *En ce, à coin t'ai, on se à cou intait*, on s'accointait. *Coup in sis, d'ai en ce : coince y d'ai en ce* ; coïncidence. *Coup in ç'ai, coin c'ai, fais coup in ç'ai*, fait coïncer. *Coin t'ai ise, coup in t'ai ise*, cointise. *Coup in coin*, couincouin. *Tins t'ai oin, tins tout in*, tintouin. Au *beu z'ai oin, oins*, au besoin. *Beus z'ai oin*, c'est un besoin. *Beuser* = baiser. On ne doit pas *beuser oin*, sans besoin. J'ai d'autres *beuser oin*, besoins,

Uin = *oin*. Ce *uin*, *suin* = sein. *Sue in t'ai*, *suin t'ai*, suinter. *Ça sue ai inte*, ça suinte. Il y a du *suin*, en *j'ai uin*, en juin.

Où en = *oin* = en l'eau. *Re où en*, de nouveau dans l'eau. *Rouen*. Les lieux dénommés *Ouen*, ainsi que *Rouen*, remontent aux temps les plus reculés.

LE GOUVERNEMENT

V'ai aic-re, *v'ai air*, le *v'ai air levait air*; les premiers qui levèrent, levèrent le ver, le verre, le vert, le vaire, vers. *Vère* = suce. Le sexe fut le premier *ver*, et le premier *verre*, on y but le premier coup. Le sexe élevé était vert. *Au vert*, ovaire; *où vert*, ouvert. *D'ai queue où vert*, découvert. *Re qu'ai où vert*, il est recouvert. *Entre où vert*, il est entr'ouvert. *Queue on vert t'ai i*, converti. *Ce queue on vert t'ai ire*, il faut se convertir. *A vert t'ai i, à vère t'ai i*, averti. *Entre à vert*, tu es en travers, *en trave erre*. *Là vers tu, l'avers tu*; la vertu est *au tu* de *l'avers*, c'est *l'avers y t'ai*, c'est la vérité. *A l'ai en vert*, tu es à l'envers. *Y peux l'ai à vert ce*, il pleut à verse. *Au verse eau*, *haut vers saut*, je l'ai *eau vers saut*, je l'ai au verso. Le verso était le féminin. *Quèle vers vœu*, quelle verve. *Quèle* = coule. *Vert jeu*, verge; *vert je t'ai*, *verge t'ai*, vergeté. *Sure le vert séant*, sur le versant. *Vert ç'ai*, *verse ui*, versé. *La queue ontre au verse*, la controverse. *L'avers d'ure* porte la verdure, et *l'avers d'heure*, la verdeur. *Vert dure y ai*, verdurier; *vert d'ure y ai air*, *l'avers du rière*, la verdurière. *Vert d'ai âtre*, *vert d'âtre*, verdâtre. *De l'ai avers*, *mets ine*; il y a de la vermine. *Mé d'ai à yeu*, médaille. C'est le féminin ayant son avers et son revers, face et pile.

V'ai air nœud, *vers nœud*, verne. *Le vert nœud y ai*, le vernier. *Vère n'ai i. vers nid*, vernis. *Vernis ç'ai à jeu*, vernissage. *Ta verne y ai*, tavernier. *Où vert te mets en*, ouvertement. *Je te le dis où vert*, *te mens*, ouvertement. *Vert te mets en, vert* = vrai, *vert le mens,* je l'ai repris vertement. *Je le r'ai vert,* je le révère.

Pris me vert, primevère ; *ç'ai vert,* sévère. *Perce ai vert, père ç'ai vert, père sévère,* persévère. *J'ai percé, vère ai* ; j'ai persévéré. *Le te r'ai où vert, le trait ouvert, les trouvères le trouvèrent, le trou vert. Le trou bleu* causait un trouble, et le trou blanc était troublant. Le *trou-seau,* d'où sortait l'eau, fut le premier trousseau. C'est *le trou, mets à dame* ; le trou-madame. *Le trou pie ai.* le troupier. *En trail houpe, en trou peux, entre où peu,* en troupe. *Le trou-peau* réunissait un troupeau d'imbéciles. *D'ai in bé, sie-le. C'est un fait qu'ont trouvé, con trouvé* ; c'est un fait controuvé.

Arrivons au gouvernement : *gu'ai où vert, gu'ai où vert nœud, goup* = coup, *goup vers nœud, gu'ai ouvert nœud, gu'ai où verne,* gouverne. Je gouverne. Pan, pour ta gouverne. *Le ou la gouverne,* c'est le masculin. *Gu'ai ouvert, nœud mets en, le gouverne m'ai en,* je suis *le gueue où vert, ne mens* ; je suis le gouvernement. Je sais, *gueue où verne ai,* je sais gouverner. *Le gouverne ai heure,* le gouverneur ; *la gouverne ai ente,* la gouvernante. Je tiens le *gouverne à yeu,* le gouvernail.

C'est à l'homme de gouverner. La femme peut aussi gouverner, mais non en même temps, sous peine de dislocation. Nous connaissons l'origine de tout gouvernement, et ceux qui dirigent les plus grands états, sont soumis à ce premier gouvernement. *Vergne* = *verne* = *v'errine* = j'urine. *L'eau vergne,* l'Auvergne. C'est le pays des eaux coulantes. L'Auvergnat est un enfant de la terre ; l'homme et la femme n'étaient pas encore achevés. De là le proverbe : ni hommes ni femmes, tous Auvergnats. L'esprit ne permettrait pas de dire : ni mâles ni femelles, tous Auvergnats. *Au vé rigne ai bât.* Le langage des Auvergnats est peut-être le plus ancien dialecte français.

LE MINISTRE

Mets ine isse t'ai re, ministre. *Mets ine isse t'ai air*, ministère. *Mets ine isse t'ai re, y ai aie-le;* ministériel. *A d'ai, mets ine isse t'ai re*, administre. *Ade ministre à sillon*, administration. *Ade ministre, à t'ai heure;* administrateur. *Ade ministre à trait, hisse;* administratrice. Le premier ministre fut le membre de l'ancêtre âne, c'est pourquoi l'âne est aussi appelé ministre. L'ancêtre âne remplit le premier ministère. D'autre part beaucoup de ministres ont été des ânes, et cela ne diminue en rien le mérite des ministres de la chose publique, qui sont les premiers citoyens de leur pays.

Au qu'ai eu, hisse t'ai re, au cul, il se treut; au cuistre. Le cuistre *se treut* ou se troue au cul. *Re j'ai, isse t'ai re;* registre. *En re j'ai, isse te rai; en registre ai.* C'est dans le féminin que tout a été enregistré.

Eau d'ai, au d'ai, aude ai, auder = écouter. *Aude ai, isse y ai on*, audition. *Aude y ai en ce*, audience. *Auder ire, audire* = écouter. *Audis en ce*, audience, *Audis t'ai oire*, auditoire. *Audis t'ai heure*, auditeur. *Audis-moi;* ô! dis-moi!

Le m'ai audis, le maudit. Le maudit, *mots* et *maux dit*, et ne veut point écouter; c'est le *mau déi*, le mauvais dieu. *Nœud meut, me audis, mets au déi, poue in;* ne me maudis point. On ne doit point maudire celui qui demande du secours. Tu ne veux pas *me audire*, sois maudit. Heureux celui qui écoute, il ne sera point avec les maudits. *Audissez* mon *odyssée*. Entends-tu *le croque, audis-le;* le crocodile. Le verbe *audire* est donc bien français. *Au dire* = au derrière. *Audire* se trouve dans applaudire, *hape l'ai au dire; b'ai au dire, bé au dire, beau dire*, baudire. *Sé b'ai au dire*, s'ébaudir. *On ç'ai, beau d'ai i;* on s'ébaudit. *Ce gu'ai au dire, ce gueue au dire*, se gaudir. *La gueue au deri haule*, la gaudriole. *Le nœud à dire*, le nadir. *A fais à dire*, affadir. *I nie à pât, à dire;* il n'y a pas à dire.

Mare au d'ai, mare au derre. Marauder, maraudèrent.
Tare au d'ai, tare au derre. Tarauder, taraudèrent.
Rave au d'ai, rave au derre. Ravauder, ravaudèrent.
Mine au d'ai, mine au derre; Nigue au d'ai, nigue au derre.
Bade au d'ai, bade au derre. Ferre au d'ai, ferre au derre, fraudèrent. Le verbe *auder* donne *audèrent, au derre, au derre, y ai aire,* au derrière. *En derre nie ai l'yeu,* en dernier lieu.

LA FUMÉE

Eu m'ai, ume ou *hume ai; humer* ou *umer* = sucer. *Hume ai ain,* humain; *hume ai aine,* humaine; *hume à neu y t'ai,* humanité. *Humé est, nœud mets en; humé est, ne mens;* humainement. L'être humain était humble, un bleu et obéissant. *Ine hume ai ain,* inhumain; *ine hume ai aine,* inhumaine; *ine hume à neu y t'ai;* inhumanité. L'inhumain se rebellait et n'obéissait point.

Hume é que t'ai, humecter; *hume éque ai te,* humecte. *hume éque t'ai à sillon,* humectation. *Hume ai heure,* humeur. *Hume ai ide,* humide; *hume ai, ide y t'ai,* humidité. *Hume ili ai; hume, i lie ai;* humilier. *Hume ili t'ai,* humilité. *Hume ai, i lie à sillon;* humiliation. *Hume ai eu ce,* humus.

Ine hume ai, inhumer; *ine hume ai à sillon.* La première inhumation fut celle du sexe, puis le manger humain.

Je feu hume, je fume. *Vous feu humez,* vous fumez, fumée. Il me fait *feu humer,* il me fait fumer. Le sexe, sous le nom de feu, fut le premier fumé. *Fume* = *hume* = suce. *Fume y ai,* fumier; *fume ai ure,* fumure; *fume ai hait,* fumet. *Fume r'ai haut le,* fumerolle. *En feu hume ai,* enfumer. *A l'ai hume,* allume. Il a les yeux *à le humer,* allumés. *La coue t'ai hume,* c'est la coutume. *A coue t'ai humé,* je t'ai accoutumé. *E qu'ai hume, é queue hume,* écume. *E cu m'ai, écume ai,* écumer. C'est *parfait humé,* c'est parfumé. Il faut *l'exe humer,* l'exhumer, le montrer, le sortir, *En re hume ai*, enrhumé, excuse. *En ré z'ai humé*, en résumé, j'ai tout fait. *Queue haut ce t'ai, hume*; costume, revêts-toi.

L'ai hume, lue me, lume = lèche. *Lume ine ai heux*, lumineux. *Lue m'ai ine aire*, luminaire. *A lume ai à jeû*, allumage. *A lume ai haite*, allumette. *Lume y ai air, lue m'ai ière*, lumière. Pour lécher, il fallait voir, on cherchait la lumière; *Licht*, en allemand. *Liche ai te. Licher* est plus populaire que *lécher*. Dieu dit : *Queue là lume, y ai air soi*; que la lumière soit. *Y l'ai lu, mets ine à sillon*; illumination. *Y l'ai, lu m'ai iné ou uni* : illuminé. Après s'être uni, on était illuminé.

L'ENSEIGNEMENT

La sillabe *aigne, eigne* ou *égne* est l'impératif d'un verbe *eigner* = unir. Comme nom *égne* = sexe, etc. *eigne, aignons, égnez* vaut donc : unis, unissons, unissez. *Nous j'ai eignons*, nous geignons. *Queue j'ai in tu*. Que geins-tu?

Je ce aigne, je saigne. *Nous ce aignons*, nous saignons. *on se aignait*, on saignait. On saignait en s'unissant, *en ce unis séant*. *L'ai à saigne ée*, la saignée. *Saigne* = *signe* = sexe. Je saigne, il faut que je me ceigne. *J'ai ce aigne é, j'ai saigne é*, j'ai saigné. Je *saigné is*, je saignis, je ceignis. *En saigne, en seigne*, enseigne. *En seigne mets en*, enseignement. *Re en seigne mets en*, renseignement.

J'en saigne, j'enseigne. *Queue j'ai en saigne*, que j'en saigne, que j'enseigne, *que j'enceigne*. *Le core en seigne ai en*, le corps enseignant, *en saignant*, enseignait en *ceignant*; et *en ceignant*, il enceignait. C'est là l'origine du premier et du plus utile enseignement.

Noue, noue z'ai à ce trait eignons; nous nous astre eignons, nous nous astreignons. *Noue, noue ré ce te r'ai, eignons; nous nous reste régnons*, nous nous restreignons.

Nous *re égnons*, nous régnons. *Re égner* ou régner, c'est réunir les sexes. *Le roi règne*, il entre dans son règne, dans son royaume, *le roi y ai home, au me*. Le premier royaume est le sein féminin, dans lequel est entrée toute la création, toute *la queue r'ai à sillon*. Il s'est étendu jusqu'au delà des étoiles, et comme la chair animale trouve là sa plus grande joie, l'esprit trouve sa joie dans le monde spirituel qui plonge ses racines dans le monde charnel disparu. C'est là une nouvelle naissance.

L'ai à ré ne ée, l'ai art eignée, l'araignée, là régnez. L'araignée se nomme : *die Spinne*, en allemand. *D'ai isse, peux iner; déisse pinait*. En italien, c'est : *il ragno, la ragna*, mot presque identique avec : *il rano, la rana* ou la grenouille. La première araignée fut une raine qui filait le nœud du roi et aussi le sien. Les anges filaient aussi leur nœud, il arriva qu'on les chassait ; ils se sauvaient à la distance d'un nœud marin. Plus tard les rois en faisaient autant et obligeaient leurs vassaux à faire hommage au fromage.

Mets on seigne ai heure, mon Seigneur, mon saigneur. Le premier Seigneur fut le diable, il mit le sein en sang.

Fais eigner en, feignant. *Fais eigne enter*, il ne faut pas feignanter. *Queue on trait, eignons-le* ; contraignons-le. *D'ai aigne, à que sépe t'ai* ; daigne accepter. *Tu meus, dé d'ai eigne* ; tu me dédaignes ? *Queue on ce, peux l'ai gneu* ; qu'on se plaigne. *T'ai eigne*, teigne. *Queue je l'ai, à t'ai eigne* ; que je l'atteigne, que je la teigne. Celui qui atteignait la petite teigne, la teignait. Le son *eigne* est obcur, il est analogue à : *aie, ayons, ayez* ; *eille, eillons, eillez*. Tous les sons, tous les esprits appellent à l'union, à l'amour : tout converge vers l'unité, vers cette unité où les deux ne font qu'un ; et c'est le père et le fils, l'esprit et la parole.

L'ÉTONNEMENT

E t'ai on, nœud mets en ; é t'ai on, nœud m'ai en ; ai ton nœud méant. C'est lait t'ai, c'est laité, c'est l'été, on ne ment, c'est l'étonnement général. La sensation étonnante, *l'ai à séant ce, à sis ai on; ai ton nœud ente,* cause de l'étonnement, produisit le premier lait, le vilain laid en fut le père ; il jeta aussi la première laitance, *lait t'ai en ce, laite ai en ce* ; ce fut la première omelette faite avec de *l'homme laite,* et cela eut lieu dans la belle saison *d'été, on ne ment.*

Cela t'ai, t'ai on nœud; cela t'étonne, *cela tétonne. On nœud est, t'ai ton né* ; on est étonné, *tétonné.* Aujourd'hui on naît *tétonné, tétons nés,* et on ne s'étonne de rien. Les tétons se formaient avec les premiers accouplements et ce développement étonnait. *Etons nés* valait : nous sommes nés. *Noue ç'ai on, nœud ai* ; *nous sons nés. Ce on nœud ai, sons né,* sonner, sonnait, sonné. *Ç'ai on nœud,* sonne; *sonne ai haite,* sonnette. *La queue l'ai au che,* sonne la cloche. *L'aine ai, nœud est* ; les nénets, *n'ai, n'est,* naissaient également avec les premiers jeux d'amour. *Ça d'ai ton nœud,* çà détonne.

L'est trait, y ai on; trais y ai on ; les trayons prennent aussi leur nom du premier trait ; *te r'ai hait. Trait t'ai,* traiter. *Mets à le trait t'ai,* maltraiter. Les mamelles des vaches portent des trayons et le nom de vaches fut donné aux premières mères ; leurs petits étaient des veaux que le diable dévorait. Les dévots, *d'ai veaux,* offrent toujours leurs petits au diable qui tient sur terre la place de Dieu, notre père en Dieu, le bon apôtre, le saint évêque.

On meut, l'ai haite ; *homme laite,* omelette. *La queue haute, l'ai haite* ; la côtelette. *La toi laite* veut que je fasse ma toilette. *Coule heure, vis haut, l'ai haite* ; couleur violette. *Vis haut l'ai à l'heure,* violateur. *Y me vis haute,* il me viole. *On me fait vis au l'ai en ce, homme fait vis haut l'ai en ce,* on me fait violence. *Vis haut l'ai en méant,* violemment. Je tiens *le vis au l'ai on,* le violon, au violon.

LE PROPRE

Ce qui exprime propreté, netteté, a pour origine l'ordre de nettoyer la chose offerte qui est sale. C'est du propre, se dit de l'excrément. *Peux r'ai au preu,* propre.

Peure au preu t'ai, propreté. *Peure au preu, mets en* ; proprement. *Mets à le propre t'ai*, malpropreté.

Né t'ai, oie-le nettoie-le. *Né t'ai, oie y ai*, nettoyer ; *n'ai bait, te t'ai* ; *net teter*, netteté. *In pure t'ai*, impureté ; *le pur ifi ai*, il faut le purifier. *C'est pur, mets en* ; *lavé réi t'ai* ; c'est purement la vérité. Ainsi même la vérité a besoin d'être lavée, c'est pourquoi Jésus voulut être batisé.

L'homme et la femme sont un et simultanément propriétaire et propriété. Ils sont propres l'un à l'autre. Le propre de l'homme est à la femme et le propre de la femme à l'homme (1 Cor. 7, 4). *A propre y ai*, je l'ai approprié. *Propre y ai, t'ai air* ; propriétaire. *En propre y ai été*, en propriété. La seconde propriété est celle que chacun avait rendue propre à la culture ou à l'habitation. A cause de son origine la propriété fait partie de l'individu et y toucher, c'est porter la main sur son objet.

A m'ai oure, peux r'ai au preu ; *à moure propre* (ou suce) tu n'as pas l'amour-propre. Celui qui est sans amour-propre a son objet malpropre.

Où ist? oui. *Oui* consent, *queue on séant.* *J'ai oui*, jouis. *Je j'ai oui*, je jouis. *On j'ai oui*, on jouit. *En j'ai oui, séant ce*; en jouissance. *On nœud est, j'ai oui, ç'ai en* ; on est jouissant. *On ce, ré j'ai oui* ; on se réjouit. *Le ré jouit séant ce*, c'est une *ré-jouissance*, une réjouissance. *Ré j'ai oui, t'ai oi* ; réjouis-toi. *As-tu oui?* j'ai oui. *Je l'ai, oui d'ai ire* ; je l'ai ouï-dire. *Ine ai oui, il n'ouit*, c'est inouï. Ne pas entrer, quand on ouvre la porte, c'est inouï. *En fais oui*, enfouis. Il est *en fait oui*, il est enfoui. *J'ai fait oui*. J'ai foui. *Y r'ai oui*, il rouit. *Y l'est, r'ai oui* ; il est roui. *R'ai oui, ç'ai à jeu*, rouissage.

E peux en oui, épée en oui, é pane ai oui ; épanoui. *Ai veux en oui, é vane ai oui*, évanoui. Le sexe s'épanouissait et s'évanouissait. On s'évanouissait dans les caresses et si l'objet rentrait en soi, il disparaissait. On s'évanouit en perdant connaissance, *la queue on est séant ce*, alors on n'y est plus. *On ç'ai, v'ai à nœud, oui ç'ai* ; on s'évanouissait.

E peux à nœud, oui ce mets en; épanouissement. *Ai veux à nœud, oui ce m'ai en;* évanouissement. *Ai bleu, oui ce mets en;* éblouissement. *Y m'ai bleu oui; il meut, èbe l'ai oui;* il m'éblouit. *La part ai haule, noue, ré j'ai oui, le qu'ai heure;* la parole nous réjouit le cœur. Aujourd'hui spirituellement et autrefois matériellement. Nous ne nous occupons que des choses spirituelles, des actes qui ont servi à la création de la parole, à l'époque des dieux; bien avant que l'homme actuel fût créé.

LE SEIN

Le sexe sous le nom de *bein* donna et reçut le premier bain. *É bins, eh bin! eh ben ! Re à bein,* rabbin. *Re au bein,* robin. *Le en bein,* lambin.

Sins, sein, sain, ceins, ceint, saint, scing, cinq. Sins = suce offre le *sein* et le dit *sain. Ceins* repousse et fait couvrir le *sein,* le premier *ceint.* Les premiers *ceints* furent les premiers *saints.* Les saints ne montrent pas leur nudité, ils ne s'affublent d'aucun machin, *mets à chein,* honorable. Le sein touchant un objet était un seing mis dessus; cela le rendait sacré, *ce à cœur ai.* Le nombre *cinq* vient du sein, car c'est la cinquième roue de la charette humaine. Le saint des saints fut animalement le sein des seins.

D'ai sein, dessein, dessin. Le premier dessin eut le sein en vue. *Bé à sein,* bassin. *Sein j'ai,* singer. *Sein d'ai,* scinder. *E sins, ai sein,* essaim. *Sue qu'ai sein, suc-sein,* succint. *Meus à le sein,* malsain. *Beue l'ai en sein,* blancseing, *Ce à sein te t'ai, ce à sein teter,* sa sainteté. *Le sein l'yeu* est le saint lieu. *Sein t'ai, mets en;* saintement. *On vissait in, te mens;* on vit saintement. *T'ai haut queue sein, toque sein,* tocsin.

Peux r'ai au chein, prochain. *A vèque d'ai dein,* avec dédain. *Ç'ai où dein,* soudain. *Meus on dein,* mondain. *D'ai in dein,* dindin. *En fein,* en fin.

Bé guein, béguin. *Guein d'ai*, guindé. *En guein guette*, en guinguette. *Hein!* qu'est ce que tu heins? *Heindre* = geindre. *Jeu j'ai ain*, je geins ; *tu j'ai in*, tu geins. *Veux à gein*, vagin.

Lins, lein, lin. Le lin cacha le *lein*. *Lein jeu*, linge. *Lein seule*, mets le linceul, c'est mort. *Vie lein*, vilain, *meus où lein*, moulin. *A mein*, à ton à main, *Mets in mein*, ôte ta main. *De mets in, de mein*, demain. *Gueue à mein*, gamin. *En che mein, en che mets in*, en chemin.

Nins, nein, nain. Les nains furent les derniers sexués et ils parurent petits. *Nœud au nein* nonnain. *Bé nein*, bénin. *Veux nein*, venin.

Pins, pein, peins, peint, pin, pain. Pein ou pin ç'ai haut, pinceau, *peins sot*. Le sexe fut le premier *pin* et *peint*. *Peux in seau*, le sot mit son pinceau dans le seau. *Pein ture*, sur la *ture* du *pein* se vit la *peinte ure* et la peinture. Le *pein*, peint au non, fut le pain des anges, le premier pain. Y c'est fait, *pein ç'ai*, il s'est fait pincer. *Pein t'ai, pins t'ai, peinte ai*, pinter. *Queue à le pein*, calpin. *Queue l'ai en pein*, clampin. *L'ai à pein*, lapin. *L'ai au pein*, lopin. *Pé pein*, pépin. *Sue pein*, supin. *Ç'ai à pein*, sapin. *Père l'ai in pein, pins* ; perlimpinpin.

Quins quein, quinquin. *Quins t'ai séant ce*, quintessence. *Fais à quein*, faquin. *Queue au quein*, coquin. *Mets ce quein*, mesquin. *T'ai à quein*, taquin.

Rins, rein, rein ç'ai, rincer. *Rins ç'ai ure*, rinçure. *Mets à rein, mare-rain*, marin. *Queue rein, crin, crains, craint*. *Queue r'ai in crein*, crincrin. *Queue ou tend; peux au rain* ; contemporain. *Ce rein, ce rain* ; l'ancêtre rain était un serin serein.

Tins, tein, teins, teint. Le *tein* fut le premier teint et le premier atteint. Le *sein teint* fit se teindre le teint du visage. *Tein tout ai in, tins tout in, tins t'ai ouin*, tintouin. *Tins t'ai, tein t'ai*, tinter, teinter. *Ça t'ai inte, ça t'inte, ça teinte, ça teinte*. Après avoir teinté c'était teinté. *Tein ture, tins t'ai ure*, teinture. *Ceins ture, sein ture*, ceinture. *Lue tein*, lutin. *Ci mets à tein*, si matin. *Mue tein*, mutin. *D'ai ce tein,* destin. *Haut tein,* hautain. *Peux au tein, peau t'ai in,* potin.

Vins, vein, vain, vin, vingt. Vins appelait sur le *vein* dont l'ancêtre était *vain.* Ce *vein* jeta le premier *vin.* Qui ne pouvait pénétrer le *vein,* s'agitait en *vain.* A ce moment l'animal avait ses *vingt* dents qu'il montrait menaçantes en criant : *vins* = viens.

Vois zein, voisin. *Queue où zein,* cousin. *Bé où zein, bout z'ai in, tout zein,* bousin.

Toute sillabe terminée en *ein* désigne le sein, et la bouche est aussi un *sein. Au sein peux le,* au simple, eau simple. Le simple, *le sein pleut,* offrait son eau simple au simple. *Simpe l'ai, ici t'ai* ; *isse y t'ai* ; *simpe l'issey t'ai, ce in pli sie t'ai,* simplicité. *Que on peut, l'isse y t'ai* ; *queue on pelisse y t'ai,* complicité. *Lisse y t'ai, à sis ai on* ; licitation. *Lue ç'ai, ide y t'ai* ; lucidité.

L'ÉTERNITÉ

Ça t'ai isse, fais t'ai oi, satisfais-toi. *Y fait haut le, ça t'ai isse, fait air* ; il faut le satisfaire. *Ça t'ai isse fait,* tu *es satisse fait,* satisfait. Je suis *satisse faite,* satisfaite. *Satisse* = assez. *Ça t'ai isse, fais action,* satisfaction.

Séant ce queue ontre, fais aire ; sans se contrefaire. *Tu te queue on treu fais,* tu te contrefais. *Tout queue on treu,* tu es tout contre. *Queue on treu, fais à ç'ai on* ; contrefaçon.

Fore fais aire, faut refaire, veux-tu forfaire ? On travaille *à forer fait, à fort effet, à for ai fait,* à forfait. Tu *as fors fait, à l'ai one heure* ; tu as forfait à l'honneur.

C'est *un, m'ai fait* ; c'est un méfait. *On ce m'ai fie,* on se méfie. *M'ai fie, t'ai oi* ; méfie-toi. Méfie-toi de celui qui te dit : tu peux te fier à moi.

Queue on fait ai ire, confire. *Queue on fait, y t'ai ure* ; *queue on fit ture,* il y a de la confiture.

Con j'ai, dit ai ; tu es congédié. *En con j'ai,* en congé.

Con j'ai, à corps d'ai; congé accordé. *On nœud est, con j'ai ouin*; on est conjoint. *En con j'ai, onction*; on est en conjonction. *On le con j'ai, queue ture ai*; on le conjecturait.

E t'ai air, é t'ai aire, appel à l'amour sur les lieux élevés, *ai terre*, hors de l'eau. De là *l'étère* ou *l'éther* reçut son nom. *E t'ai air, nœud y t'ai, séant fais in*; c'est une éternité sans fin. *E t'ai air nœud, y t'ai*; *queue je t'ai, a tend*; il y a une éternité que je t'attends. Pendant *l'été, air nœud y t'ai*; pendant l'éternité. *E t'ai aire, unis té*; *uni t'ai*; c'est pour l'éternité. L'homme et la femme sont unis pour l'éternité. Dans le principe, l'éternité fut un moment d'attente, et un moment d'attente pénible dure toujours une éternité.

E t'ai air nœud, aie-le; éternel. Dieu est éternel et nous sommes éternels avec lui; nous serons avec lui dans *l'étère unité, uni t'ai*, dans l'éternité.

E t'ai aire, nue ai; laisse-moi éternuer. *E t'ai air, nu mets en*; éternuement. Celui qui éternuait ne pouvait obéir et cela durait une éternité. Ainsi c'est l'esprit, plus puissant que la parole qui donne à chaque mot sa valeur, selon les circonstances.

Queue on sesse y ai on, appert pétu y t'ai; concession à perpétuité. L'ouverture du *pétu* amena la première concession à perpétuité. Spirituellement les deux sexes sont unis en la parole à perpétuité, *à pert pète, hui t'ai*; il n'y a ni homme ni femme, mais un seul corps.

A la coque. *A l'ai à queue, au que*; *à l'ai à coque*. Le coq allait à coque, à la coque, coquer, il coquetait. *Le coque ai hait*, le coquet; *la coque ai haite*, la coquette. *Queue au qu'ai hait*; *te mets en*; coquettement. Les premiers œufs à la coque étaient des œufs de coq. *Le coq ai in*, le coquin. *La coque ai ine, la queue au quine*, la coquine. *Coque à l'as nœud*, l'âne étant un mâle, le *coquer* c'était un coq à l'âne. *Queue au qu'ai, arde*; cocarde. *Queue au carde y ai, coq hardi ai, coque à redier*, cocardier. *La coque ai hote*, la cocote. *Queue au qu'ai eau, coque ai haut*, coco. *Coque au sillon*, coction. Le mot coction marque cuisson, *au cu ils sont*. Cuire, c'est *cu ire*, avoir, aller au cul. Je suis *cu ai i*, je suis cuit. On *qu'ai hui*, on *cu ai i*, on cuit. *Queue je cu ise*, que je cuise. *Le cuise ine y ai*, le cuisinier. *Mets dans la cuise ine ière*, dans la cuisinière. *On cuise inait* dans la cuise. *Cuise* est une variante de *cuisse* et la *cuisse* fut le sexe. *La cuisse mets à dame*, la cuisse-madame.

Le *coq ai eu, le queue au cu*, le cocu. Le cocu est à l'épouse ce que la concubine, *la queue on cu bine* ou redouble, est à l'époux. L'homme et la femme qui vivent honnêtement ensemble ne sont point en concubinage devant Dieu, ils ne trahissent personne. Ils sont moins honorables que l'époux et l'épouse, le mari et la femme. Celui qui donne le nom de cocu à l'époux outragé et de maîtresse à la concubine, renverse les rôles, altère la parole de Dieu et mérite le mépris de tout homme de bien. Le cocu, c'est le troisième.

D'une manière générale, les mots qui désignent le sexe mâle désignent aussi la femme, et ceux qui désignent le sexe féminin, désignent aussi l'homme. La femme est ainsi la propre chair de l'homme, et l'homme la propre chair de la femme. Les deux ne sont qu'une chair. Cette loi est frappante dans le mot *con* qui nomme le sexe féminin et l'homme stupide ; de même la femme est le membre de son mari. Il s'ensuit que celui qui touche à la femme d'un autre, caresse le membre de cet autre, et celle qui prend le mari d'une autre femme prend le con de cette dernière. Il y a plus de moralité dans ces quelques lignes que dans le plus beau traité : sur la sainteté des liens du mariage ; car le beau langage est une incitation au vice.

Jeu m'ai où yeu, je *mets ouille*, je mouille. *B'ai ou yeu, b'ai ouille*, bouille. *Bouille ai on, Boue y ai on*, bouillon. *Bouille ai, one ai ente* ; bouillonnante. L'eau des mares bourbeuses fut le premier bouillon. Les ancêtres bouillants, *bout y ai en*, s'y tenaient dans les eaux bouillonnantes. *Queue où yeu, coup yeu*, coüille = coule. *Couille ai on*, le couillon ne pouvait entrer et restait à la porte. *C'est là qu'ai un nœud, ouille*; c'est la queune où *yeu*, c'est la quenouille. *Chéant t'ai, peux où yeu*; chanter pouille. *On ce d'ai, pouille ai*; on se dépouillait. *D'ai pouille au pime*, dépouilles opimes. C'étaient les parties sexuelles des vaincus. C'est avec de telles dépouilles que David obtint Mical, fille de Saül (1 Sam. 18, 27). *On ce, à jeune ai où yeu*; on s'agenouille.

En d'ai euille; la femme en deuil fait d'œil pour indiquer qu'elle est libre. Ne vous affligez pas à cause des morts. *Veux vœu*, veuve. *Veux v'ai à jeu, veux vage*, veuvage. *Au vage ai in*, au vagin. *Ce au vage*, sauvage. *Vis du y t'ai, vide hui t'ai*, viduité. Les premières femelles étaient veuves et appelaient de nouveau à l'amour aussitôt le mâle retiré.

R'ai eille, reille. La Reille est une rivière sortie de *l'eau reille*, où *l'eau reille*; car on prenait par l'oreille pour se faire obéir. Même on y fit un trou pour attacher l'esclave et l'amener sur l'oreille, où se mit le premier oreiller. *R'ai yeu*, reille. *Reille ai on*, rayon. *Reille ai on néant*, rayonnant. *A b'ai eille*, abeille. *On ce qu'on sait, eille*; on se conseille. *Ce haut l'ai, eille*; soleil. Viens *au sol, eille*; viens au soleil. On montait au soleil et on en descendait sans cesse. Dans le soleil les anges se sollicitaient, *ce ç'ai haut le, ici t'ai aie*. Les premiers soleils ne voyaient que leur objet, et les adorateurs du soleil n'ont jamais adoré autre chose. *Ce on meut, eille*; laisse-moi, j'ai sommeil. *M'ai eille, ai heure*; meilleure. *T'ai reille, trait eille*, treille.

B'ai ille, bille. *A bille ai*, habiller. *On bé à bille*, on babille. *Je d'ai gueue au bille*, je dégobille. *C'est ma fée à me, ille*; c'est ma famille. *En bie ce bille*, en bisbille. *Ç'ai ille*, sille. *Sille ai on, ce y ai on*, sillon. *Dè sille ai, l'aise y ai heux*; dessiller les yeux. *En gu'ai ille, en guille*, anguille. *Guille d'ai où*, guilledou. *Guille r'ai hait*, guilleret. *Guille ai au tine*, guillotine. *A la bée quille*, à la béquille. *Queue au quille*, coquille. *Quille ai*, quiller. *Gueue rille ai, d'ai en vie*; griller d'envie.

BÉNIR

Le son *bé* = deux, comme on le voit dans *bis* = *b'ai isse*, *bé isse*; dans *biner*, *bé iner* ou unire, ce qui demandait deux personnes. *B'ai éne* = j'ai unis, *béne* = bien. *Bé éner ire*, bénir. Il faut les *bés éner ire*, les bénir. Les deux *bés énis*, *bénis* ou les deux conjoints en se bénissant, *en ce bé unis séant*, se livraient à différents jeux où l'eau jouait un rôle. *L'ai au bé énite*, l'eau bénite l'a nettoyé; dans le *bé éni t'y ai*, dans le bénitier, ce fut d'abord le féminin. L'eau du bénitier est de l'urine diabolique, c'est pourquoi elle doit être salée. Dieu n'a pas permis que l'on batisât avec cette souillure. Les démons se faisaient la guerre avec l'eau bénite de cour ou purin, *peux urin*, *pus rein*, de l'eau pure, *peux urine*; de l'eau purpurine; c'est de là que l'on dit que l'eau bénite chasse le diable, c'est aussi son arme défensive. C'est là l'origine de la guerre : de l'eau d'asse, encore de l'eau d'asse. Asse = sexe, suce. *Eau d'asse y ai heux*.

Les derniers qui s'unirent publiquement furent honnis et tournés en ridicule, les anciens leur urinaient dessus pour les bénir, c'est pourquoi le prêtre jette son eau sur ceux à qui il donne la bénédiction nuptiale : *béne ai, dique sillon, nu peux, sis ai haje*. C'est une mauvaise plaisanterie et les jeunes époux sont encore en certains lieux soumis à de fâcheuses sujétions. La bénédiction était une pluie. *peux l'ai hui*, de là on dit : il pleut que c'est une bénédiction.

Toute bénédiction dans laquelle interviennent des actes animaux quelconques surtout de l'eau, appartient aux pompes de Satan. On ne doit se laisser donner de bénédiction par personne et avoir en horreur tout ce qui est bénit. Si le mari permet qu'on lui bénisse sa femme, c'est un bénêt, car celui qui bénit possède aussi spirituellement. Les Apôtres ne se livrent à aucune manœuvre de bénédiction.

Il appartient à Dieu de nous bénir, quand il nous approuve. Nous lui demandons sa bénédiction sur nous, sur nos œuvres qui sont les siennes, et sur ceux qui les lisent en y cherchant la vérité. Aussi, en esprit et en vérité, nous bénissons Dieu en trouvant bien tout ce qu'il fait.

Bénire vaut *bien unire*. Nous sommes bénis, *bien unis*, de Dieu. Dieu nous a bénis, bien unis, et nos enfants sont aussi bénis, car ils sont bien unis ; de même ceux qui *bien peu unis*, sont et seront *bien punis*.

LES CONDAMNÉS

Les cons *les quais ont*. Le con et les cons furent les premiers *ons* ou hommes du quai. *Le quai-on*, le con ; *les quais-ons*, les cons.

Le *quai-on père*, le compère est un *pare-rain*, un parrain ; la *quai-on-mère*, la commère est une *mare-raine*, une marraine, les deux sont plus anciens que le diable, ils n'arrivèrent pas à la paternité. Le nom de con est tombé en un profond mépris, il est et il reste *condamné*.

Qu'est-ce qu'un damné ? *Je meus, d'ai en nœud*; je me damne. On se damne en voulant l'impossible, on se travaille en vain. *La queue onde en née*, la condamnée ne peut ouvrir sa porte *condamnée*. *Queue onde en né, queue on déant n'ai, con dans n'ai* ; je suis condamné, je ne puis entrer. Les vierges folles sont condamnées, l'époux ne leur ouvre point la porte. Dehors sont les chiens (Apoc. 22, 15). Les indignes sont jetés dans les ténèbres du dehors (Math. 8, 12—22, 13). Les damnés sont donc ceux qui ne peuvent entrer. Les cons n'eurent point d'enfants, leurs unions furent stériles. C'est pourquoi tous les *cons* ont été *damnés*, ce sont les vrais damnés. Les *cons-damnés* continuent à vivre avec tous ceux qui portent spirituellement le nom de *cons*, et sont des pères et des mères stériles de la famille des *cons*, qui est aussi celle du diable, ce sont : *les cons-sacrés*, les consacrés; *les cons-sécrateurs*, les consécrateurs ; *les cons-fesseurs, les cons-frères, les cons-frairies*, les *cons-grégations, les cons-sultans*, les *cons-sulteurs*, etc.

Le nom de *con* est fortement injurieux : espèce de con. Parole condamnée et condamnable. Le compère et la commère sont père et mère par titre honorifique, comme l'est toute la famille des consacrés et tous ces sacrés sont condamnés ; leur condamnation est écrite dans le livre de vie dès la création du monde. Or il y a plus de vingt ans, dans « Le mistère de Dieu » nous écrivions « la condamnation de tous les menteurs » et elle est en parfaite concordance avec celle que nous venons de lire. C'est par tes paroles que tu seras condamné (Math. 12, 27). Le *con* est rempli de doute, mais la parole vaincra tous les cons, et il n'en restera pas un qui ne soit convaincu.

Adam est le premier père et ce nom remonte aux cons qui sont de la nation d'Adam ; or, *l'Adam nation* a été aussi jetée, dès le principe, dans *la damnation* éternelle. La mort et l'enfer, qui ne font qu'un, sont l'héritage d'Adam, le premier condamné ; la résurrection et la vie éternelle sont le don de Dieu, par Jésus-Christ. L'homme animal est condamné ; c'est celui qui glorifie sa bête avec des choses sacrées ou honorables visibles; l'homme spirituel est sauvé, c'est celui qui orne son esprit et l'embellit. Le corps est voué à la mort, l'esprit est appelé à la vie éternelle (Rom. ch. 5 et 6).

Quelle admirable merveille que cette nouvelle concordance si inattendue et si frappante de l'Évangile avec le livre scellé de sept sceaux.

Les *gués* et *gais rains*, les Guérins ; *les gaies rines* ou raines, les Guérines, sont créateurs du chagrin. *On sexe pose, bauche à gu'ai rein* ; on s'expose au chagrin. *Vois mon chat, gu'ai urin*; mon chagrin. *Cha gu'eurine* me chagrine; *cha gu'ai uriné* m'a chagriné. Nous sommes d'anciens *guésrains* sujets au chagrin. Le chagrin suit le plaisir, c'est un *mal heure*.

L'est gu'ai heux, les *gués et les gais eux*, les gueux furent les premiers dieux. *Le bon geux* fut un *gueux-rain* qui jeta le premier grain; et la *gueux-raine*, la première graine. Le mauvais gueux vient de la mauvaise graine. *La gu'euraine t'y ai air*, la grainetière; *le gueux raine t'y ai*, le grainetier. *Dans le gu'eurenne y ai*, dans le grenier. *Le gu'eurenne* ou *le greune*, c'est le sexe jetant sa graine. Je tiens *la gu'eureune où yeu*, je tiens la grenouille. Ce nom appartint à une gueuse à laquelle le gueux s'unissait. Ce fut plus tard que ce nom passa aux raines des eaux, comme injure. Il s'applique toujours à la femme méprisée.

Les *gueux rans*, les grands. Les *vétés-rans*, les vétérans. *Levé t'ai*, le *vété* se levait à l'ordre : *vé t'ai = bé t'ai* ; c'était un *ran péant* ou *pé allant*, un rampant. *Véte = bête = bête*. *Levé t'ai, érine air*; le vétérinaire examinait l'urine de ces bêtes à chagrin. Quand les *vétes érinèrent*, ils devinrent vétérinaires. Les vétérans sont des bêtes primitives, d'anciens rans.

Les rans furent les premiers soldats : *saut le d'ai à, sol d'ai à*. Le soldat se tient sur le sol, il n'est plus marin, mais il reste *ran*. On serrait les rans et les rangs. On les rans et les rangs plaçait, on les remplaçait. On *les rans j'ai*, on les rangeait. Les rois et leurs grands organisèrent les rans et les mirent en rangs. On entre dans les rans et dans les rangs en devenant soldat. Les hommes sont restés des rans à l'égard des rois, comme ils sont des laïques à l'égard du clergé. Ils sont restés des bêtes rampantes et l'Esprit du Tout-Puissant les amène malgré eux à se tenir droits, car il les fait rois et prêtres, selon l'ordre de Melchisédec, qui tenait son sacerdoce de Dieu seul. A Dieu seul appartient la gloire et nos hommages.

L'ORIGINE DES IDÉES

J d'ai = je t'ai; *ide ai* = suce j'ai. *Ide ai ée*, idée, idez = sucée. *L'ai aise idée*. Les idées sont des sucées; ce qui n'a pas été sucé n'a pu prendre vie. Ce qui a été sucé s'est ajouté à l'arbre de vie qui, comme tout arbre, suce la sève vivifiante par les racines, par les feuilles et même par toute son enveloppe. Le palais de Dieu, qui est la bouche de l'homme, fut donc rempli de sucées; mais l'idée pour prendre vie durable doit être engendrée. C'est encore une idée, *unis dée*. C'est une *intime idée* dont la dée ou la déesse était *intimidée*; cette intime idée est aussi une sucée. Tous les mots, dans le principe, exigeaient, avec plus ou moins de force, la même satisfaction double que nous fait connaitre l'idée. On y a l'idée ou on n'y a pas l'idée. *Y l'est séant, ʒ'ai idée*; il est sans idée. *Peux l'ai in, d'ai idée*; plein d'idées. *L'ai ide re, de l'ai air nœud*; l'Hydre de Lerne veut un travail d'Hercule, *d'ai air, cule. Ide r'ai, au j'ai aine*; hidrogène. *Ç'ai ide re*, cidre. *Ide ai, à léi t'ai*; idéalité, *idéale y t'ai*. L'idéalisme veut se faire gober, n'y parvenant pas, il se travaille lui-même, il idéalise : *y l'ai idée à l'ise*. Il cherche des satisfactions artificielles : *à re t'ai i, fisse y ai, aie-le*; *art t'y fit ciel*; des besoins impérieux lui insufflent des idées pernicieuses : *p'ai air nœud, isse y ai eu ʒeu*; il s'ingénie pour arriver à son idéal. L'origine des idées réside dans la force créatrice qui doit se faire jour par un moyen quelconque, et forge pour cela tous les mots qu'elle peut créer et crier.

R'ai ide, ride = raide. Le vent ride ou raidit la surface de l'eau. *L'est ride*, les rides indiquent qu'on en a vu de raides. *Dé r'ai idée*, elle s'est déridée. *Ai l'idée*, élidez. *Hide* = ide. *Hide ai heure*, hideur; *hide ai, euse m'ai eu*; hideusement. *In sipe, ide y t'ai*; insipidité. *Ri j'ai, ide y t'ai*; rigidité. *Ce tu peux, ce t'ai hupe*; *ide y t'ai*; stupidité. *Limpe ai, ide y t'ai* ; limpidité. *Live ai, ide y t'ai* ; lividité. *Ce haut l'ai, ide y t'ai* ; solidité. *Conce ai haut l'idée*, consolidez. *B'ai ride, bé r'ai ide* bride. *Bé, r'ai idée*, bridez. *D'ai bé, r'ai idée* ; elle est débridée. L'idée doit être bridée ; on ne doit pas lâcher la bride à ses idées.

LA TOUTE-PUISSANCE DE DIEU

L'Écriture nous dit que Dieu est tout-puissant et que rien ne lui est impossible ; elle nous dit aussi qu'il est esprit et que l'homme est le temple de Dieu. Il y a donc en nous une puissance à laquelle rien n'est impossible ; cette puissance, c'est l'esprit de Dieu qui s'identifie avec celui de l'homme.

Pour cet esprit le temps et l'espace n'existent point, car il remplit l'immensité visible qui est l'espace, et le temps qui constitue les cieux.

L'astronome, *l'astre haut nomme*, avec ses instruments découvre les étoiles qu'il estime les plus éloignées ; mais l'esprit entrevoit bien au delà des millions de mondes aussi immenses que tout ce dont on peut apercevoir une simple lueur. Tous ces mondes l'esprit les appelle à soi, les condense et les amène à n'être devant sa vue qu'un point imperceptible. De même il se souvient de leur création et de celle de tous les êtres, il voit le passé devant ses yeux, comme s'il était présent ; il entrevoit l'avenir et surtout la terre soumise à sa parole aux siècles des siècles. L'esprit réunit donc les temps passés et les temps futurs en un seul instant qui est le présent, et il anéantit le tout, le temps et l'espace, en s'anéantissant lui-même (Phil. 2, 7), pour résurgir aussitôt et s'étendre tout à coup de nouveau à tous les temps et à tous les lieux.

Dieu peut donc tout, comme esprit, dans les choses de l'esprit. Aussi tous les esprits lui obéissent dans le ciel où est faite toute sa volonté. Mais sur la terre la chair se refuse à l'obéissance et ne fait point la volonté de Dieu qui nous commande de nous aimer les uns les autres, et de détruire les violents, les assassins, sans pitié. Au lieu de cela, le diable qui possède encore de la puissance sur les méchants, est plein de mansuétude pour les assassins, et il pousse à l'assassinat, aux meurtres, aux ruses infâmes et abominables, les peuples imbéciles qui sacrifient avec entrain au monstre des batailles, le meilleur de leur chair et de leur sang.

La toute-puissance de Dieu va donc jusqu'à ce qu'il peut se cacher aux hommes qu'il anime, et même à s'anéantire au point de n'être que l'un d'eux, que l'on chasse et pourchasse, jusqu'à le faire mourir dans les tourments, comme cela eut lieu en la personne du Seigneur Jésus. Or, Jésus ou la parole étant mort, l'esprit restait sans force, annéanti. L'esprit n'est vivant, actif, qu'au moyen de la parole, en laquelle est la vie, et par laquelle tout a été créé. En un sens spirituel, Dieu, le Dieu des Juifs, a été mis à mort, annéanti pour un instant. L'esprit de Jésus était l'esprit de la parole humaine naturelle. C'est cette parole qui est Dieu, elle se confond avec le Seigneur Jésus qui prend de plus en plus autorité sur toute la terre, à la rage et à la confusion de ses ennemis, réduits à lui servir de marchepied. Tout ce que les hommes ont fait, ils l'ont fait en qualité d'instruments de Dieu pour sa gloire, et généralement pour leur confusion, à l'exception de ceux qui ont cru en Jésus.

L'esprit de l'homme en sa chair touche à la matière et n'obéit que difficilement à l'esprit. La matière que notre esprit anime tend à retourner en la terre, elle aspire au repos terrestre et ne vit que maintenue par l'esprit. L'esprit tient à son corps où il jouit d'une indépendance fort grande vis-à-vis de Dieu; mais aussitôt mort, notre esprit est soumis à l'esprit de Dieu qui était au fond de sa conscience, il se trouve seul devant son maître; devant sa conscience, désormais seule vivante, qui lui reme sans cesse devant les yeux ses mensonges abominables et toutes ses mauvaises actions.

L'ESPRIT-SAINT

L'Esprit créateur de toutes choses est l'esprit de l'Eternel, qui tient la balance entre le bien et le mal. En lui vivent tous les esprits, bons et mauvais. C'est le Dieu de l'Ancien Testament qui demande des sacrifices d'hommes et d'animaux. Cependant on y voit déjà apparaître l'Esprit-Saint, l'esprit de bien et de science qui tend à prendre le dessus.

Le roi David, l'homme de sang, est un serviteur de l'Eternel, lequel Daniel connaît à peine, et, dans le Nouveau Testament, l'Eternel n'est point connu. L'Eternel n'est point le vrai Dieu, ce n'est point sous ce nom que l'esprit doit gouverner la terre. Ce gouvernement appartient à l'Esprit-Saint et sain, et aussi à l'Esprit de vérité annoncé par Jésus, devant conduire dans toute la vérité (Jean 16, 13). Or, cet esprit de vérité est le véritable esprit scientifique, il n'est l'esclave d'aucun préjugé ; il voit les choses sainement, telles qu'elles sont réellement ; il ne se laisse pas illusionner, et n'admet dans aucun cas qu'un objet matériel soit autre chose que matière. Aussitôt qu'un homme ou un objet prend un attribut quelconque, un caractère simbolique, il redevient ce qu'il fût dans son principe ; la nudité de l'ancêtre ; et c'est la nudité du diable que l'homme honore et dont il se glorifie (Apoc. 3, 18).

L'Esprit-Saint est aussi l'esprit de vie ; c'est l'esprit du Seigneur Jésus qui est le Prince de la vie (Act. 3, 15), le vainqueur de la mort, qui libère les hommes de cet esclavage, en leur montrant la mort en face et telle qu'elle est : le rejet d'un corps, d'un vêtement passager, qui devient une souillure odieuse, aussitôt qu'il sent la corruption. Tous les honneurs rendus aux cadavres, ainsi que les tombeaux, sont des hommages rendus à la mort, rendus au diable, car les cadavres appartiennent au diable, comme l'esprit appartient à Dieu. On doit honorer les morts en parlant d'eux à table, comme le demande le Seigneur Jésus, et sans s'affliger, car cette affliction, vraie ou feinte, est une révolte contre le Dieu tout-puissant ; on doit faire disparaitre les cadavres sans aucune cérémonie, d'une manière aussi invisible que possible, pour ne pas affliger la vue des vivants.

L'esprit sain voit tous les hommes semblables comme les membres d'un même corps, il a en mépris les corporations fermées. Il y a bien différence de fonctions et d'états, mais c'est passager. Les titres de noblesse ou religieux, les décorations quelconques et tout port d'indices honorifiques sur les vêtements ou autrement ; enfin tout ce qui tend à rendre un homme différent des autres hommes, ses frères, est l'indice de la soumission de cette individu à Satan, à ses pompes et à ses œuvres.

Toute cérémonie publique ou privée, ayant un caractère religieux, de service divin, de culte quelconque, est la marque d'une soumission au diable, où il arrive aussitôt et prend la première place ; mais où il n'y a rien, le diable perd ses droits, comme le dit la voix de Dieu. L'homme qui instruit doit être semblable aux autres hommes et être, comme eux, un fils de Dieu parmi ses frères.

Le Nouveau Testament est là-dessus rempli de l'Esprit-Saint : le Seigneur Jésus et ses apôtres n'ont point de drapeau, ni bannière, ni trompette, ni chant, ni musique, ni signe de ralliement. Point de prières ni de culte commun. Chacun adore Dieu, ainsi qu'il le demande, en esprit et en vérité.

Les fils de Dieu qui ont le gouvernement des peuples, devront tout d'abord abolir les drapeaux. Toute troupe, toute réunion qui marche derrière un objet honorable quelconque, est conduite par le diable. Ceux qui suivent, se croyant forts, sont prêts à toute sorte de violence et de crimes. Les troupes de la loi, gendarmes et police, n'ont point de drapeaux ; ce sont ainsi des corps constitués qui dureront, car une force publique est indispensable pour réprimer violemment les violents.

Les esprits méchants des bêtes primitives demandent qu'on épargne les assasssins, et désirent que l'on massacre les meilleurs du peuple sous prétexte d'honneur et autres paroles du diable. L'esprit-Saint instruira peu à peu les peuples qui sont tous frères, et ils cesseront de fourbir sans cesse des armes pour s'exterminer, mais les méchants seront retranchés chaque matin : l'enfant s'ébattra sur le trou de l'aspic et du basilic (Esaïe, 11, 8). Tout travail aura pour but le bien-être véritable des vivants, la vanité orgueilleuse sera flétrie et honnie.

La paix sur la terre et toutes les bénédictions annoncées dans la Bible auront leur accomplissement, et les hommes recevront l'Esprit-Saint.

LE MISTÈRE DE L'INCARNATION

De l'ai incarné à sillon. Le mistère de l'incarnation est un mistère diabolique dont l'Evangile ne parle point. La parole nous fait connaître le diable incarné : *in qu'arine ai, in carne ai* Le diable s'incarnait, mais Dieu et l'homme engendrent. Tu es mon Fils, je t'ai engendré, *en jeu endré*, aujourd'hui.

Vie air j'ai ; *vie, air ai jeu*; *la vie erge*, dresse ou avance. C'est le cri du mâle cherchant la vierge. Les deux *le sis ergent*, cierge, pour l'introduction que facilite *le queue on sis erge*, le ou la concierge. *La virge inie t'ai*, mais après que la virge ou verge sera ôtée, tu n'auras plus ta virginité. *T'ai air, vis erge* ; terre vierge. *Fais au raie, vis erge* ; forêt vierge ; *hui (ici) le vis erge*, huile vierge ; *sie re vie, air ai jeu* ; cire vierge. *Ce inte vis, air ai jeu* ; sainte vierge. Le premier lait est le lait virginal : *virge ai iné à le.* Tous les mots sont nés avec les sexes, il ne faut point l'oublier. Le mot *vierge* a donc été créé par le dieu d'amour.

La vierge est la fille ou la femme apte à la maternité. La pucelle n'est pas encore vierge ; la vieille femme peut être pucelle, mais elle n'est plus vierge. L'esprit jette un ridicule sur la femelle qui se refuse à l'amour et ne veut pas être mère. Ester et ses compagnes sont appelées vierges après avoir été connues du roi Assuérus. On ne peut connaître la trace de l'homme dans la vierge (Prov. 30, 19) ; elle est évidente dans la pucelle. L'esprit permet de dire que Jésus est né de la vierge Marie, toujours vierge ; mais il interdit : né de la pucelle Marie, toujours pucelle.

Jésus est né de la femme et de l'homme qui est l'ombre du Très-haut, sans cela il ne serait pas le fils de l'homme. La loi écrite en latin disait autrefois, en ce qui concerne la paternité douteuse : virgini parturienti creditur, il faut croire à la vierge en couches. Ex Maria virgine, nous dit : *exc Marie à virge ist né.* Les vierges furent les premières qui enfantèrent. Les premiers dieux animaux ne connaissaient point leur père véritable : Jésus, le premier homme-dieu spirituel devait aussi être semblable au premier dieu animal. Nul homme ne doit être honoré ni méprisé au sujet de sa naissance ; celui dont le père est inconnu, est Fils de Dieu, ainsi que le Seigneur Jésus.

C'est l'esprit du premier dieu animal qui devient l'esprit de Jésus, et en lui Dieu et l'homme sont un.

L'homme cesse d'être esclave des mots qui sont des anges ; mais les mots et les anges lui sont soumis, ainsi que Dieu le leur commande : Que tous les anges de Dieu l'adorent (Héb. 1, 6).

Et vous, toutes les mères qui avez donné le jour à des fils de l'homme, vous avez aussi enfanté des fils et des filles de Dieu. A vous la couronne des vierges, et votre place est dans le ciel auprès de la mère de Jésus, que tous les âges appelleront bienheureuse. Le lit est sans souillure et il est trois fois saint, quand il s'y engendre un fils de Dieu.

L'HOMME VRAI EST UN PUR ESPRIT

Ce qui est spirituel vient après ce qui est animal (1 Cor. 15, 46).

Nul homme n'a tiré les conséquences de cette vérité : La chair créée a existé avant l'esprit créé.

L'esprit qui anime l'humanité a été créé dans la chair des anciens êtres ou ancêtres : anges ou démons, diables et dieux. L'esprit ainsi créé fut celui de l'Eternel en lequel le bien et le mal sont fortement unis. C'est l'esprit de l'Ancien Testament, où c'est le mal, c'est Satan qui domine sur toute la terre, sans en excepter la religion des Juifs.

Jésus paraît pour détruire les œuvres du diable (1 Jean 3, 8). La loi de Moïse était une œuvre de l'Eternel où le diable avait la plus grande part; car le diable est un serviteur de l'Eternel, même un serviteur zélé; mais méchant et sanguinaire. Jésus a donc aboli la loi de Moïse (Héb. 10) et précipité le diable du ciel (Ap. 12, 8, 9). L'évangile avait aboli les sacrifices d'animaux et tout culte extérieur ne laissant que la prédication de l'amour de Dieu, se confondant avec l'amour du prochain. Cependant l'Evangile n'est pas la vérité parfaite. Jésus annonce qu'après sa mort viendra l'esprit de vérité (Jean 16, 13) qui conduira dans toute la vérité. Or, le Saint-Esprit n'a point conduit les apôtres et les disciples dans toute la vérité. Paul, en effet, compare ses profondes connaissances à celles d'un enfant. Il ne connaît qu'imparfaitement, mais il annonce la perfection (1 Cor. 13, 9, 10). Le retour de Jésus, qui est la vérité, fait le fond du Nouveau Testament. C'est à son retour, à sa descente du ciel, que toute la vérité sera connue (1 Thes. 4, 16). Mais Jésus ne se montre point en chair, car s'il avait gardé intact son corps charnel, la chair et le sang pourraient donc posséder la vie éternelle, ce qui est impossible (1 Cor. 15, 50). Il se montre en esprit et en vérité, d'abord à nous, qui sommes l'arcange et la trompette de Dieu, donnant le signal de la résurection des morts (1 Thes, 4, 16). Nous sommes fait semblable à Jésus, car il nous autorise et nous force à dire de nous-même tout ce qu'il a dit de lui étant sur terre, et de plus nous prouvons que tout ce qu'il a dit était vrai. Il était avant Abraham, étant la parole qui était au commencement et qui était Dieu. De même je ne suis point, moi qui pense et écris ces choses, je ne suis point un assemblage d'os et de chair destiné à une prochaine destruction. Je suis un tissu indestructible d'idées, de paroles, un esprit créé et vivant dès la fondation du monde ; même je m'identifie avec l'esprit de l'Eternel qui a créé les mondes et je me sens vivre n'ayant point de commencement de jours ni fin de vie. Je suis donc semblable au Fils de Dieu (Héb. 7, 3), et comme Jésus, je m'assois à la droite de Dieu, avec Jésus, sur son trône.

Or, tout ce que nous écrivons là est purement spirituel ; rien en notre extérieur ne nous différencie de tout autre homme, car alors nous serions le diable et non l'homme de bonne volonté que nous sommes. En qualité d'ange, d'arcange, de Dieu et de Fils de Dieu, nous sommes un pur esprit, ou mieux c'est le pur esprit qui nous anime qui est tout cela. Que l'on comprenne bien que ce que nous disons de nous, nous le disons de tout homme qui est avec nous, accepte l'Evangile et reconnaît Jésus comme son maître : Jésus qui est véritablement descendu du ciel et nous fait tous semblables à lui. C'est à cela que nous savons qu'il a paru, car nous sommes semblables à lui, et nous le voyons tel qu'il est (1 Jean 3, 2) : semblable à tout homme de bien, ne se distinguant point des autres hommes. Je vous dis en vérité qu'en tant vous-avez fait du bien à l'un de ces plus petits de mes frères, vous me l'avez fait à moi-même.

Nous sommes ressuscités et semblables aux anges qui sont de purs esprits ; nous sommes les anges des eaux, le commencement de la créature de Dieu. Nous sommes tout ce qui a vécu et tout ce qui vivra éternellement.

Les hommes ignorants ressemblent aux feuilles d'un arbre toujours vert. Quand la feuille tombe ou l'homme meurt, tout est mort, disent-ils. Mais l'homme instruit de Dieu ressemble spirituellement à l'arbre de vie, il s'identifie avec toute l'humanité, dont animalement il est une simple feuille.

Avoir la certitude intime de toutes ces vérités que nous faisons connaître, c'est être partie intégrante de l'intelligence divine et ne faire qu'un avec Dieu. Moi et mon père, nous sommes un. Celui qui m'a vu a vu mon père.

LES SACREMENTS

Ç'ai à que, sac, *saque* ou *saque ai d jeu*, on saccage, sa cage. Sac ou *saque r'ai*, *sacre ai*, sacrer. *Sa queue r'ai, ce à cœur ai*, c'est sacré. Le *sacre*, masculin, donne le même nom au féminin. Tu me *mets à sacre*, tu me *massacres. Queue on sacre ai*, consacrer. *Je meus queue on sacre*, je me consacre. Je t'ai *queue on sac r'ai*, je t'ai consacré. Si un homme consacre un autre homme, c'est un acte de sodomie, *saut d'homme ist. Au sein sac remets en*, au saint-sacrement. Le saint-sacrement, c'est l'union charnelle chez les démons. Il n'est nullement question de cette abomination dans l'Évangile, mais il est écrit. Les hommes rendront compte de toute parole oiseuse. *Ce à cœur ai, sa queue r'ai, m'as tein* ; sacré mâtin. *Sa queue r'ai on me, sacré homme, sacrum*.

L'origine du batême repose sur le sexe qui devait être lavé pour entrer au ciel. *Le béa t'ai, aime*; *béa t'ai, ise-le*; *batise* ou lave-le. La bouche est aussi l'entrée du ciel. Jésus, notre modèle, ne batisait point, et le batême est un acte visible d'engagement, seulement raisonnable pour ceux qui ne sont point nés de parents batisés.

Faie, je fais. *Faie-ce*, fesse, fessons, fessez ; le verbe *fesser* est un verbe faire, ayant la valeur de frapper, fendre et ouvrir. La *fesse*, c'est la fente, et les fesses sont les fendues. *A qu'ai on, fais, aie-ce*; *à qu'ai on faie-ce* ; *à con fesse* ou frappe. *Le queue on fesse ai*, je puis le confesser. *La queue on fesse y ai on*, la confession.

La confession est un essai, une préparation à *la queue homme union*. La joie du prêtre est de préparer les enfants à la première *queue homme union*. La communion est un mariage mistérieux, c'est un accouplement diabolique. On y invoque le divin époux. Les jeunes communiantes, comme les nouvelles mariées, prennent le blanc, simbole troublant, qui jette un trouble.

La première communion n'était pas toujours parfaite; l'union des puissants, c'est la confirmation, *la queue on fire m'ai à sillon*. *Le firme amant, fire m'ai à méant*, arrive au firmament en s'affirmant, c'est un firman. Alors du sein, il sort une crème que le diable, notre père en Dieu, appelle saint chrême et dont il barbouille ses ouailles. Après cette souillure, on ne peut rougir de rien.

Le mariage, *le mart y ai à jeu*, est aussi un sacrement, celui qui l'impose, *ce à creux mets en*, avant le mari. Le mariage des enfants de Dieu est un acte civil, familial, qui ne doit comporter aucune cérémonie diabolique du prêtre ni du maire.

L'ordre fait passer le postulant par tous les dégrés que parcourut la bête antique, le diable, avant d'atteindre sa perfection. Les actes animaux auxquels se soumettent les postulants à la prêtrise leur font perdre leur empreinte d'homme, de fils de Dieu, et leur impriment un caractère indélébile, ineffaçable, qui les transforme en enfants de la terre, en démons et en diables, et les autorisent à se nommer nos pères. Le prêtre est donc *le dieu-abbé* ou le diable, comme c'est amplement démontré d'autre part. Au lieu d'appeler le prêtre, mon père, appelez-le : mon grand-père, et vous verrez la figure du diable.

L'exe-trait aime onction cela le ranime, l'huile produit bon effet; aussi le prêtre se sert d'huile dans l'extrême-onction. Le membre affaibli reprend de la vigueur ; comme l'opération est une souillure, le prêtre se nettoie ensuite, autant qu'il le peut, de toutes ses abominations.

La messe est un manger : *mets-ce* ; le premier *mets* ou le *mets* de la messe, c'est un petit enfant, un agneau de Dieu, que le prêtre offre à Saturne ou au diable ; c'est, affirme-t-il, Jésus, tel qu'il sortit du sein de la vierge Marie. Le mot sacrifice : *ça quéris fils ce*, montre que c'est un enfant du prêtre, puisque c'est lui qui le crée, en changeant le pain et le vin en un corps véritable et véritablement vivant qu'il tue.

Voici le sens des paroles de Jésus disant qu'il faut manger sa chair et boire son sang pour posséder la vie éternelle. Il ajoute : C'est l'esprit qui vivifie ; la chair ne sert de rien. Les paroles que je vous dis sont esprit et vie (Jean, 6, 63). C'est l'esprit de la parole qui parle par la bouche de Jésus. La chair de la parole, ce sont les mots du langage. Il faut les manger ces mots, les séparer, les analiser et les digérer, s'en nourrir pour devenir ainsi la parole et avoir la vie éternelle. C'est ce que fait le lecteur de ce livre de vie. Quant au sang de Jésus, c'est l'esprit qui anime la parole et lui donne la vie. Or, c'est dans le sang qu'est l'âme ou l'esprit (Lév. 17, 14). Boire le sang de la parole, c'est donc se désaltérer d'esprit et notre livre en est plein à déborder ; de plus ce livre de vie ne sera jamais entièrement et parfaitement achevé et lu, car comme toutes les œuvres de Dieu, il est inépuisable.

LE MISTÈRE DE DIEU

L'Evangile nous dit que Christ est un mistère (Eph. 3, 4). Dieu est un mistère (Apoc. 10, 7). Dieu est notre père et le père de notre Seigneur Jésus-Christ. Jésus-Christ est le fils premier-né entre plusieurs frères (Rom. 8, 29). Il est aussi le fils unique de Dieu (Jean, 3,18). Christ s'identifie avec Dieu et Jésus est le fils de Dieu, mais il est aussi le fils de l'homme. Il est l'Homme qui doit juger le monde avec justice (Act. 17, 31). Pour que Jésus soit l'homme, aussi le fils de l'homme et qu'il ne fasse qu'un avec Dieu son père, il faut bien que Dieu et l'homme ne soient qu'un.

Il est aussi écrit : Nul ne connaît qui est le fils que le père, ni qui est le père que le fils, et celui à qui le fils le voudra révéler (Luc, 10, 22). De cela il résulte que Jésus lui-même ne connaissait point parfaitement le mistère de Dieu ni le mistère de l'homme. La véritable création de l'homme ne lui était point connue ; tandis qu'elle est de toute certitude entièrement connue à l'esprit qui dicte à Jean son Apocalipse. Aussi l'Evangile de Jean nous nomme-t-il le vrai Dieu. Au commencement était la Parole et la parole était Dieu.

Dieu est esprit et l'homme est le temple de Dieu ; mais la parole est aussi esprit et elle est aussi invisible ; elle s'identifie avec l'homme visible et ne fait qu'un avec lui. Dieu est donc en l'homme, il ne se découvre point en dehors de l'homme avec des instruments visuels. Comment peut-on arriver à connaître cet esprit qui a créé toutes les choses qui sont ? Cela était absolument impossible à l'esprit humain ; car cet esprit était absolument incapable d'analiser la parole, et les plus grandes intelligences y avaient entièrement renoncé, sans savoir que c'était là que Dieu s'était caché, pour se faire connaître aux hommes au moment longtemps annoncé à l'avance. Dieu s'était donc lui-même créé un moyen de se faire connaître entièrement, de sorte qu'il sera connu de l'homme comme l'homme est connu de lui. Voici dans quelles circonstances nous a été confiée la mission d'expliquer son mistère.

Après une existence de foi profonde jusqu'au delà de la quarantaine, nous avions vu fondre notre foi en l'Evangile, que nous comprenions mal, et dans notre détresse nous fîmes cette prière : Mon Dieu, si tu as un moyen de te faire connaître aux hommes, montre-le-moi.

Peu après nous achevions notre « Grammaire logique » en démontrant que le latin n'avait aucun rapport avec les peuples latins asservis aux Romains, mais que c'était un argot ou un langage artificiel, un italien rendu inintelligible au peuple ; que les Romains parlaient le romain ou langue romane, lingua romana, et enfin que toutes les langues vivantes remontaient à la fondation du monde.

Nous fûmes alors frappé d'une révélation soudaine en trouvant que *miauler* signifiait : à moi eau faire venir. Le chapitre « Révélations », témoigne de notre immense trouble d'esprit. Il y a là des proféties dont nous citons : *La parole qui est Dieu a conservé dans ses plis l'histoire du genre humain, depuis le premier jour avec une sûreté, une irréfutabilité qui confondra les simples et les savants.* Or cela est aujourd'hui pleinement accompli. Citons encore ; c'est la Parole qui dicte : *Quand je me révèle à un monde, c'est l'aurore d'un âge qui appelle tous les hommes à l'amour, à la paix, à la fraternité. C'est que les lois vont devenir humaines, c'est la fin des lois divines. Les dieux sont passés depuis longtemps. Voici, ils sont tous devenus des hommes.*

Ainsi depuis 1883, il a été publié que nous venons de grenouilles qui se sont transformées en dieux, plus tard devenus des hommes.

Notre foi alors était bien morte et même dans ce livre

nous nions l'immortalité de l'âme, et toute intervention surnaturelle dans les actes de notre existence.

Cependant quelque temps après l'impression de ce livre, alors que nous avions été si profondément ému et bouleversé, l'esprit nous ramena à l'Evangile et nous nous demandions un soir si par hasard il n'y avait point un rapport entre notre découverte et l'accomplissement des Ecritures. A ce moment, à Angers, sur la place Ayrault, nous sentîmes sur notre tête une chute qui nous arrêta un instant et nous pénétrait en s'incorporant à nous, comme un homme, jusqu'à l'extrémité de notre orteil gauche et aussitôt une parole nous montant du cœur, nous disait : *Je suis Jésus, tu juges les vivants et les morts.* — Cette voix ne s'est plus jamais fait entendre ainsi ; mais l'esprit nous a instruit et conduit où nous sommes parvenu par des inspirations opportunes et nous espérons n'avoir point failli à notre mission.

Après sa résurrection Jésus est monté au ciel en esprit et il en est descendu en esprit. Les paroles de l'Evangile sont esprit et vérité. La chair de Jésus, c'est la parole qui est dans ta bouche ; c'est de cette chair qu'il faut te nourrir si tu veux avoir la vie éternelle ; et aussi il faut boire le sang de Jésus qui est l'esprit que Dieu a mis en toi, car c'est dans le sang qu'est l'esprit Alors tu seras semblable à Jésus dans sa vie terrestre et tu lui seras aussi semblable dans le monde des esprits.

La vie des esprits survivant à la chair est surabondamment prouvée par ce fait que tous les hommes sont encore soumis aux esprits des bêtes qui ont vécu en chair sur la terre avant nous et qui sont nos pères, nos ancêtres, nos aïeux, nos dieux, lesquels nous devons mépriser, réservant notre admiration et nos hommages pour l'Esprit qui a formé notre esprit et est le seul vrai Père, le seul vrai Dieu et Jésus-Christ ou la parole qu'il nous a donnée, en laquelle nous avons la vie éternelle.

Cessons donc d'être des animaux stupides, martelant

du matin au soir des armes pour tuer les hommes, nos frères, lesquels nous devons aimer, car toute l'humanité ne forme qu'un seul corps que le Dieu d'amour entend se soumettre. Le pouvoir sur la terre est déjà retiré aux bêtes violentes combattant avec le fer et la flamme, et il est donné aux Fils du Dieu vivant, combattant avec la parole de Dieu qui s'est dès aujourd'hui assujetti la terre et la gouverne au milieu de ses ennemis.

Les proféties sont accomplies, les morts sont ressuscités, les élus en petit nombre, ont déjà la vie éternelle. Le règne de Dieu ou le règne de l'esprit est arrivé; il ne reste que l'Eclat de l'Avènement du Fils de l'homme, c'est-à-dire la publication bruyante des choses que nous faisons connaître et que tout ce qui est au grand Dieu tout-puissant, attend avec un ardent désir, par toute la terre (Rom. 8, 19).

Beaucoup pensent que le retour de Jésus doit comporter une apparition de corps visibles venant du ciel, ressuscitant les morts et faisant mourir les vivants, et la terre doit être entièrement brûlée avec ce qu'elle contient (2 Pi. 3). Il n'est question dans le chapitre que de la destruction des hommes impies, et l'on attend de nouveaux cieux et une nouvelle terre, où habite la justice.

Par contre, il est écrit que le jour du Seigneur viendra comme un voleur pendant la nuit : Pierre, Paul, Mathieu, Luc, l'Apocalipse. Or, jamais on ne voit venir le voleur, même pendant le jour ; le voleur ne vole qu'en cachette et cela où on ne l'attend pas. On s'aperçoit le matin, ou après son passage, qu'il a emporté le butin, et le voleur adroit n'est jamais pris. C'est ainsi que le Seigneur a commencé, dès les ténèbres du moyen-âge, à chasser le latin, l'ennemi de la lumière, et que la parole de Dieu, où la parole humaine, qui éclaire tout homme venant au monde, s'est emparée du pouvoir sur toute la terre ; et ce pouvoir, il n'est nul homme, digne de ce nom, qui ne le bénisse. C'est cette parole qui était annoncée et elle juge les hommes, car elle est arrivée à être la maîtresse au-dessus des rois, des principautés et de tout pouvoir. Le Seigneur est remonté au ciel ayant remporté la victoire, et du ciel il commande à la terre au moyen de la parole, avec laquelle il se confond.

Jésus s'est emparé du pouvoir surtout depuis la chute de la Papauté qui n'est plus qu'un cadavre. Depuis 1870, avec une rapidité incroyable, les peuples chrétiens ont étendu leur domination sur toute la terre et l'Evangile a été annoncé jusqu'à ses extrémités. Cependant ce n'est pas le pouvoir de Jésus que les religions ont en vue; chacune combat pour sa puissance temporelle et pour son autorité sur les hommes. Quoi qu'il en soit, Jésus est annoncé.

Enfin depuis 1870, le suffrage universel s'est étendu à toute la terre; les rois, les nobles et surtout les prêtres ont perdu leur pouvoir. Les peuples de plus en plus se gouvernent eux-mêmes par leurs mandataires, sous l'autorité de la parole et de l'esprit, c'est-à-dire sous l'autorité du Dieu tout-puissant et invisible, selon les proféties.

ÉCRIRE

Y m'ai queue re, éque ai heure, é cueure, il m'écœure. E cœur ai é, écœuré ; écré ; *é cœur ai, é queue r'ai écœurer, écrer, écre ai. Ecœurer* est devenu *écrer*, mais avant l'esprit de dégoût actuel. Ecrire est formé de *écrer ire. Ire* = ivre, iver, avoir, *Ecre ai i, ai queue ri*, écris. Ecrire, c'est la réunion des cœurs. *Nous écré ivons*, nous écrivons; *nous écré ivions*, nous écrivions; *j'écré ivis*, j'écrivis ; *nous écré irons*, nous écrirons; *que j'écré ive*, que j'écrive ; *que je écré ivisse*, que j'écrivisse. *En é cœur ai, écréi v'ai en* ; en écrivant. *E queue r'ai, y t'ai ure ; ai queue ri ture*, écrit-ture, écriture. *Le à sein t'ai, queue ri t'ai ure*, la Sainte-Ecriture. Elle fut écrite à la fondation du monde dans les unions inscrites dans le livre de vie.

Ecrire se dit d'abord *écri. on ce écri ai*; *on ç'ai, cœur y ai*; *on s'écriait*. On s'écriait en inscrivant les écrits, on poussait des cris : *queue r'ai i, cœur ai i, qu'ai ri*. Quand on s'écrit on s'écrie. Les premiers écrits furent des cris et aussi des appels : *je te l'ai, quéris*; je te l'écris. On abandonnait l'écrit, la chose offerte, que venait alors chercher l'appelé.

Jésus-Christ signifie : *je suis cri*; *cri sto*, Cristo, italien, ainsi que *cri steu*, Christ; cela dit aussi : je suis cri. La parole est un cri, c'est le cri humain. L'Evangile nous montre Jésus criant et jetant un grand cri en rendant l'esprit ; comme c'est l'instant où il pénètre dans le lieu très-saint, le voile du temple se déchire en deux depuis le haut jusqu'en bas. La parole est aussi un écrit : l'Esprit donne une douzaine de fois à Jean, dans l'Apocalipse, l'ordre d'écrire. L'écrit admirable et terrible, c'est le livre scellé de sept sceaux que le lecteur a sous les yeux et surtout en lui-même. L'humanité est un livre infini et nul homme n'achèvera jamais sa propre lecture.

Le verbe *consécrer* : *queue on sécré, concé cœur ai*, est un premier verbe consacrer ; *queue on sacre ai, queue on sécre ai*. *Consécrer* est devenu *consécrer ire*, *queue on sait écrire*, conscrire. *Consécré ist = consacré est*. Le père *consécré ist*, le père conscrit était consacré ; c'était un *quai-on* sacré ou sécré. Il était arrivé à la paternité et était consacré à la *péate ai rie*. On pensera aux Sénateurs romains appelés les pères conscrits; nul latiniste n'a jamais su pourquoi. Le jeune conscrit est aussi consacré à la patrie. Il est inscrit, *in sécré ist*. *Sécré =* secret et sacré. Un secret est sacré. Le secret des origines humaines était un sécré sacré ; il a été bien gardé jusqu'au jour où il devait être dévoilé : *d'ai voilé*; *d'ai, vois l'ai*; il est dévoilé. *Il est ré, vé l'ai*; il est révélé. *Sécré t'ai*, sécréter. Le *sécré* sécrétait et cela en tenait éloigné.

Sire = serre. *Sire queue on sécré ist*, circonscris, circonscrit. *Le sire consécré ist, le sire conscrit*. Le premier Sire fut un roi consacré. Les rois, fort entourés, se trouvaient circonscrits. *Sire, concé cœur ist*; circonscris = entouré.

On peut ce, in ce cœur ai ire, on peut *sein s'écrire*, s'inscrire. *L'ai on sein sécré y vit*; l'on s'inscrivit. L'homme s'est inscrit dans le sein, et il y a vécu dans le sécré, dans l'ignorance de ce qu'il était. *Paré ce cœur ai i, presse queue r'ai i*, je te le prescris. *On le pré, sécré ist*; on le prescrit. *Je suis paré haut, ce qu'ai rit*; je suis proscrit. On proscrit celui qui a trop de fierté, *la fie air |t'ai. D'ai queue ri, d'ai écrit*, je l'ai décrit. *D'ai crié ; dé, cœur y ai ;* tu m'as décrié.

Je l'ai trait en ce, cœur ai i ; je l'ai *transe écrit*, transcrit. *Transer* valait *trancher* et cela mettait en transe, *entre en ce, te r'ai en ce. On transe posait*, on transposait. *On transe queue rivait*, on transcrivait. *On ce transe fore m'ai*, on se transformait. *On ce transe, fie gu'ai uré* ; on se transfigurait. *On transe fusait*, on transfusait. *Trance en déant ce*, transcendance. *On transe y t'ai*, on transitait. *On transe là t'ai*, on translatait. *On transe mettait*, on transmettait. *On transe péore t'ai*, on transportait. *Remets on transe*, remontrance. *A où transe*, à outrance. *In transe ige ai en*, intransigeant. *Transe ai i*, transi. *L'ai à transe, substance y ai à sillon*. La transubstantiation véritable avait lieu *à l'yeu*. Cette opération réjouit le cœur de la bête qui était et qui n'est plus, bien qu'elle soit.

Eau fie gu'ai uré = eau suce qu'ai uriné, au figuré. Je parle au figuré, en figure, *en fic gu'ai hure*. Ce qui est impossible, détestable, incroyable, doit être considéré comme dit au figuré. La Bible, toute entière, est pleine de figures et elle en prévient. Jésus ne parlait point sans similitudes (Math. 13, 34). Nul n'est tenu de croire tout ce qui est écrit dans la Bible. Le seul article de foi, c'est que Jésus est le fils de Dieu, et qu'il est aussi l'Homme qui doit juger les vivants et les morts. Il fallait que le règne de Dieu fût annoncé par toute la terre, avant que toute la vérité fût connue (Math. 24, 14).

Quand avons-nous été créés? *queue r'ai é, cœur ai é.*

La création, *queue r'ai à sillon*, est le moment de l'union. *In cœur ai é*, incréé. La créature est incréée au moment où l'incréé la crée. Elle est à l'état de semence, de *l'esse pris sein*, d'essence prise dans le sein. Lorsque l'on fait une création, une invention, on voit la chose créée, arrivée à sa perfection, avant d'en avoir exécuté les premiers rudiments, *rudes himens* . L'esprit de l'homme avait vu les vaisseaux de l'air, bien avant que l'on pût les croire possibles. De même l'homme parfait était vu en esprit, dans l'esprit de l'Eternel, avant le début de la création que nous venons de montrer dans les premières unions ; c'est pourquoi, en l'esprit de l'Eternel, l'homme vit de toute éternité.

Nous avons été créés charnellement dans les premières unions, et nous n'en pouvons connaître l'insondable antiquité. Nos père et mère ne sont point nos créateurs; ils sont ainsi que nous des créatures. Cependant nous vivons depuis l'instant où nous fûmes créés, en même temps que les dieux, aussi sommes-nous des dieux.

Lorsque Dieu crée l'homme esprit, il lui parle et lui dit : Tu es mon fils, je t'ai engendré aujourd'hui (Héb. 1. 5). Il adresse la parole à un être déjà créé ; il parle à l'esprit de Jésus, vivant avec lui dès le début de la création. Aussi Jésus se nomme-t-il dans l'Apocalipse : Le commencement de la créature de Dieu. De même il peut dire aux Juifs : Avant qu'Abraham fût, j'étais. Mais cela, aujourd'hui, chacun peut le dire de soi-même, car nous lui sommes faits semblables, et c'est à cela que nous savons qu'il a paru (1 Jean 3. 2). L'homme est arrivé à sa dernière perfection; il est ressuscité, et vit non plus à l'état passager d'animal, mais à l'état d'esprit vivant, et vivant de la vie éternelle.

LA TEMPÊTE

En bé aie t'ai, embêter. *En gué aie t'ai*, en gaîté. *En qué aie t'ai*, enquêter. *En té aie t'ai*, entêté. *En pé aie t'ai, en paix té*, empêter. *En pé aie te r'ai, en paix te r'ai*, empêtrer. *On séant, peux ès tr eu*; on s'empêtre. *Tu t'empêtes-re*, tu t'empêtres, tu t'empêtes. T'empêtes, t'embêtes. *On t'ai, en paix t'ai*; on tempêtait. *En t'ai, en paix tends*; en tempêtant. La tempête vint de ce que l'on s'empêtrait et que l'on n'arrivait point à l'union. C'est dans le ménage que la tempête a pris naissance et elle s'y trouve trop souvent. Un esprit commande la paix dans le mot *tempête* et la calme. Jésus, l'esprit de paix, apaise la tempête (Luc, 8, 24).

T'ai en peux, tempe. *Tempe ai*, temper = frapper. *On esse tempe ai*, on estampait. *Tempe-le*, temple. *Tempe = temple*, c'est son premier nom ; pour entrer il fallut frapper. Frappez et il vous sera ouvert. *Queue on tempe l'ai, queue on temple ai*, contempler. *Queue on tempe, l'ai à sillon ; en con tends, peux l'ai à sillon*; en contemplation. *Queue on tempe t'ai heure*, contempleur. *Tempe é r'ai, te en pé r'ai*, tempérer. *Tempe ai air, t'ai en père*, tempère, temps perds. *Tempe é r'ai, à mets en*; tempérament. *Tempe ai, r'ai à ture*; température. Le fort tempérament se rit de la température, rien ne l'arrête. *Queue on, tempe ai au rein*; contemporain. *T'ai en peau, rise ai ; t'ai en port, ise ai*; offre au bec. *Tempe au rise ai*, appel à l'union, temporiser.

En tends tu, entends-tu? *Hât t'ai eu, le tends*; as-tu le temps? *Je la tends*, je l'attends. Je ne la tends plus, je ne l'attends plus. Quand on ne peut plus la tendre, on ne l'attend plus. *T'ai en dreu, mets en*; tendrement. *Je te r'ai où vœu, le t'ai en long*; *je trait ouve, le tends, l'ai on*; je trouve le temps long. *On nœud peux, à long j'ai, le tends*; on ne peut allonger le temps. *Tends, t'ai haut*; tantôt. *Tends t'ai en, tend tant*; c'est tentant. *Tends t'ai à sillon*; tentation. *Le tends t'ai à t'heure*; le tentateur. *Tu m'as, t'ai enté*; tu m'as tenté. *V'ai aine, tends t'ai à tive*; vaines tentatives. Si *on séant tendait* toujours, on s'entendrait toujours.

LA SCIENCE

C'ist en ce, scie en ce, sciant-ce, tu auras la science. Le ou la *scie* fut le masculin. *Je suis con sciant,* conscient. *Le scie ai à jeu,* le sciage. *Scie heure, de l'ai on*; *c'ist heurs de l'on,* scieur de long. *La scie en sein fuse,* la science infuse. *En quai on, c'ist en ce*; *en con sciant ce, enconce y ai en ce,* en conscience. Il est *in con sciant,* inconscient. *Qu'est le in con sciant ce?* quelle inconscience ! Nous voyons la bête s'agitant en vain à la porte, elle était inconséquente : *inconce ai queue ente.* *Séant conce, y ai en ce*; sans conscience. *Remets ore, deu conce y ai en ce*; tu as des remords de conscience. *Conce y ai en ce, y ai heuse,* consciencieuse. Qu'est-ce que c'est que *concer* ? c'est ce qu'on sait le mieux. On *se conce, air t'ai*; *on ce qu'ai on, ce air t'ai*; on se concertait.

La scie en ce, deu d'ai yeu; la science de Dieu nous place sous les yeux la création divine des anges et des dieux, la création des esprits au moyen d'animaux disparus. Ils servirent à créer la parole et ce sont leurs âmes qui nous animent.

La science s'acquière en sciant, en mettant en pièces proprement, ce qui semble faire un tout inséparable. L'indivisible devient *in Déi visible.*

Le ri ai heure, le rieur. *Re y ai heure, rie ai heure, rie =* suce. *Mets à rie ai heure, le mart y ai heure,* marieur. *Rieure = rière,* derrière. *En t'ai re, y ai heure*; *en té rie ai heure, en, t'ai rieure*; antérieur. *Scie t'ai, rie ai heure*; citérieur. *Exe t'ai, rie ai heure*; extérieur. *In fé rie ai heure,* inférieur. *In té rie ai heure,* intérieur. *Supe ai, rie ai heure*; supérieur. *Eu le t'ai, ule t'ai, rie ai heure*; ultérieur.

Peau ce t'ai, rie ai heure; postérieur. *Posse t'ai, poste ai,* poster. *On ce peau ce t'ai, on ce poste ai,* on se postait. *A la poste hérite ai,* tu passeras à la postérité. L'héritier de la poste y devenait père, et ses enfants étaient sa postérité, *ç'ai à poste hérité. A posse t'ai, à poste ai,* aposter. *A posse t'ai à zie, à poste, Asie*; apostasie. L'apostasie fuit le poste. *In posse t'ai heure, in poste ai heure,* imposteur. L'imposteur se donne comme une femelle, il porte une robe et tourne son postérieur. *In posse ai ture, in posture,* imposture. *On rit peu, haut ce t'ai; on rit, peau ce t'ai*; on ripostait en présentant sa virilité. *A poste te r'ai au feu,* apostrofe.

L'ai haite, laite. C'est le masculin qui jeta la première laite. *Laite-re, laite r'ai, lettre ai.* La première *laite* ou *lettre* fut mise à la poste, elle y passait facilement, et elle est passée à la postérité. Le lettré le *lait trait* de soi-même. C'est un enfant de la terre, il met Dieu en doute, mais non le diable. La *lettre i* a donc un lait pour origine et aussi dans la *laiterie* on trouve du *lait* et *la lettre i*. L'*i* est l'âme du cri, *droit comme un i, de roi queue homme unie*. L'*i* établit la communication, *la queue on meut, unis qu'ai à sillon*. On communique, *on queue homme unique*.

Sire qu'on veut aller à sillon, circonvallation. *En fera que tu hause, y t'ai*; viens dans mon anfractuosité. *Ré m'ai, inis séant ce; ré mets inc isse, ai en ce*; réminiscence. *Sire cule,* circule. *Sire, cule ai à sillon*; circulation. *Sire cu l'ai, c'ist reculé*; circuler. On faisait circuler les curieux, *cure y ai heux, cure = coule, cure y ai au zeu, y t'ai,* curiosité. *In cure ai sillon,* incursion. *Pu le,* le pu. *Pue-le = pousse-le; pule = pousse. Pule ç'ai à sillon,* pulsation. *In pule ce y ai on,* impulsion. *R'ai pule sillon,* répulsion. *Queue on pule ç'ai,* compulser. *La queue r'ai à pule,* la crapule. *Ce cœur ai eu, pule*; scrupule. *Mets en ai i, pule à sillon*; manipulation. *La queue ai haut, pule à sillon*; la copulation. *On peut, eu l'ai, eu l'ai*; on peut ululer, *on pule eu l'ai,* on pullulait, *en pu l'ai eu, l'ai en*; en pullulant.

C'est un enfant *m'ai oriné,* mort-né. *L'a qu'une,* c'est une lacune. Non *a venu,* c'est non-avenu.

LES NOMS DE FAMILLE

Les rains et les raines que nous connaissons ont formé de nombreuses familles : *Aude* = eau. *Eau de rein*, Audrin. *Beau rain*. Baurin, Beaurain, Borin. *Boire rain*, Boirin. *Beauté rain*. Bautrin. *But rain*. Burin. *Chat rain*, Charain. *Clé rain*, Clérin. Deraine, Derain, *D'eau rain*, Dorin. *Fat rain*. Farin. *Fais-le en derein*, Flandrin. *Flot rain*. Florin. *Flux rain*. Flurin *Fou rain*, Fourain. *Faux rain*. Forain. *Fait raine*. Freyne. *Gas rain*. Garin. *Gué rain*. Guérin. *Geai rain*. Gérin. *Jude rain*. Judrin. *L'eau rain*. Lorin, Lorrain. *L'eau raine*. Lorraine. *Lu rain*. Lurin. *Le gueux rain*. Legrain. *Meau* ou *Mau rain*, Morin. *Eau rain*. Orain, Orin. *Eau rine*. Orine. *Père rain*. Perrin. *Pour rain*. Pourrain. *Rain beau*. Raimbault, Rimbault, Rimbot. *Rain got*, Ringot. *Got rain*. Gorin. Ringuet. Riverain, Saurain, Saurin, Souverain, Surin. Thorin, Thorine. Tourin.

Raine eau. Rainaud, Raynaud, Reynaud, etc., etc. *Gode fait roi* = Dieu fait roi, Godefroy. *Gott rain*, Gautrin. *Gode fait rain*, Godfrin. *Gode fait ré*, Godefrey. *Rain fait ré*, Rainfray. *Géo* ou *Jau fait roi*, Geoffroy. Si l'on considère que : *ran, rane, rine, ron, rone, rien, rienne*, etc., etc. sont des noms se référant aux rains et aux raines, on en déduira qu'une profonde étude à ce sujet montrerait que nos noms de famille remontent en général à la fondation du monde, aux enfants de la terre.

Bare valut : pace ou père. *Bare rain*, Barin, *Bare Barin* = Père Barin. Barbarin. De même : Barbaran. Barbaroux. Le *bare* était un père sauvage, il se barrait, le bare barre, le barbare. Il donna son nom à la barbe. Ce *bare beau* fut le premier Barbot et Barbeau, c'était aussi un *bare bon*, Barbon. *Bare ron*, Baron. *Bare ronne*, baronne. *Bare rante* Barante. *Bare bœuf*, Barbe. *Bare deu* ou dieu. Barde. *Bare déi*, Bardit. Bardi, c'est le diable, A la guerre, on chante le diable. *Eau né.* Aunay. *L'eau né.* Launay. *De l'eau né.* Delaunay.

Tous les noms de pays, de lieux quelconques, de cours d'eau, etc. ont d'abord appartenu à des ancêtres. La première France fut une mère, et la première mer fut aussi une mère. La rivière n'a pas dit à l'homme : mon nom est rivière; mais un ancêtre jetant son eau, s'écria : *Là, rive y ai air*; il fut nommé Larrivière et donna son nom aux rivières. Cet ancêtre fut légion.

En général, les noms ci-dessus sont pris dans le Bottin de Paris. Nous indiquons un sujet immense, inépuisable. Il n'est d'ailleurs pas une sillabe de la parole humaine qui ne soit prête à porter témoignage de la vérité des choses que nous écrivons et démontrons plus ou moins clairement.

DIVERSITÉS

Dix vers cités feront toujours diversité. Dive ai air, sie t'ai; diversité. Dive ai air, ce mets en; diversement. Ce dive ai, air t'ai ire; se divertire. On ce d'ai ive, air t'ai isse; il faut qu'on se divertisse. D'ai ive, air t'ai, isse mets en; divertissement. Dive ai haite, divette. Dive air j'ai, diverger. On d'ai ive, air j'ai; on divergeait. D'ai i, veux in; dis, veux ain, divin. Dis, veux iner à sillon, divination. Dis, veux iner à trait, hisse; divinatrice. Dis, veux ine ise ai; diviniser. A la dive, ine y t'ai; à la divinité. A la dive ini t'ai. D'ai i, vise y ai on; division. D'ai i, vore ai ce; divorce. Vorce = force. La force amène le divorce. D'ai i, vue le gu'ai; divulguer.

N'ai oi, n'ai oie; noi, nois, noie = suce et susse. La noix et la noisette ont leur origine du sexe qui se découvre d'une manière analogue. Noi y ai eau, noie y ai haut, noyau. Noie ze t'ai, y ai; noisetier. On ce noie y ai, on se noyait. On se noyait dans le sang, séant. Noie y ai à deu, noyade. Ceux qui ne voulaient point obéire se jetaient dans les eaux où on les disait : noyés. Ne ois y ai ? = ne vois-tu ce que j'ai ? Ce disant on montrait les choses au fond de l'eau, et, en général, tout ce que l'on peut voir ; tout ce que je vois m'appartient : mon soleil, ma lune, mes étoiles etc. Tout appartient ainsi à chacun de nous et c'est la vérité, car c'est l'esprit qui parle par notre bouche et tout lui appartient, entre autres, les choses qui se voient et se noient dans le lointain.

En t'ai, y t'ai ; enté y t'ai, entité. Ide enté y t'ai, identité. Queue entée y t'ai, quantité. In ce temps t'en ai, y t'ai ; instantanéité. Fais à tu y t'ai, fatuité. Haut t'ai, ore y t'ai ; autorité. Queue on cave y t'ai, concavité. Exe entre, ici t'ai ; excentricité. La fie air t'ai, la fierté. Gueue r'ai au ce, y aire t'ai ; grossierté. In pétu ose y t'ai ; impétuosité. Lie b'ai, air t'ai ; libère-té, liberté. In génu y t'ai ; in j'ai, nu y t'ai ; ingénuité. Longue à nime y t'ai ; longanimité. Mets on ce tru, au zeu y t'ai ; monstruosité. N'ai séce, y t'ai ; nécessité. Au bé séne y t'ai, obscénité. Perce, pique à ce y t'ai ; perspicacité. Percé cu t'ai, persécuté. Per ce pique, hui t'ai ; perspicuité. Peau ce t'ai, hérite ai ; postérité. In peau ce t'ai ure, in poste ai ure, imposture. Sure d'ai, y t'ai ; sure déité, surdité. A bé sure d'ai, y t'ai ; absurdité. Veux à cu, y t'ai ; vacuité. Veux à qu'ai en, veux à quéant, vacant. Vé t'ai eu, ce t'ai ; vétusté. Veau l'ai, hupe t'ai ; volupté. Veau l'ai, hume ; volume. Y c'est, en veau l'ai ; il s'est envolé. En père peux l'ai, exe y t'ai ; en perplexité. Je t'ai épée housée, épousée. Je l'épée où ventre ai, je l'épouvanterai, l'époux veux entrer. Y meut épée où vente, il m'épouvante. Peux au vreu t'ai, pauvreté. Pène ai ès treu, pénètre. Pé n'ai, te r'ai à sillon ; pénétration. En péne, y t'ai en ce ; en péne y tend ce, en pénitence. Peux l'ai on jeu, plonge. Peux l'ai eu treu, pleutre. Peux on peu, pompe. Pompe ai, eu zeu mets en ; pompeusement. Sompe t'ai eu, au zeu y t'ai ; somptuosité.

En béant d'ai i, en bandit. En séant gueue l'ai entée, ensanglantée. On chéant ce l'ai, on chancelait. On ce déant d'ai iné, on se dandinait. En fais en ce, en féant ce, enfance. Fais gnéant, t'ai ise; faignantise. A gu'ai, en t'ai; à guéant t'ai, aganter. On ce héant t'ai, on se hantait. On ce léant ce, on se lance. D'ai, méant t'ai i ; démenti. A néant t'ai i, anéanti. D'ai péant ce, dépense. E l'ai au quéant ce, éloquence. A réant j'ai, arranger. A téant t'ai, attenter. On ce véant t'ai, on se vantait. En ce, queue roi zéant ; en se croisant.

La vie, c'est le mouvement : mets où vœu, mets en ; mouve m'ai en. Il est en vie, en mouvement, il me fait envie. Vie = suce. Vie vœu, vive. Vive le roi. Re à vive ai, raviver. Vie-le, vil, vile, ville. La ville fut une réunion autour de choses viles, de vie, le nœud ist, de vilenies. La vie, l'avis, le vis. Le vis l'ai à jeu, le village. La vie l'ai à jeu, où ai aise ; la villageoise. Vie z'ai, vise ai, viser.

Nous prenons ce qui suit dans le dictionnaire Larousse aux mots : origine et langue :

Toutes les origines sont obscures, les origines religieuses encore plus que les autres (Renan).

Les questions d'origine et de fin sont insolubles (P. Leroux). Les idées de toutes choses sont en Dieu (Académie).

Les idées les plus simples sont presque toujours celles qui s'offrent les dernières à l'esprit humain (Laplace). Loin d'avoir inventé la parole, l'homme n'aurait pu, sans la parole, avoir l'idée de l'invention (de Bonald). On peut considérer le langage comme le témoin de la vérité, le critère de la certitude (de Bonald).

Il existe une langue primitive, organique, physique et nécessaire, commune à tout le genre humain, qu'aucun peuple du monde ne connaît, ni ne pratique dans sa première simplicité, et que tous les hommes parlent néanmoins, et qui fait le fond du langage dans tous les pays (Debrosses).

LE LATIN

Je l'ai à tein, je l'atteins, je l'ai atteint, je la tins, je la teins, jeu latin. C'était un jeu tendant à l'union. *Mets on l'ai, atteins*; *mets on là, tins*; *j'y père mets, on l'atteint*; et on n'arrive pas : *j'y perds mon latin*. C'est-à-dire, mon temps et ma peine, et un peu aussi : mon compagnon. On ne perd pas son langage, l'esprit n'admet pas : j'y perds mon patois, mon dialecte, etc.

Ce dicton populaire semble propre au français, on perdait son latin bien avant que l'homme fût créé. L'argot latin a pris là son nom français. L'origine du mot italien *latino* est d'ailleurs la même qu'en français, c'est l'origine unique de tous les mots. Mais en ce qui concerne le latin et les Latins, ces mots sont empruntés au verbe trans*latare* = translater, transporter. Che trans*latino* = qu'ils translatent; certain dialecte français dit aussi : trans*latint*. Le latin est une translation, une déformation, ayant l'italien pour base, et les Latins étaient des transportés, placés en dehors. Les premiers le furent par les Albains, et les Romains réduisirent les Albains à l'état de Latins, ce qui leur était une dégradation, une honte (Tite-Live).

Jamais l'Eglise romaine, qui continue l'Empire romain n'a flétri ses fidèles de l'appellation injurieuse de Latins. Ils sont tous Romains. La langue de l'Empire romain était le romain, *lingua romana,* ou l'italien qui est toujours lingua romana. En grec, c'est *romaïkos*, parole que des faussaires patentés osent traduire par *latin*. Les lois et les actes officiels de l'Eglise romaine sont, comme dans l'Empire romain, rédigés en latin, pour que le peuple ne puisse les comprendre et les discuter. Il n'y a pas, il n'y eut jamais sur la terre un seul homme venant au monde, éclairé par le latin. Tous les maîtres et savants, les prêtres, imbus du latin, comme langue-mère ou autrement, ont l'esprit rempli de ténèbres. La parole qui était au commencement et qui est Dieu, les frappe d'aveuglement; leur esprit est généralement incapable de modification, nourris d'une langue morte, ce sont des morts.

ON NE MEURT QU'UNE FOIS

On ne meurt qu'une fois (Héb, 9, 27); quand on est mort, c'est pour longtemps : si on ne meurt qu'une fois, c'est nécessairement pour toujours.

Il y a longtemps que nous sommes morts : nous mourûmes à l'état d'enfants de la terre en quittant nos corps de grenouilles; mais nous renaquîmes avec nos pères, les dieux, et depuis nous sommes nés à toujours, car les dieux immortels vivent en nous, et c'est nous qui sommes les dieux. Cela nous ne le savions pas, car le grand Dieu tout-puissant nous avait condamnés à la mort (Gen. 3, 19) et nous étions morts dans nos péchés (Jean 8, 24).

Le livre de vie témoigne hautement de ces vérités, car le verbe *mourir* et tous les autres : *expirer, périr, s'éteindre, passer etc.* qui présentent le corps mort ou mourant, n'admettent pas la réduplication; tandis que *renaître, ressusciter, revivre* marquent un renouvellement continuel. Même pour ressusciter, il faut être mort : les vivants ne peuvent ressusciter. Nous étions donc bien morts et tous morts, puisque le livre de vie nous ressuscite tous en nous rappelant notre mort unique à l'époque où nous abandonnâmes nos corps de grenouilles, pour vivre dans le corps des dieux, nos pères; et nous sommes aujourd'hui la splendeur de leur gloire et l'image empreinte de leur personne (Hébreux 1, 3). Le dieu vit avec l'homme et les deux ne font qu'un. Philippe, celui qui m'a vu, a vu mon père (Jean 14, 9). En ce jour-là vous connaîtrez que je suis en mon père, que vous êtes en moi, et que je suis en vous (Jean 14. 20).

Les esprits des enfants de la terre sont aussi vivants au milieu de nous : le diable et ses anges, ce sont les clergés par toute la terre ; c'est l'autorité spirituelle avec tous ceux qui acceptent cette autorité sur leur âme. Les anges de Dieu, ce sont les hommes de bonne volonté, ce sont les fidèles jusqu'à la mort, n'acceptant aucune autorité humaine sur leur âme, ne se prosternant devant personne et adorant Dieu seul.

Tout ce qui a vécu depuis la fondation du monde est donc vivant et ne peut plus mourir, car on ne meurt qu'une fois.

Le diable, qui a l'empire de la mort (Héb. 2, 14), est la mort et le vrai mort, est donc aussi parfaitement ressuscité avec ses anges, puisqu'il anime l'esprit de tous les hommes de mauvaise volonté : les nobles, les prêtres, les laïques, les décorés, les pères en Dieu, les mères spirituelles et tout ce qui prend un caractère religieux ; tout cela, qui est l'esprit des enfants de la terre, est ressuscité, pour être jeté avec la mort et le sépulcre dans l'étang de feu (Ap. 20, 14, 15.)

Mais il y a encore d'autres morts qui ne sont pas ressuscités, leurs noms ne sont pas écrits dans le livre de vie : ce sont les trépassés. Les trépassés n'ont point de nom connu, nous ne les connaissons que comme morts. On ne trépasse plus depuis l'état parfait des enfants de la terre. Les trépassés furent de simples grenouilles non arrivées à leur parfaite transformation, non sexuées et, par conséquent, sans nom. Ces trépassés sont jetés dans l'étang de feu sans avoir été ressuscités, leur mort est simplement constatée.

Quant à notre corps, il ne peut posséder une vie sans fin, il doit donc être détruit ; mais cette destruction, cette mort ne détruit point notre esprit ; la mort du corps n'a lieu qu'après que les esprits qui vivent en lui, l'ont abandonné jusqu'au dernier. La parole de Dieu nous dit bien d'un homme à la mort que ses esprits l'abandonnent,

Le corps n'est mort qu'après avoir rendu l'esprit qui vivait en lui, et constituait toute sa vie.

Nos corps sont morts, car la chair n'est pas vivante par elle-même, c'est l'esprit qui l'anime, et cet esprit comporte l'ensemble de tous les êtres qui ont vécu dès la fondation du monde : tout est en tout, tout est en toi. Nous naissons et renaissons sans cesse, sans pour cela mourir une seconde fois. Le corps est la matière insensible.

Le corps n'a, par lui-même, aucun sentiment de sa vie, il ne prend aucune part aux joies de l'esprit; mais l'esprit trouve sa joie à partager les plaisirs du corps, quand ce corps est sain d'esprit. Il en partage également les souffrances; même le corps ne souffre et ne jouit que parce que son esprit jouit et souffre. Notre esprit connaît son corps, mais notre corps n'a aucune idée de son esprit; il sert inconsciemment à l'esprit; de même l'esprit de l'homme animal n'a nul sentiment de l'esprit de Dieu qui l'anime; comment l'animal pourrait-il avoir le sentiment de l'esprit de l'homme? Le corps n'a donc par lui-même aucune vie, aucun mouvement, il est mort. C'est pourquoi l'homme qui regarde son corps comme son être vivant, est mort dans ses péchés et il est voué à la mort (Rom. 8, 13).

Que dire maintenant des princes de la science qui cherchent le principe de la vie, la naissance de l'esprit dans les cadavres et n'ont pas l'idée de le chercher dans leur propre esprit? C'est que Dieu a voulu faire voir que la sagesse de ce monde n'est qu'une folie (1 Cor. 1, 20). Se connaître soi-même, c'est connaître son propre esprit, et non l'agencement matériel du corps, seul mortel.

Laissons la parole achever cette lumineuse instruction. Le verbe *survivre* indique une survivance, une vie certaine et une vie *sur* ou au-dessus, dans les régions supérieures. Or, l'esprit nous permet de nous attribuer tous les temps de ce verbe. Nous *sûr vivons* et *survivons*, comme nous *sûr vécûmes, avons survécu et sûr vécu*. Nous *sûr vivions*, même avant les anges en l'esprit de l'Eternel, et nous *survivions* déjà à des mondes disparus. De même que nous *sûr vivons*, nous *survivrons* à tout ce qui existe. Nous *survivrions* même quand rien ne *survivrait*. Il faut que nous *sûr vivions* et *survivions* pour que les mondes futurs et sans fin revivent à leur tour la vie éternelle. Il n'y a de *sûre vie* que la *survie*.

Or, tout cela est confirmé par l'esprit de Dieu qui est en nous, et par le Seigneur Jésus qui nous dit : Le ciel et la terre passeront, mais mes paroles ne passeront point (Mat. 24, 35).

Ce qui précède est parfaitement conforme aux vérités les plus difficiles à entendre de l'apôtre Paul : Nous avons été batisés en la mort de Jésus-Christ; nous sommes ensevelis avec lui dans sa mort par le batême. Par la conformité à sa mort, nous sommes une même plante avec lui (Rom. 6, 3, 4, 5). Donc nous sommes morts et notre vie est cachée avec Christ en Dieu (Col. 3, 3). Mais Jésus est ressuscité et il est devenu le gage, les prémices de notre résurrection, qui est celle des morts (1 Cor. 15, 20). Que feraient ceux qui sont batisés pour les morts, si les morts ne ressuscitent point? (1 Cor. 15, 29).

Ainsi, d'après ces citations, le batême causait la mort aux batisés, et l'on batisa aussi des vivants pour les morts, afin que ces morts ressuscitassent. Tous ceux qui furent batisés pour eux-mêmes ou pour leurs morts, sont appelés les morts en Christ, et cette mort remonte à la disparition des enfants de la terre. Les vivants et les morts sont donc tous morts en Christ, qui est la parole de toute éternité. Or, c'est la parole vivante qui a ressuscité tous les morts qui vivaient en elle et en nous à notre insu, lesquels constituent notre propre individualité désormais indestructible et éternelle. C'est bien ainsi que nous avons expliqué la résurrection des morts dans « Les proféties accomplies » et ce sont aussi les disciples de Jésus qui ressusciteront les premiers en comprenant le livre de vie.

D'autre part ceux qui ont cru en Jésus ressuscité, ne sont pas morts; ils ont cru en lui et sont devenus lui-même (1 Jean 3, 3). Aussi Paul parlant du retour du Seigneur écrit : Nous qui vivrons et serons restés sur la terre (1 Thess. 4, 17). Ceux qui ont cru ont donc continué à vivre parmi nous, les vivants; mais nous, qui nous croyons vivants, nous sommes, ainsi que tous les hommes, morts spirituellement; car pour ressusciter il faut être mort et l'on ne meurt qu'une fois.

Comme Christ est la parole éternelle et toute l'humanité, il est mort aussi une seule fois et ressuscité selon la chair, pour renaître une seconde fois (Ap. 12, 5) et ressusciter une seconde fois spirituellement et gouverner toutes les nations avec un sceptre de fer. Or, la résurrection que nous faisons connaître est bien une résurrection de la parole et une résurrection de l'humanité, régie par la parole.

De même que nous étions tous morts par Adam, nous revivons tous par Christ et avec lui. Dieu qui nous avait tous condamnés, nous fait miséricorde à tous (Rom. 5, 18).

Tous les hommes sont donc ressuscités et sauvés sans autre exception que ceux qui refusent le salut qui leur est offert gratuitement, rejettent Dieu et sa science manifestée, sa sagesse infinie, par laquelle il nous montre à quel point il est nous mêmes et à quel point nous sommes lui-même. Pour ceux qui oseraient le rejeter, il reste écrit : C'est une chose terrible de tomber entre les mains du Dieu vivant.

Le livre de vie confirme donc pleinement ce qui est inscrit dans les Ecritures et ce qui est imprimé dans la voix du peuple. On ne meurt qu'une fois, et nous survivons à tout ce qui a vécu. Nous sommes des esprits vivant de la vie éternelle.

En vérité, nous ne voyons plus de mistères, ni d'obscurités dans les Ecritures. Dieu est lumière et la parole a tout éclairé.

RÉSUMÉ

Nous pensons avoir amplement et surabondamment démontré la création de l'homme animal et de l'homme esprit, et avoir ainsi parfaitement justifié le titre de ce livre : « Les origines humaines ». Nous avons à peine rappelé quelques-unes de nos démonstrations et analises non moins puissantes contenues dans « Le Mistère de Dieu » et dans « La Science de Dieu ».

L'analise des mots se présente à notre esprit à l'infini.

Nous avons l'ébauche d'un dictionnaire complet que nous pensons ne pouvoir mettre au net, à cause de notre âge et de notre fatigue. Un siècle de travail par toute la terre n'épuisera point l'intérieur du livre de vie, pas plus que la parole courante ou l'extérieur du livre ne peut être épuisée.

Cependant tout cela ne serait qu'une science sans valeur, si ce n'était la démonstration évidente de l'existence et de la puissance d'un esprit supérieur à toute l'humanité; si ce n'était l'accomplissement des Écritures; si ce n'avait été un mistère caché, que nous avons connu par une révélation soudaine et irrésistible, avant d'être convaincu par les nombreux documents que nous avons seulement indiqués. Si ce n'était pas une révélation divine, faisant suite aux Livres Saints, les docteurs admireraient sottement un jour en nous, la puissance de l'esprit humain, et chercheraient encore en vain l'âme dans le corps, comme l'enfant cherche la petite bête dans la montre, et ne penseraient même pas à dire : Moi-même je me cherche et ne peux me trouver.

Mais que nous ayons démontré avec une évidence inéluctable la création de l'homme ; que l'histoire de cette création ait été écrite et scellée dans la bouche de l'homme, sans qu'il en eût le moindre soupçon ; qu'il ait oublié son origine tout en en ayant l'historique dans les fables mitologiques de tous les pays, dans la Bible et dans le langage journalier ; que l'homme, si fier de sa sagesse et de sa raison, ait été aveuglé d'un tel aveuglement ; il y a là la preuve indéniable et éblouissante d'un Esprit présent auprès de chaque homme, et ayant un pouvoir absolu sur les nations et sur les familles.

Les savants et les filosofes se sont crus de puissants esprits en niant les dieux et en n'en reconnaissant qu'un seul, en cela encore, ils ont eu tort. Les dieux furent et sont. Dieu est l'ensemble des dieux, l'esprit de tous les dieux, y compris celui des dieux de première formation d'Uranus à Saturne. Cet esprit, l'esprit de l'Éternel, n'a créé que deux enfants parfaits : le diable et l'homme.

Le diable est un pur animal doué de la parole, mais mû seulement par des appétits charnels. Il est inconscient du bien et du mal. Le diable, c'est le saint personnage ; c'est monseigneur qui est si bon, le sauveur de la patrie, le génie audacieux que l'on peut montrer du doigt et reconnaître entre mille, car ce monstre porte sur lui des insignes prétendus honorables.

L'homme, le second enfant, est un dieu animal parfait, fini en son espèce, comme le diable était fini en la sienne. L'homme se guide par des sentiments de justice, de bonté ; c'est un esprit conscient du bien et du mal ; sachant qu'il doit lui être fait comme il fait aux autres, et qu'il n'a d'autre justice à espérer que celle qu'il aura exercée lui-même. Cet homme est invisible, car il ne se distingue en rien à l'œil des autres hommes, ses frères.

Or, de même que l'esprit humain est arrivé à comprendre qu'il n'y a qu'un Dieu tout-puissant, il faut aujourd'hui comprendre qu'il n'y a qu'un homme sur la terre et dans les cieux. Cet homme, c'est l'Homme-Dieu. Chaque homme n'est qu'une partie de cet Homme-Dieu, un membre de l'ensemble, une feuille de l'arbre de vie. Or, la vie de la feuille qui suit son développement naturel passe toute entière dans l'arbre, comme la vie de l'homme individu passe tout entière dans celle de l'Homme-Dieu, dans celle de l'homme éternel. Elle y passe à l'état d'esprit vivant de sa vie propre ; car s'il est certain, par ce que nous avons démontré, que les esprits des premiers êtres vivent au milieu de nous, combien est-il plus évident et certain que ce seront nos esprits, en corps et en particulier, qui animeront nos sucesseurs jusqu'à la fin des siècles et aux siècles des siècles! L'Homme-Dieu ne peut mourir, car il est l'esprit de l'Éternel, dont le nouveau nom est Pi.

L'Homme-Dieu était avant les anges et les démons, il est plus ancien que Saturne et que Satan il était avant les dieux et avant que les hommes fussent, il est : le commencement de la créature de Dieu (*Apoc.* 3, 14). Il est le commencement et la fin. Si tu comprends ces choses et les aimes, lecteur, tu es cet Homme-Dieu.

FIN

TABLE DES MATIÈRES

Invitation, page 1. Introduction, 3. Ce que Dieu est d'après la Bible, 9. Sommaire de la création, 13. La Grande Loi ou la clef du livre de vie, 16. Les sons 19. Les origines, 20. L'esprit de vérité, 21. Tableau des éléments de la parole humaine et en particulier de la langue française, 25. Deuxième tableau, 29. Troisième tableau, 31. Quatrième tableau, 32. Cinquième tableau, 33. Sixième tableau, 35. Le haut, 37. Septième tableau, 40. Le genre, 41. Huitième tableau, 42. Neuvième tableau, 43. Dixième tableau, 44. Onzième tableau, 45. Douzième tableau, 46. L'animation, 50. Se courber, 51. Les premiers verbes, 53. Un aperçu de la formation des temps du verbe, 54. Certainement, 57. L'himen, 60. Le séant, 61. Le béant, 62. Le néant, 63. Les éléments, 64. Le mensonge, 66. Le centre, 67. Etre et paraître, 68. L'agréable, 70.

Où a commencé la vie, 73. Le premier ciel est retrouvé, 75. La grenouille, 77. Les rains et les raines, 82. Premiers exercices et moyens d'existence, 84. L'apparition du sexe, 87. La pousse du poil, 90. La venue du pouce, 93. Formation du pied, 95. Les dents 98. La transformation, 100. L'esprit négatif, 104. Passif et actif, 106. Le mariage, 107. Le vêtement, 110. Croire et croitre, 112. Aujourd'hui, 114. Connaître, 116. Le doute, 118. Les causes et les effets, 119. Le hic et la logique, 120. Introduire, 122. L'esprit, 124. Le péché originel, 127. L'indivisible, 129.

Ascendants et descendants, 132. Le dragon, 133. Les ancêtres, 135. Le verbe des dieux, 138. Le diable, 139. Le prêtre, 142. Les mères, 144. Le dieu, 146. Parrain et filleul, 150. Le Fils de Dieu, 152. Le roi, 153. La résurrection des morts, 154. Le dieu allemand, 159. Le calcul, 161. L'utile 164. La vérité, 165. Miauler, 167. Infaillible, 169. Formation de notre monde, 170. La création d'après l'étude de la terre, 172. La création suivant la Fable, 173. La création d'après la Bible, 176. La création selon la science humaine, 178.

L'omniscience, 180. Erreurs grammaticales, 181. Le commerce, 183. Le joint, 184. Le gouvernement, 186. Le ministre, 188. La fumée, 189. L'enseignement, 190. L'étonnement, 191. Le propre, 192. Le sein, 194. L'éternité, 196. Bénir, 200. Les condamnés, 201. L'origine des idées, 204. La toute-puissance de Dieu, 205. L'esprit-saint, 207. Le mistère de l'incarnation, 209. L'homme vrai est un pur esprit, 211. Les sacrements, 213. Le mistère de Dieu, 216. Ecrire, 220. La tempête, 224. La science, 225. Les noms de famille, 227. Diversités, 228. Le latin, 231. On ne meurt qu'une fois, 232. Résumé, 237.

OUVRAGES DU MÊME AUTEUR

Tous les ouvrages ci-après exposés sont donc des livres inspirés en rapport particulier avec les proféties de l'Apocalypse :

1° *La grammaire logique faisant connaître la formation des langues et celle du genre humain.* In-octavo, 176 pages. Ernest Leroux, Paris, 1883. Prix : 2 fr. 50. Édition presque épuisée. Prise du livre scellé de sept sceaux (5, 7).

Table des matières : Introduction. Classification des mots. Analise du verbe. Verbe actif. Verbe réfléchi. Verbe contracté ou neutre. Verbe réfléchi absolu. Du verbe auxiliaire *être*. Verbe passif. Changement du complément en régime. Verbe impersonnel. Du verbe auxiliaire *avoir*. Des auxiliaires de l'infinitif. Sujet et régime du verbe dans les propositions coordonnées et subordonnées. De l'accord du participe passé. Du régime partitif. Il l'a échappé belle. Du participe présent. Analyse de la fable *Le Chêne et le Roseau*. Du nom ou substantif. Du déterminatif, de l'adjectif. Classification des temps du verbe. Formation des langues. Le latin est un langage artificiel. Il n'y a pas eu de langue romane. Révélations. Considérations diverses. De l'analise du discours. Propositions contenues dans l'analise de *Le Chêne et le Roseau*. L'oie. Une tempête. La raison. Du raisonnement.

2° *Le mistère de Dieu est accompli.* In-octavo, 176 pages (2 fr. 50). 1891. C'est une ébauche des proféties accomplies et de l'analise de la parole. Cet ouvrage ne doit pas être réimprimé. C'est l'ouverture du septième sceau (8, 1).

3° *La science de Dieu ou la création de l'homme.* In-octavo, 252 pages, 1900. Édition épuisée. C'est le son de la septième trompette (11, 15).

4° *Les proféties accomplies* (Daniel et l'Apocalipse). In-octavo (300 pages), 3 fr. 50. Ernest Leroux, Paris (1906). Le septième ange verse sa coupe dans l'air (16, 17).

Table des chapitres : Daniel le profète : Les visions profétiques. Au Dieu des dieux. Une première explication. Un autre aperçu. Le songe de Nabuchodonosor. La statue simbolique. La tête d'or. Les quatre grandes bêtes. Le bélier ou le second royaume. Le bouc velu ou le troisième royaume. La quatrième bête. La petite corne. L'ancien des jours. La vision du bélier et du bouc. Les soixante et dix semaines. Le sacrifice et le continuel. L'abomination de la désolation. Les trois cornes arrachées. Le pouvoir temporel. Les dates et les nombres. Dernière vision de Daniel. Alexandre et ses successeurs. L'imposteur. La résurrection.

Apocalipse : La vision. Le nombre sept. Les clefs. Les sept églises. Le vainqueur. La gloire de l'Eternel. La prise du livre scellé. Les combattants de l'Apocalipse. Ouverture des six premiers sceaux. Le soleil, la lune et les étoiles. Le calme sur terre et sur mer. La remise des trompettes. Le partage prophétique en quatre et en trois. Les trompettes et les coupes. Les trois malheurs. Suite des trompettes et des coupes. Le livre scellé de sept sceaux. Les deux témoins. La grande Babilone. La femme enceinte. Le grand dragon roux. La bête à sept têtes et dix cornes. La bête à deux cornes. Les sept têtes de la bête. La moisson et la vendange. Le temple de Dieu. Les sept coupes d'or. Le septième sceau. La septième trompette. La septième coupe. Les sept tonnerres. La grande prostituée. Les dix cornes. Les persécutions. La chute de Babilone. La victoire de la Parole. Le faux profète. Les mille ans. Le jugement dernier. L'étang ardent de feu et de soufre. La nouvelle Jérusalem. La résurrection et l'ascension. Le mahométisme.

www.ingramcontent.com/pod-product-compliance
Lightning Source LLC
Chambersburg PA
CBHW070528170426
43200CB00011B/2363